南宁统计年鉴

NANNING STATISTICAL YEARBOOK

2022

南宁市统计局　编

图书在版编目（CIP）数据

南宁统计年鉴 . 2022 = Nanning Statistical Yearbook 2022 / 南宁市统计局编. -- 北京 : 中国统计出版社, 2023.5
ISBN 978-7-5230-0119-6

Ⅰ. ①南… Ⅱ. ①南… Ⅲ. ①统计资料－南宁－2022－年鉴 Ⅳ. ①C832.671-54

中国国家版本馆 CIP 数据核字 (2023) 第 056167 号

南宁统计年鉴 2022

作　　者 / 南宁市统计局
责任编辑 / 钟　钰
装帧设计 / 李朝晖　韦　丹
出版发行 / 中国统计出版社有限公司
地　　址 / 北京市丰台区西三环南路甲 6 号
邮政编码 / 100073
电　　话 / 邮购（010）63376909　书店（010）68783171
网　　址 / http://www.zgtjcbs.com
印　　刷 / 广西瑞丰印务有限公司
经　　销 / 新华书店
开　　本 / 890mm × 1240mm　1/16
字　　数 / 420 千字
印　　张 / 21.5
版　　别 / 2023 年 5 月第 1 版
版　　次 / 2023 年 5 月第 1 次印刷
定　　价 / 300.00 元

如有印装差错，由本社发行部调换。

《南宁统计年鉴2022》编辑委员会及编辑人员

GDP总量（亿元）

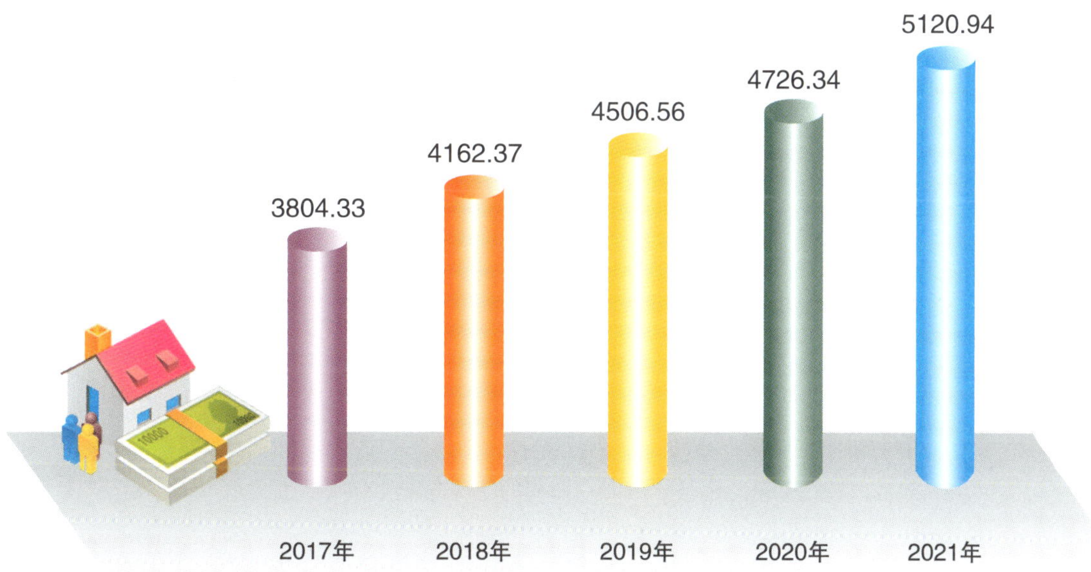

GDP指数（上年为100）

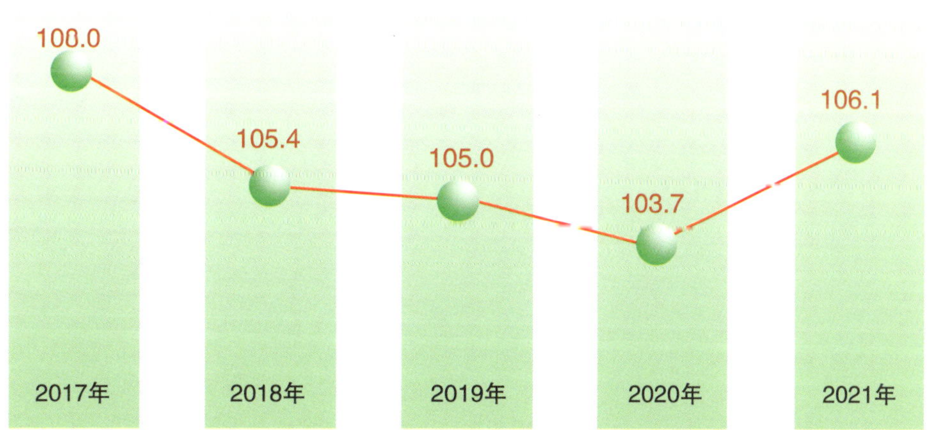

三次产业增速（%）

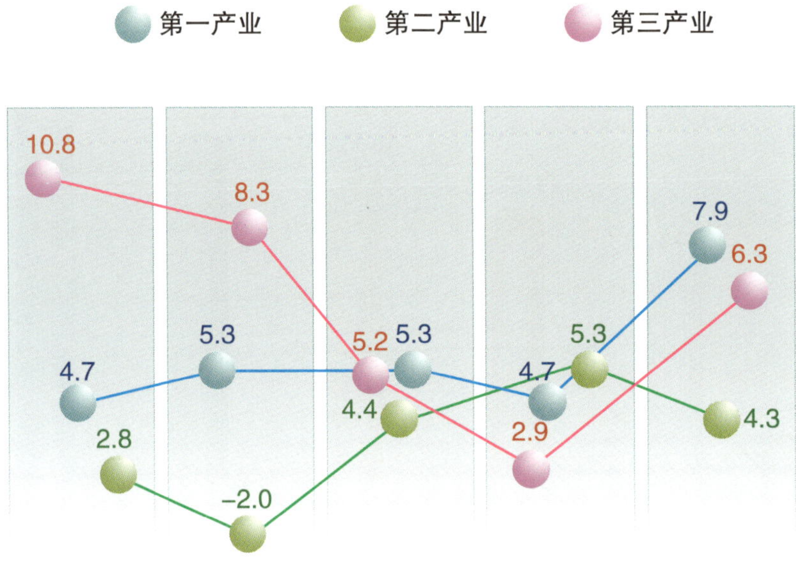

三次产业构成（%）

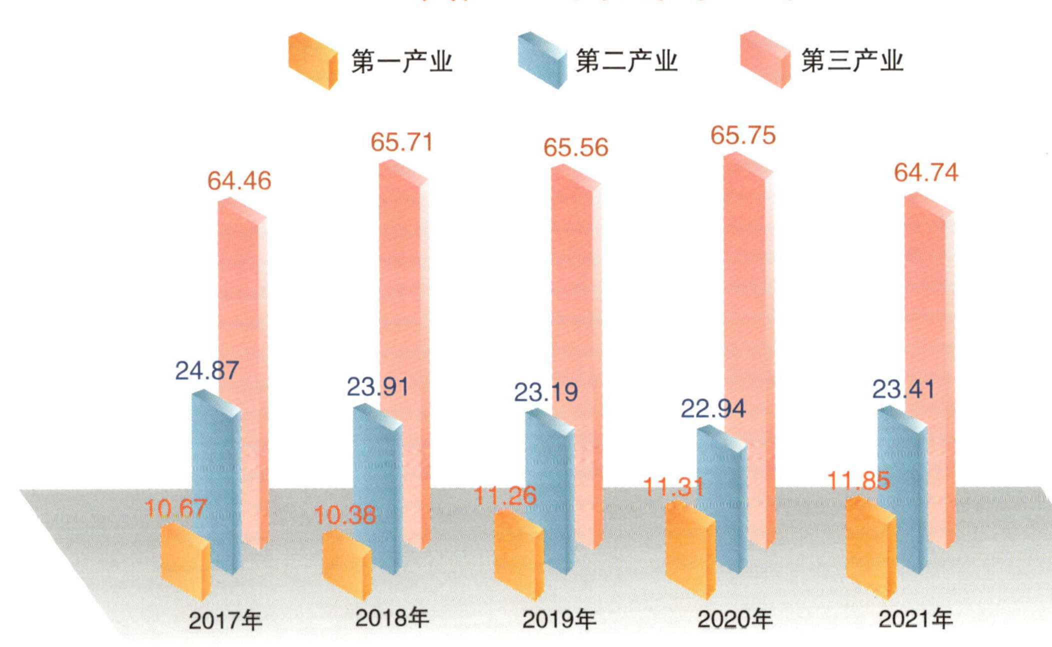

财政收入（亿元）

金融机构人民币贷款余额（亿元）

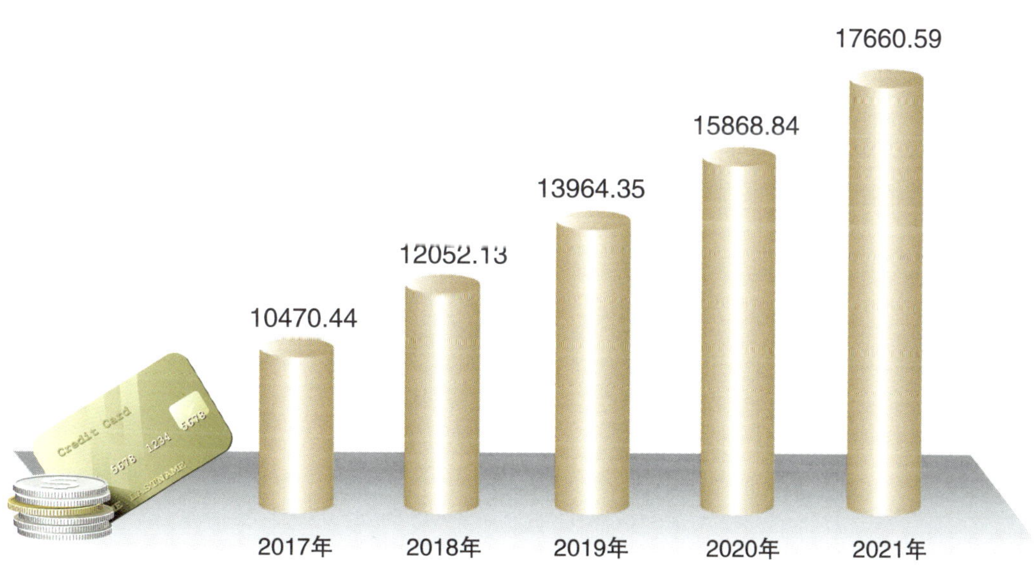

城乡居民储蓄存款余额（亿元）

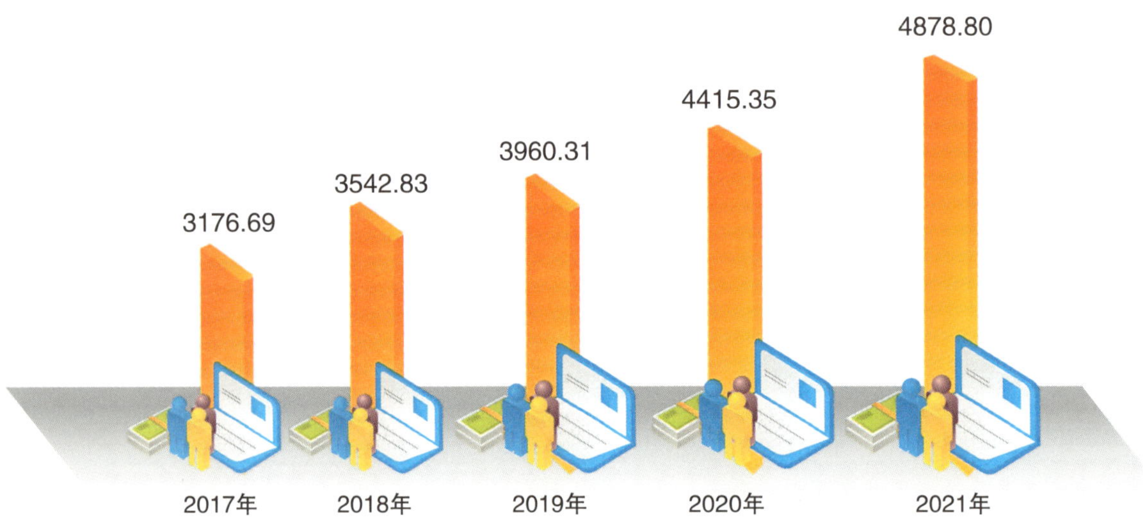

农林牧渔业总产值（亿元）

农林牧渔业总产值构成（%）

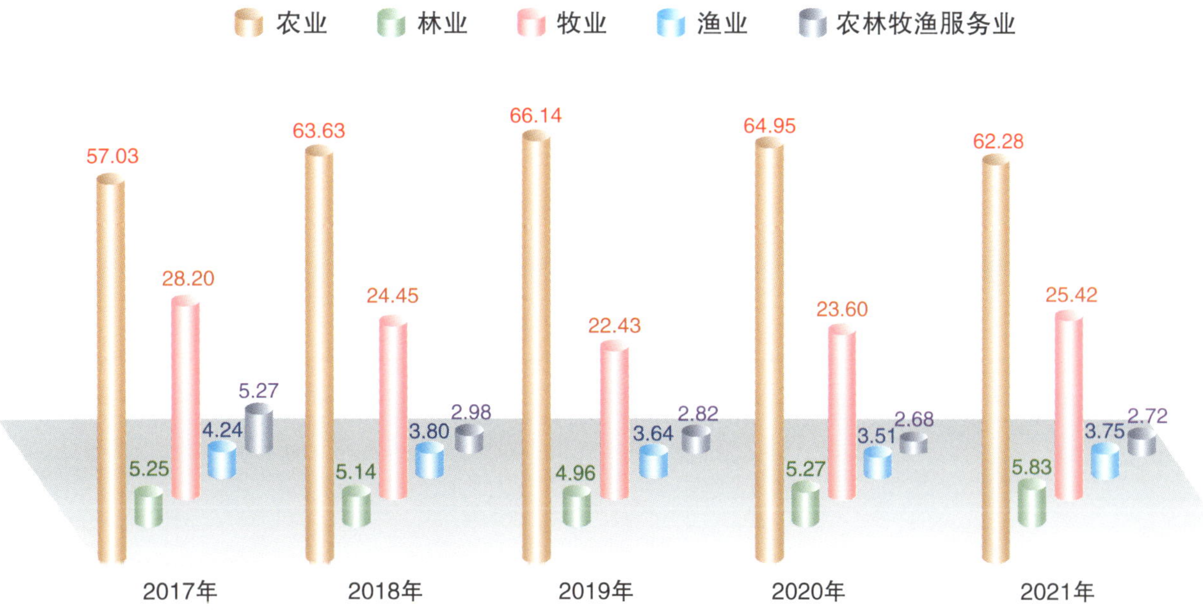

全部工业增加值（亿元）

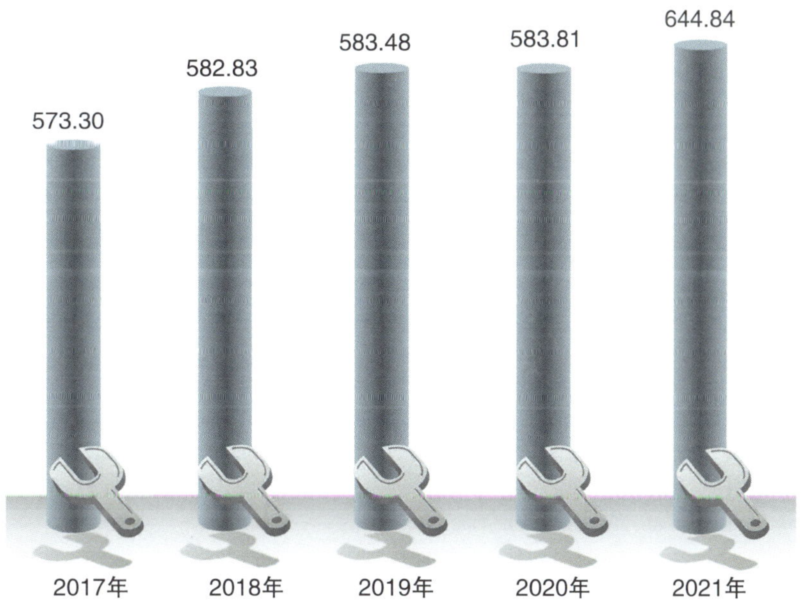

全部工业增加值指数（上年为100）

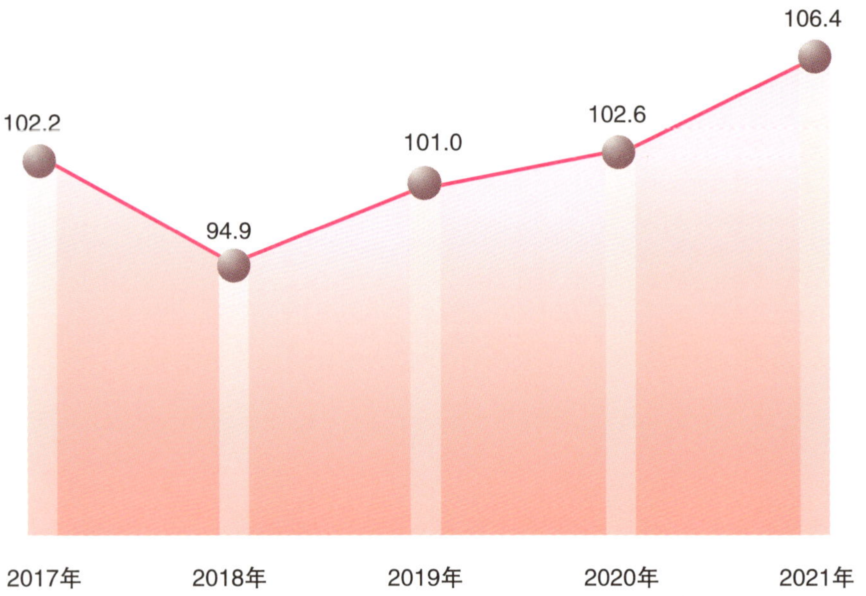

固定资产投资总额（亿元）

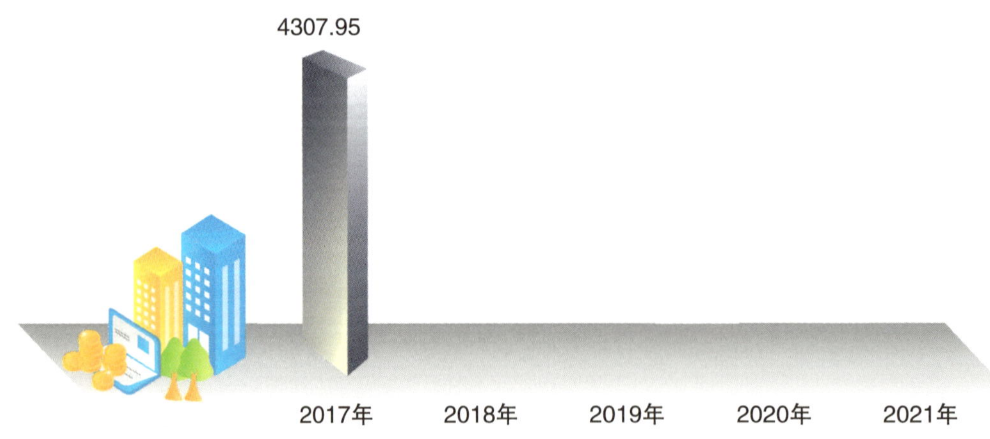

固定资产投资总额增速（%）

社会消费品零售总额（亿元）

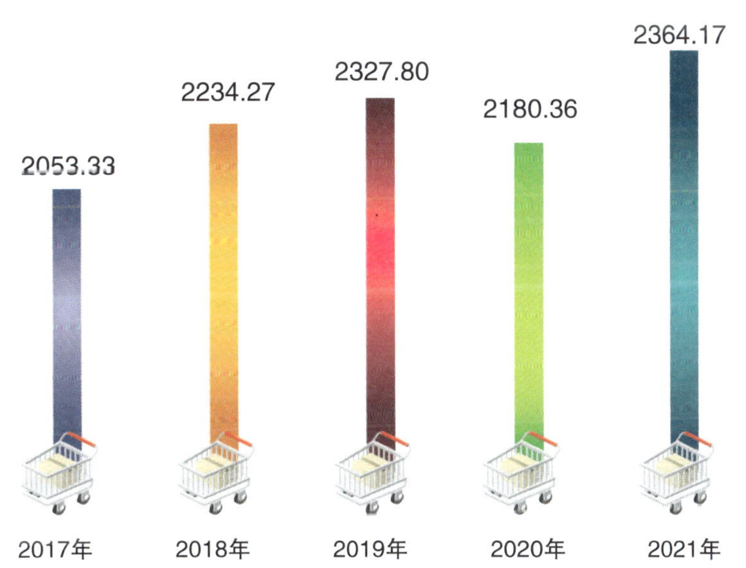

进出口总值（亿元）

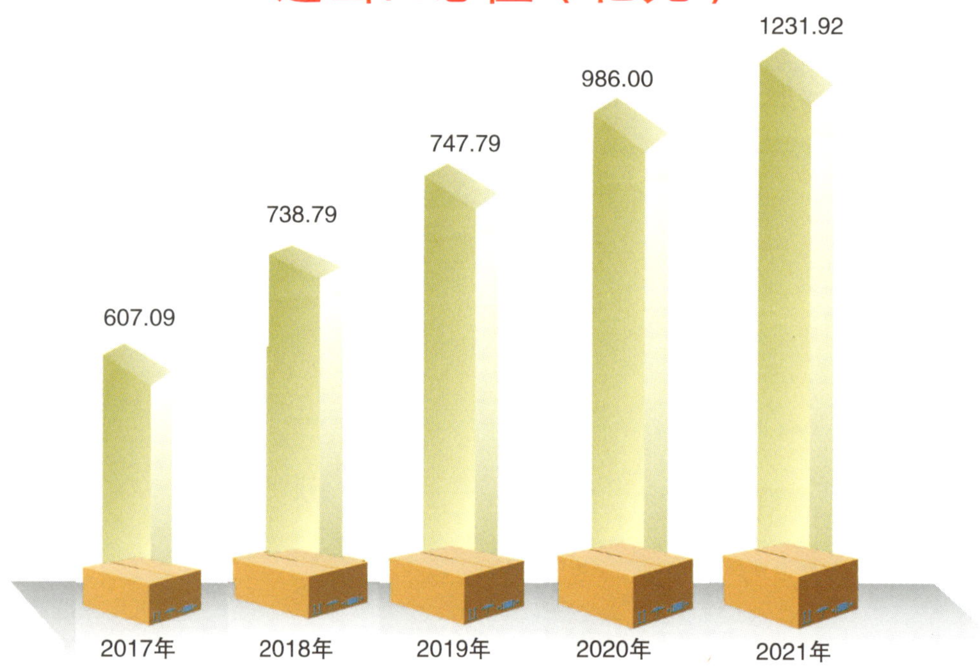

居民消费价格指数（上年为100）

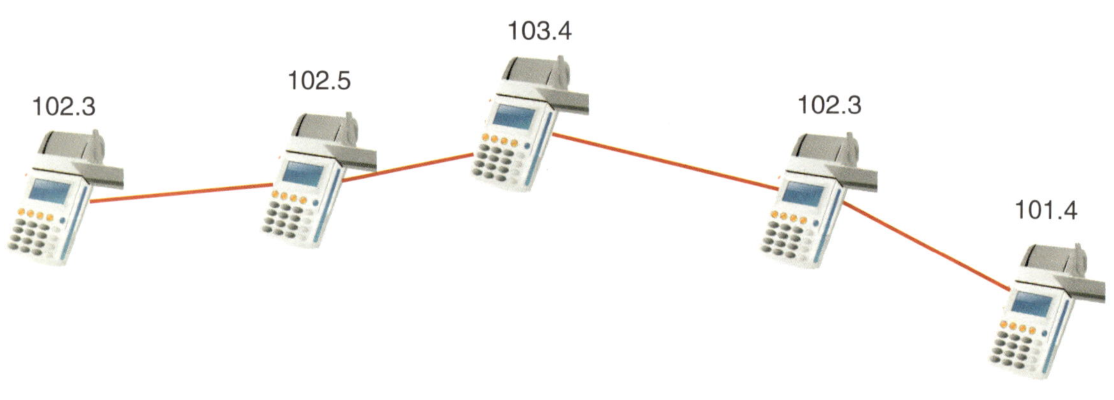

旅游人数(万人次)

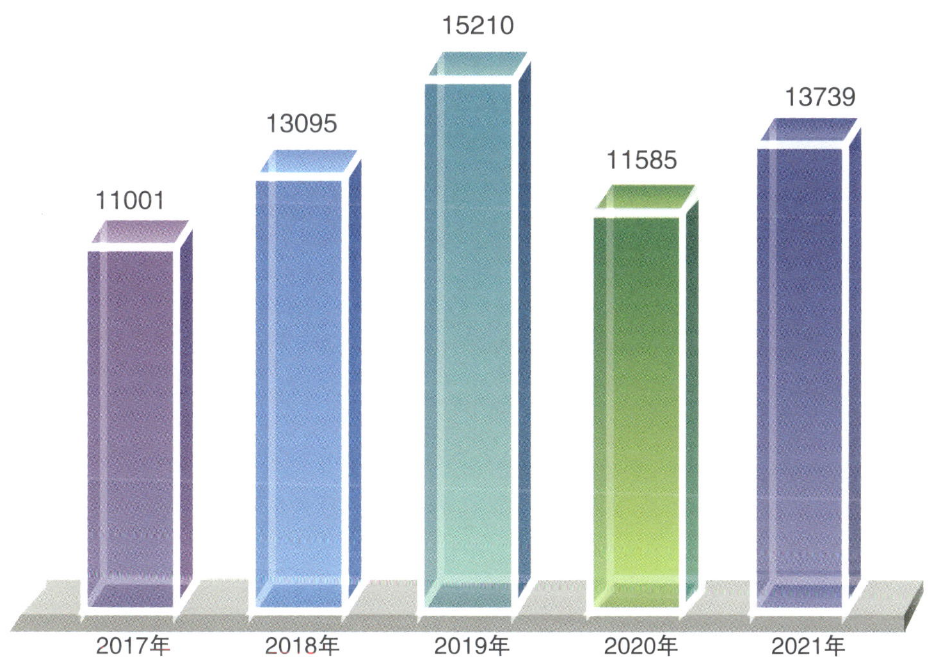

入境旅游人数(万人次)

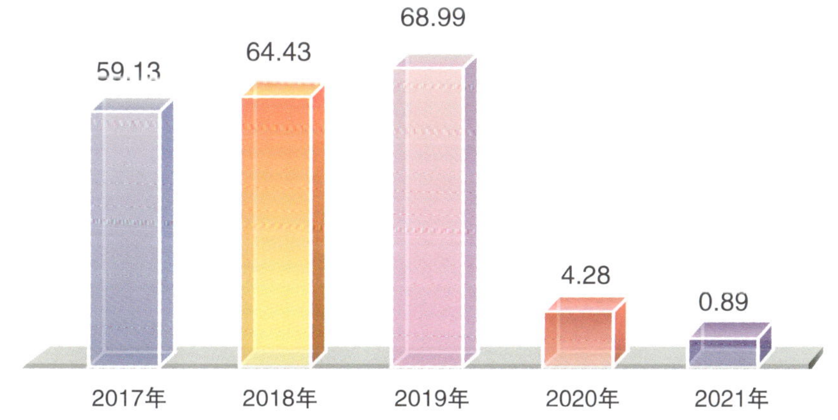

旅游收入（亿元）

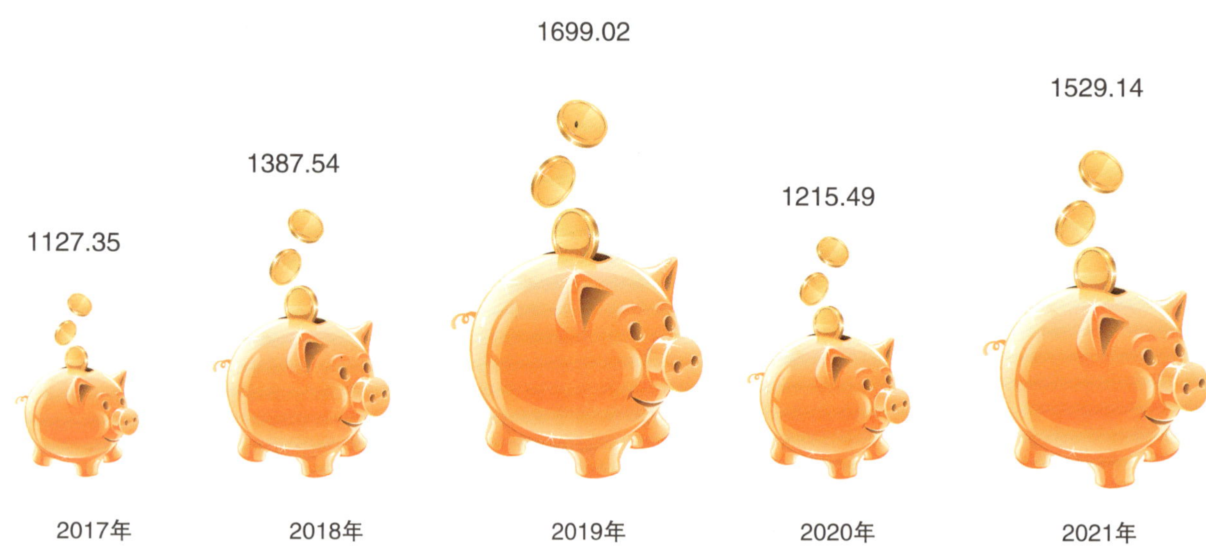

国际旅游收入（万美元）

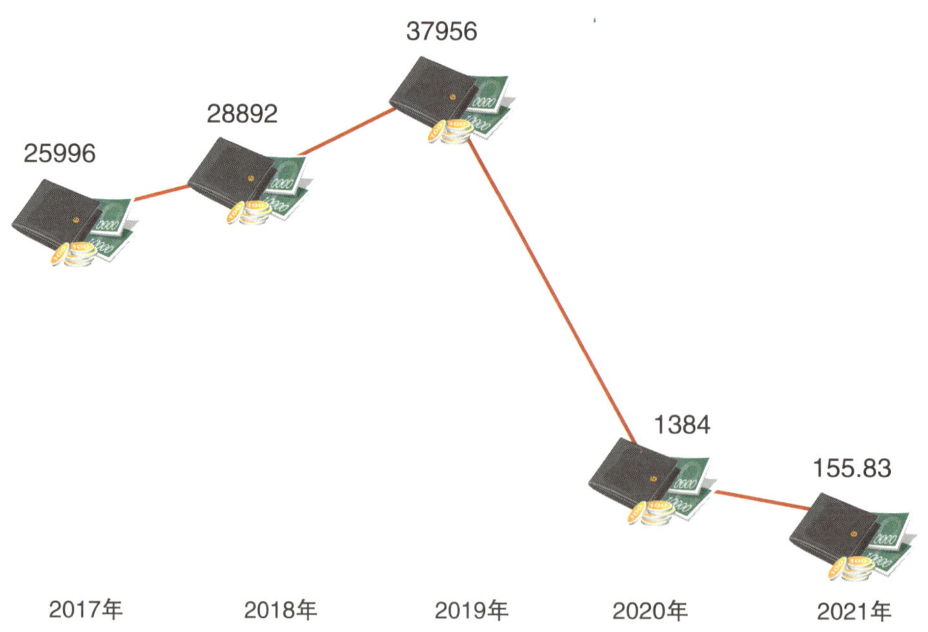

年末户籍人口(万人)

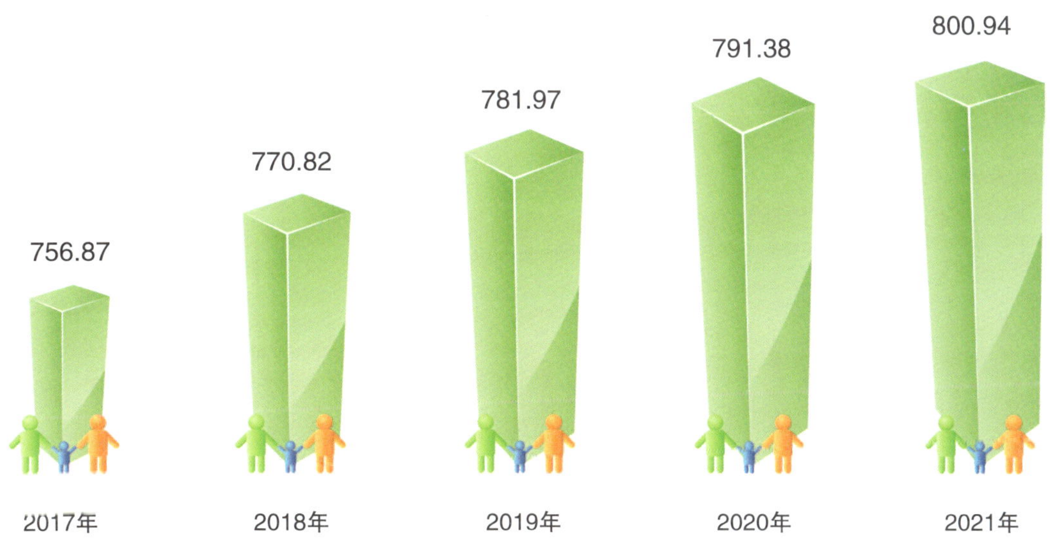

城镇化率(%)

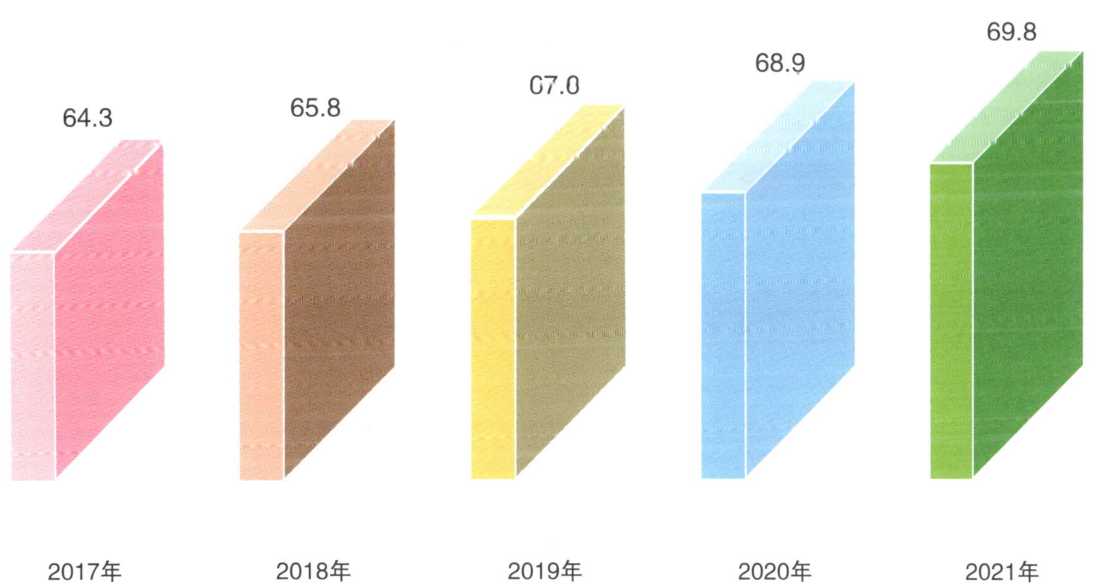

粮食总产量（万吨）

甘蔗产量（万吨）

水果产量（万吨）

蔬菜产量（万吨）

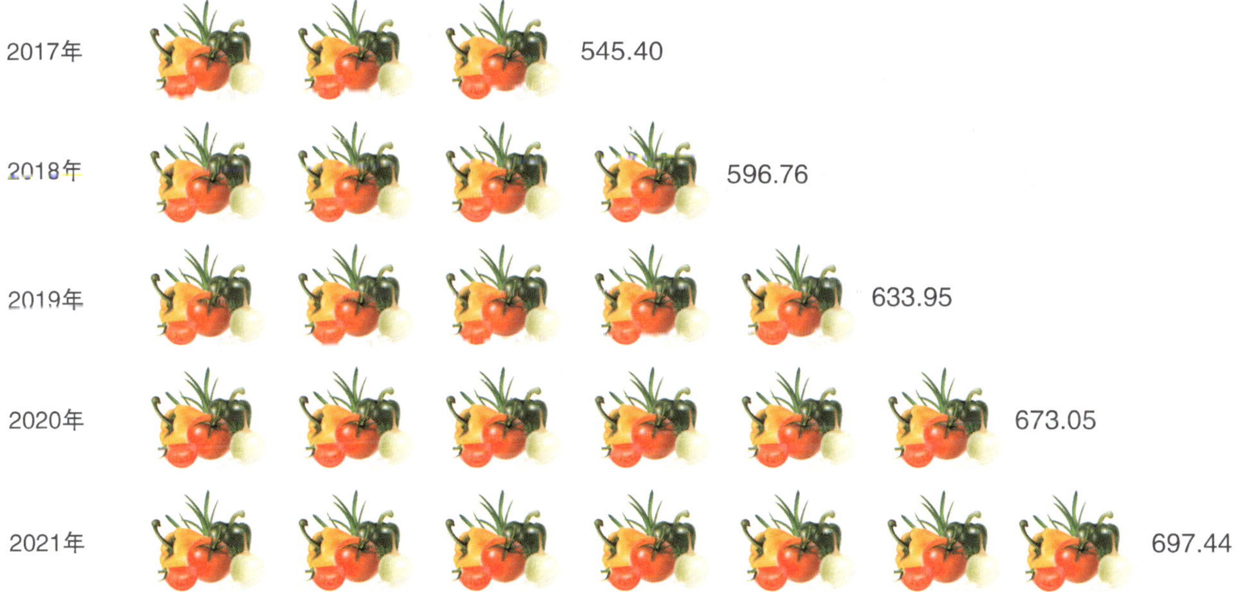

肉类总产量（万吨）

水产品产量（万吨）

规模以上工业发电量（万千瓦时）

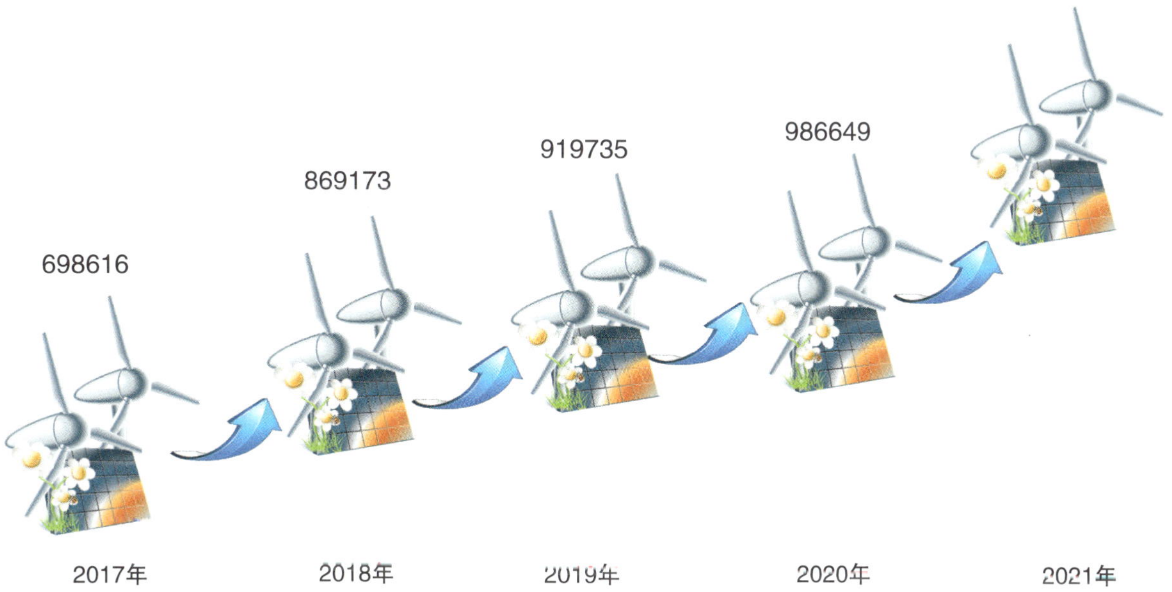

成品糖（万吨）

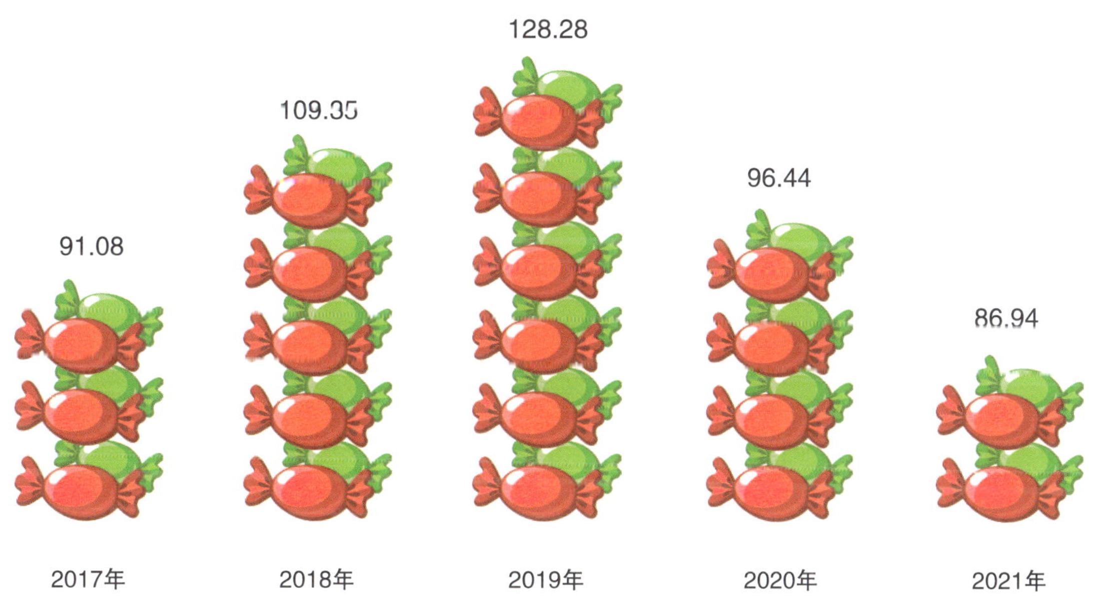

人均GDP（元）

人均GDP指数（上年为100）

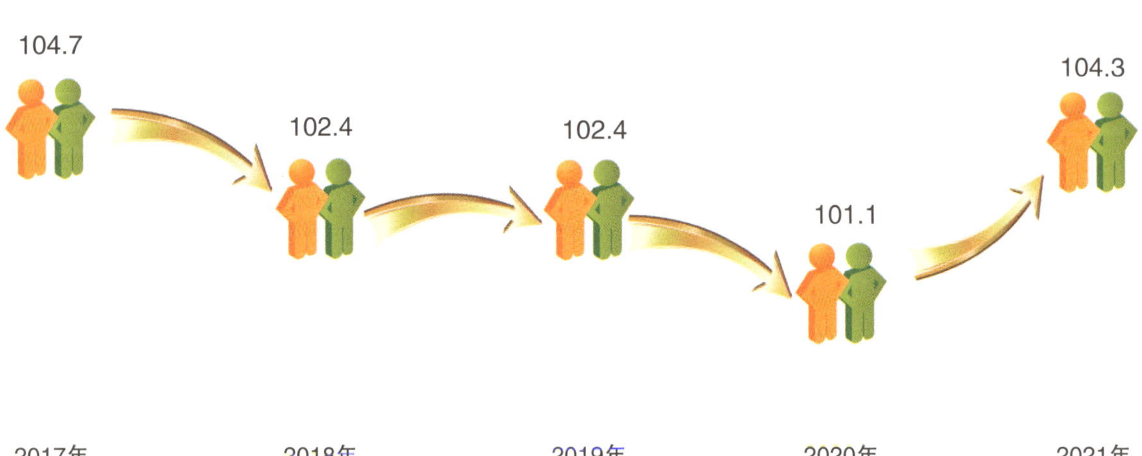

人均财政收入（元）

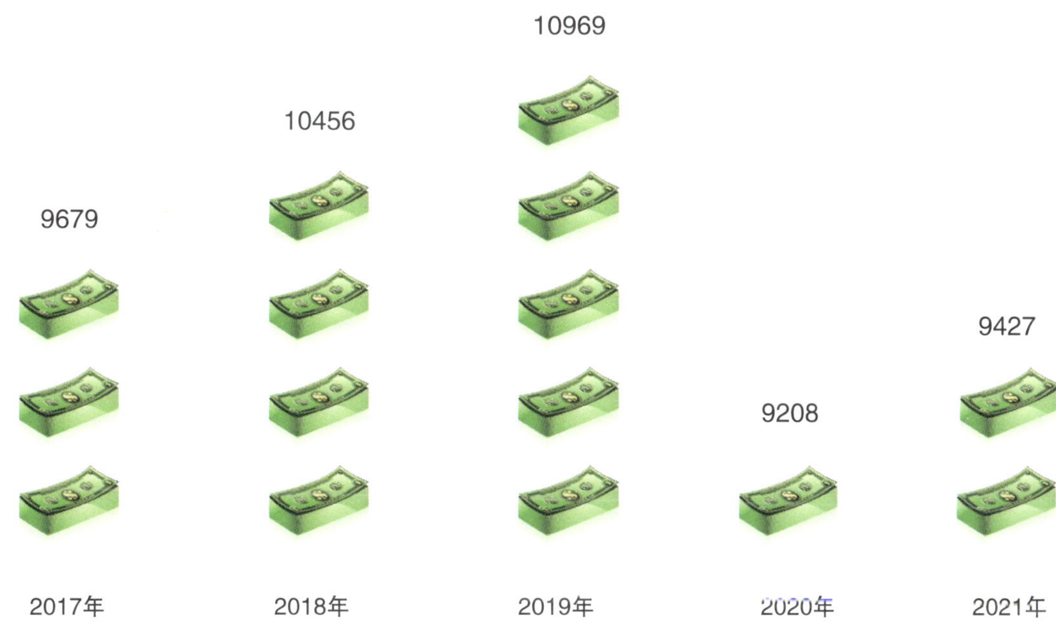

在岗职工年平均工资(元)

城镇居民人均可支配收入(元)

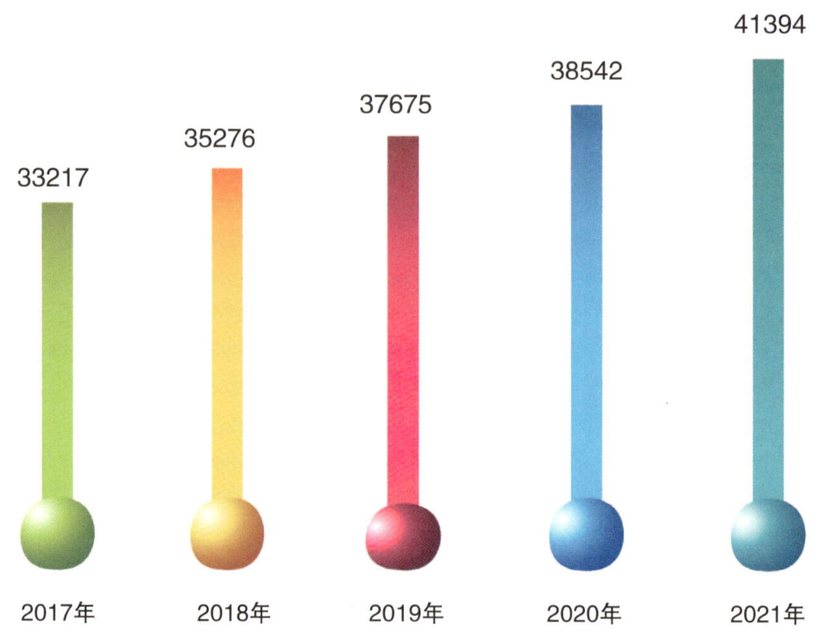

农村居民人均可支配收入(元)

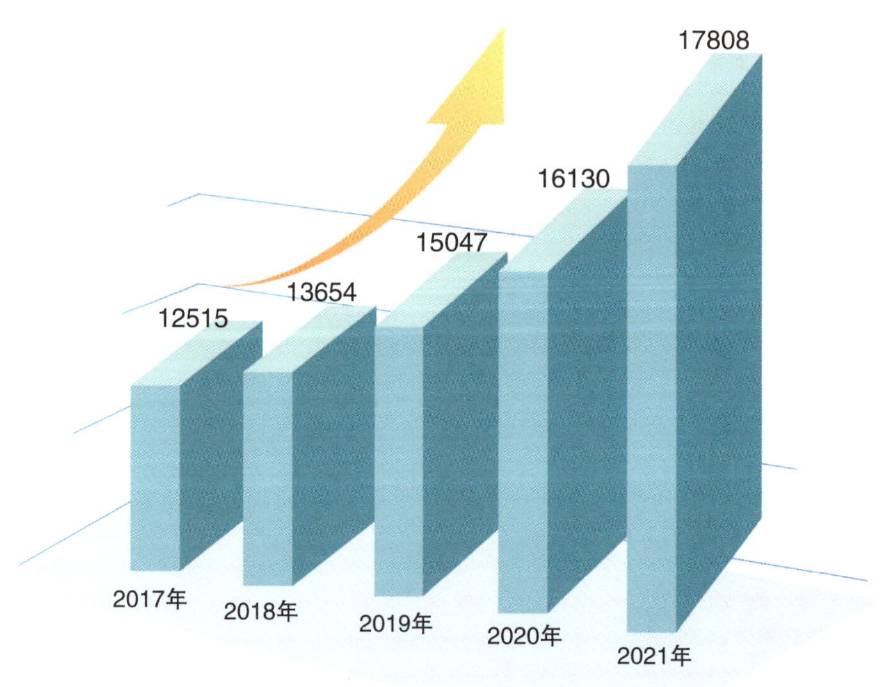

编 者 说 明

一、《南宁统计年鉴 2022》是一本经济信息资料性年刊。本书全面系统地汇集了 2021 年南宁经济数据，以及历史重要年份的主要统计数据，是党政领导和各部门了解市情，进行定性定量分析、预警预测、宏观规划、宏观调控、科学决策的重要依据；是研究机构和各企业事业单位了解社会经济基本情况、进行微观策划的重要依据；也是社会各界了解南宁经济状况的指南。

二、本年鉴内容分两大部分。（一）特辑：包括政府工作报告、统计公报。（二）统计资料：内容分为 12 个篇目，1. 综合；2. 国民经济核算；3. 人口、劳动力和职工工资；4. 农业；5. 工业；6. 运输、邮电；7. 固定资产投资；8. 能源购进、消费与库存；9. 商业、旅游、物价；10. 服务业、科技；11. 财政、金融、保险；12. 广西及省会城市主要统计指标。为方便读者使用资料，附有主要统计指标解释。因政府工作报告、统计公报为年初发布，故使用的是初步统计的快报数，如有冲突，以第二部分统计资料的数据为准。

三、本年鉴所采用的广西及各省会城市数据均为年快报数。

四、本年鉴历年全市口径数据中，2000 年以后均为现行行政区划的数据，其余年份数据统计口径请注意各页的注脚。

五、本年鉴中符号使用说明：表内“空格”表示该项指标无数据；“…”表示该数据极小，不足计量单位；“#”表示其中的主要项。

六、本年鉴中由于小数位四舍五入，某些指标分项合计数与总计数尾数略有出入。

七、《南宁统计年鉴》公开出版以来，得到广大读者的关心和支持，对此我们深表谢意。限于我们的水平，年鉴中的错误和不足之处，恳请广大读者给予批评指正，同时竭诚欢迎对本年鉴的结构、指标体系提出宝贵意见。

目 录

第一部分 特 辑

第二部分 统计资料

一、综 合

二、国民经济核算

三、人口、劳动力和职工工资

四、农 业

五、工　业

六、运输、邮电

七、固定资产投资

八、能源购进、消费与库存

九、商业、旅游、物价

十、服务业、科技

十一、财政、金融、保险

十二、广西及省会城市主要统计指标

第一部分　特辑

2022年政府工作报告

一、2021年工作回顾

2021年是党和国家历史上具有里程碑意义的一年，是我市改革发展进程中极其重要的一年。这一年，习近平总书记再次视察广西、莅临南宁，向第18届中国—东盟博览会和中国—东盟商务与投资峰会致贺信。领袖的殷殷嘱托和殷切期望，让全市广大干部群众倍感温暖、倍受鼓舞。这一年，我们庆祝中国共产党百年华诞，开展党史学习教育，深入学习贯彻党的十九届六中全会精神，在赓续红色血脉中汲取奋进新征程的伟大力量。这一年，我市脱贫攻坚成果进一步巩固拓展，与全国同步全面建成小康社会，为实现第一个百年奋斗目标作出了南宁贡献。一年来，全市上下坚持以习近平新时代中国特色社会主义思想为指导，深入学习贯彻习近平总书记对广西工作系列重要指示精神特别是视察广西“4•27”重要讲话精神，牢记嘱托、感恩奋进，统筹疫情防控和经济社会发展，全面落实强首府战略，稳住了经济基本盘，保持了社会大局和谐稳定，“十四五”开局良好。

——经济总量再上台阶。全年地区生产总值同比增长6.1%，经济总量迈上5000亿元台阶，达5120.94亿元。其中，第一产业增加值606.76亿元，增长7.9%；第二产业增加值1198.76亿元，增长4.3%；第三产业增加值3315.42亿元，增长6.3%。规模以上工业增加值增长7.5%。社会消费品零售总额2364.17亿元，增长8.4%。一般公共预算收入391.77亿元，增长5.24%。

——项目建设取得突破。工业投资增长21.2%。区市层面统筹推进重大项目893个，完成投资1094.3亿元，增长20.2%。重大交通基础设施项目完成投资502.8亿元，增长49.1%。华南地区首条无人驾驶地铁线路5号线开通运营，广西首条智慧公路沙井至吴圩高速公路建成通车。

——开放合作成效明显。外贸进出口总额1231.9亿元，增长24.9%。中越跨境班列开行数量、吴圩国际机场国际货邮吞吐量增速均超100%。招商引资签约区内外项目270个，总投资额1808.3亿元，预计到位资金881.08亿元；实际利用外资5.78亿美元，增长31.3%。新设外资企业291家，增长95.3%。我市获批国家加工贸易产业园。

——市场主体活力增强。营商环境持续优化，登记财产、政务服务两项指标获评“全国标杆”，“多测合一”、“豁免清单”等建设项目审批制度改革在全国复制推广。落实减税降费政策，帮助市场主体增强信心、激发活力，“桂惠贷”投放金额541.6亿元、惠及市场主体13954户。新登记各类市场主体16.1万户，增长20.7%。

——生态优势巩固提升。市区环境空气质量优良率达97%。水环境质量创历史最好成绩，地表水水质排名全国地级及以上城市第25名、省会城市第2名，境内主要流域地表水水质优良比例保持100%，黑臭水体治理经验入选生态环境部通报表扬典型案例。环境信访投诉总量、建筑施工噪声投诉量实现“双降”。国家卫生城市通过复审考核。

——民生保障更加有力。居民人均可支配收入32679元，名义增长8.5%。居民消费价格指数上涨1.4%。城镇新增就业7.7万人，城镇登记失业率2.8%。新开办公办幼儿园26所、新增学位8640个。新建成投入使用公办中小学校22所、新增学位4.04万个，接收进城务工人员随迁子女读书人数17.4万人。基本养老保险、基本医疗保险制度实现全覆盖。建成保障性租赁住房4092套（间），公租房工作经验在全国推广。

一年来，我们主要抓实抓好以下几项工作。

（一）调整优化产业结构，经济发展稳中提质。工业振兴扎实起步。出台工业振兴工作成效考核办法，强化运行调度和电力保供。培育壮大工业企业，新增规模以上工业企业235家，培育国家级专精特新“小巨人”企业15家，净增亿元企业55家。推行新兴及优势产业链链长制，引进产业链补链强链项目178个，总投资额797.1亿元。列入自治区“双百双新”在库项目61个，数量居全区第[illegible]。东部产业新城启动建设，南宁临空经济示范区建设提速。服务业提质增效。人民币存贷款余额增长8.5%，保费收入增长9.2%，新增上市（挂牌）公司2家，中国—东盟金融城新增入驻金融机构（企业）123家。新增3A级以上物流企业10家，公路、水路客货运周转量增速超20%。京东线下城市旗舰店、宜家家居、首创奥特莱斯等开业运营，“三街两巷”和邕江南岸片区入选首批国家夜间文化和旅游消费集聚区，全市接待国内旅游总人数、旅游总消费分别增长18.6%、25.8%。数字经济加快发展，组建数丝科技公司，中国—东盟信息港南宁核心基地引进数字经济及其核心产业类项目23项，全市规模以上互联网和软件信息技术服务业营业收入增长50.7%。总部经济加快培育，成功引进smart高端智能电动车全球销售中心，腾讯、康恒环境等知名企业区域总部落户南宁。五象新区特色平台经济营业收入超200亿元。

（二）全面提高开放水平，“南宁渠道”越走越畅。开放通道持续拓宽，西部陆海新通道（平陆）运河列入国家“十四五”规划，中越跨境班列开行346列、增长108%，新开行中越老农资产品跨境多式联运班列，首趟“公铁海”多式联运班列“南宁—钦州—唐山”顺利开行，吴圩国际机场国际货邮吞吐量2.38万吨、增长119%。开放平台持续做实，临空经济示范区吴圩国际机场口岸获批设立进境水果指定监管场地，自贸试验区南宁片区新设立企业20649家、增长215%，实际利用外资4.47亿美元。金融开放门户南宁核心区中国—东盟黄金产业园运营中心揭牌，浙商银行南宁分行等开业运营，跨境人民币结算量增长39%。跨境电商综试区完成跨境电商进出口额增长259%。

（三）深化改革推动创新，发展动力不断增强。创新平台增量扩面，新增国家级创新平台3家、自治区重点实验室9家、自治区级双创示范基地3家、广西工程技术研究中心14家、广西新型研发机构11家、自治区级科技成果转化中试基地5家。创新主体增量提质，1011家企业获评国家科技型中小企业，拥有广西瞪羚企业37家，新增备案高新技术企业357家、占全区比重44.13%，新增中国专利优秀奖1个。重点领域改革实现突破，完成7家市属集团公司主业调整、处置“僵尸企业”7家，国资监管企业实现利润总额25.45亿元、增长17%。探索“长期租赁”、“弹性年期”供应工业用地，新建商品房实现“交房即交证”，实现全市户籍业务“全城通办”。建立全国首个灵活就业人员合法权益保障中心，打造全国首个“智慧人才”一体化服务平台，“免申即办”服务模式等创新成果向全国推广。

（四）大力推进乡村振兴，农业农村现代化加快。脱贫攻坚成果持续巩固，筹措各级财政衔接推进乡村振兴补助资金22.5亿元，严格落实“四个不摘”要求，发放防贫基金435.2万元，组织脱贫劳动力外出务工27.1万人，帮扶产品销售45.8亿元，守住了不发生规模性返贫的底线。现代特色农业加快发展，守住耕地保护红线，粮食生产保持稳定，总产量达211.55万吨。生猪出栏量增长35.3%。新增隆安香蕉、良庆百香果2个地理标志商标，有效期内“三品一标”产品193个，3个产品通过“圳品”认定，南宁火龙果远销荷兰，武鸣沃柑出口加拿大等国家。2家农业企业获评首批全国生态农场。全市林下经济产值78.7亿元。乡村建设取得新进展，荣获全国首批“四好农村路”市域示范创建突出单位，完成农村饮水安全维修养护项目441个，15个农村区域集中连片供水项目已完工10个，1018户农村危房改造项目全部竣工。

（五）提升城市功能品质，“中国绿城”成色更足。市级国土空间总体规划编制取得阶段性成果。五象新区产城融合加快，建成区面积达62平方公里。南宁至大王滩二级公路、城市主要出入口整治提升一期工程等一批道路交通项目建成通车。横县获批撤县设立横州市。完善网格化管理，全国文明城市创建工作常态长效。开展治堵、排涝、拆违、改旧专项行动，打通6条“断头路”，建成运行排水地理信息系统，完成77处城市内涝点整治，清理拆除“两违”面积900.2万平方米，基本完成127个老旧小区改造。生活垃圾分类实现常态化，回收利用率达36.5%。碳达峰行动有序推进，8家企业进入自治区绿色制造体系名单，建成充电桩3982个，获列为广西新能源汽车推广应用示范市。第二轮中央生态环境保护督察反馈指出问题整改取得阶段性成效。

（六）持续增进民生福祉，生活品质稳步提高。扎实做好常态化疫情防控，两次调整充实疫情防控前线指挥部工作人员，集中办公，牢牢盯住“外防输入、内防反弹”，严格“人、物、环境”同防，不断提高流调能力、核酸检测能力、集中隔离能力、应急处置能力，累计接种新冠病毒疫苗1756.5万剂次，截至2021年底连续351天无新增本土病例。社会保障体系不断完善，稳步实施国家扩大长期护理保险制度试点工作，3个医养结合案例获评全国医养结合典型经验，4个社区入选广西老年人宜居社区，累计发放低保金9.4亿元、特困人员供养补助2.3亿元。教育事业高质量发展，全面落实“双减”政策，集团化办学深入推进，成立天桃实验学校、南宁二中、三中、十四中、沛鸿民族中学为龙头学校的教育集团；南宁教育园区初步成型，入园院校实现招生办学 10 所，在校学生规模达 7.8 万人。健康南宁加快建设，组建市一、市二医院医疗集团，获自治区“公立医院综合改革成效明显的城市”，新改扩建社区卫生服务中心 5 个，前海人寿广西医院和南宁医院先后投入使用，医保基金监管信用体系建设试点通过国家医保局终期验收。文体事业繁荣发展，舞剧《刘三姐》获第十三届全国舞蹈展演优秀剧目，广播剧《少年黄大年》等 42 件作品获国家级、自治区级荣誉（奖项）；全面实现全民健身和全面健康深度融合发展，南宁籍运动员在第十四届全运会中获 2 金 1 银 3 铜的优异成绩。社会治理能力全面提升，推进扫黑除恶常态化，加强矛盾纠纷多元预防化解，打击传销、打击电信网络诈骗、禁毒等工作成效显著。再次荣获全国民族团结进步示范市荣誉称号。安全生产、食品药品安全形势总体稳定。

一年来，民族、宗教、保密、档案、退役军人、审计、统计、林业、人防、粮食和储备、机关事务管理、地方志、公共资源交易、供销、海关、海事、出入境边防检查、侨务、台湾事务、贸促、税务、气象、调查、水文、文史、决策咨询、哲学和社会科学等工作扎实推进，妇女、儿童、老龄、残疾人、公益慈善、红十字等事业健康发展。

一年来，我们坚持把党的政治建设摆在首位，坚决落实全面从严治党要求，毫不动摇坚持和捍卫“两个确立”，不断增强“四个意识”、坚定“四个自信”、坚决做到“两个维护”。巩固提升法治政府建设成果，出台政府规章 3 件，修改、废止规章 4 件，依法接受人大及其常委会的监督，自觉接受人民政协的民主监督，办理市人大代表议案建议 192 件、政协提案 669 件，办结率均达 100%。巩固拓展落实中央八项规定及其实施细则精神成果，坚决整治形式主义、官僚主义，持续为基层松绑减负，政府自身建设持续加强。

各位代表！过去一年的成绩来之不易，这是习近平新时代中国特色社会主义思想科学引领的结果，是自治区党委、政府和市委正确领导的结果，是市人大、市政协监督支持的结果，是各级各部门担当履职的结果，是全市各族人民团结奋进的结果。在此，我代表市人民政府，向全市各族人民，向人大代表、政协委员，向各民主党派、工商联、无党派人士和人民团体，向驻邕部队、武警官兵、政法干警、消防救援队伍，以及所有参与、关心和支持南宁发展的各界人士，表示衷心感谢并致以崇高敬意！

在看到成绩的同时，我们也清醒地认识到经济社会发展面临的困难和问题。主要表现在：工业对经济增长的贡献偏小，农业产业链较短，县域经济发展滞后；开放优势发挥不充分，投资结构不优、产业投资偏弱，创新驱动发展的动能不强；民生保障仍然存在短板弱项，营商环境有待提升等。对于这些问题，我们将采取更加有力的措施，切实加以解决。

二、2022年工作总体要求和主要任务

2022 年是党的二十大召开之年，做好各项工作，具有特别重要的意义。我们要紧跟总书记，奋进新征程，勇于求变、敢于求新、善于求质，以“跳起来摸高、跑起来赶超”的奋斗姿态，坚定信心、勇毅前行，在建设新时代中国特色社会主义壮美广西中彰显首府担当。

今年政府工作的总体要求是：坚持以习近平新时代中国特色社会主义思想为指导，全面贯彻党的十九大和十九届历次全会精神，全面贯彻中央经济工作会议精神尤其是习近平总书记重要讲话精神，全面贯彻习近平总书记对广西工作系列重要指示精神特别是视察广西“4•27”重要讲话精神，紧紧围绕自治区第十二次党代会提出的建设壮美广西“1+1+4+3+N”目标任务体系，按照自治区党委十二届二次全体会议暨经济工作会议和市委十三届三次全体会议暨经济工作会议的安排部署，弘扬伟大建党精神，坚持稳中求进工作总基调，完整、准确、全面贯彻新发展理念，服务和融入新发展格局，全面深化改革开放，坚持创新驱动发展，坚持以供给侧结构性改革为主线，统筹疫情防控和经济社会发展，统筹发展和安全，继续做好“六稳”、“六保”工作，坚持政策为人、项目为王、环境为本、创新为要，全面落实强首府战略，举全市智慧和力量做好“1+3”重点工作，坚定不移推进高质量发展，坚持强开放、强产业、强市场、强投资、强治理“五强”工作要求，抓好防疫稳定安全“三件大事”，奋力建设新时代中国特色社会主义壮美广西首善之地，以优异成绩迎接党的二十大胜利召开。

今年全市发展的主要预期目标是：地区生产总值增长 7% 以上，工作目标力争增长 8% 左右。一般公共预算收入增长 3.5%，规模以上工业增加值增长 11%，固定

资产投资增长10%，工业投资增长30%以上，社会消费品零售总额增长10%，外贸进出口总额增长11%，居民人均可支配收入增长与经济增长基本同步，居民消费价格指数涨幅控制在3%左右，城镇调查（登记）失业率低于全区平均水平。

面对当前形势，要实现上述目标，我们必须转变观念，创新思路，在实际工作中，强化“五种思维”：

——强化首府都市圈思维。实施强首府战略，建设南宁都市圈，是落实国家“十四五”城市群和都市圈战略的重大举措，也是广西实施区域协调发展战略的重大行动。强首府，南宁当自强。我们要自我加压、招大引强，提升经济首位度，加快建设特大城市，构建南宁大都市圈，加速形成极化效应、虹吸效应，发挥中心城市的辐射带动作用，为建设壮美广西多作贡献。

——强化“双链”融合思维。围绕产业链部署创新链，围绕创新链布局产业链。抓住全球产业链价值链重构的机遇，聚焦全产业链和产业生命周期，打通产业链上下游，吸引跨境产业链关键环节留在南宁，积极服务中国产业走向东盟及RCEP成员国，并向“一带一路”国家和地区拓展。组织产业关键核心技术和共性技术攻关，以一个领域或一项科技创新，培育一个细分产业，盘活一个产业集群。

——强化枢纽经济思维。枢纽经济背后是流量，实质是市场。南宁深耕东盟多年，要充分发挥南宁作为离东盟最近首府城市、西部陆海新通道重要节点、我国连接“一带”和“一路”重要枢纽的优势，积极服务建设中国—东盟命运共同体，畅通中越物流通道，以东博会吸引商品、服务和要素聚集，大力培育国际大市场，破解“过而不驻、流而不聚”难题，推动“通道经济”向“枢纽经济”转变。

——强化“项目为王”思维。今天的项目就是明天的产业，要把项目建设作为促进发展的第一支撑，谁英雄谁好汉，项目面前比比看。要超前谋划项目，争取各类资金支持，按照市场化、项目化、责任化、节点化“四化”和资金、政策、要素“三下沉”工作法，大抓项目、抓大项目，保持投资对经济增长的强力拉动。

——强化市场主体思维。市场主体是经济的力量载体，保市场主体就是保社会生产力。要换位思考、主动作为，想企业之所想、急企业之所急，积极帮助企业解决难题，提供有温度的服务。要坚持公平参与、平等竞争的原则，持续优化市场化法治化国际化的营商环境，让各类市场主体活力充分释放，经济发展内生动力更加强劲。

今年，我们将着力做好以下十个方面工作。

（一）拓宽“南宁渠道”强开放。

主动服务和融入国家开放战略，发挥“南宁渠道”作用，做实做强开放平台，以深化改革促进高水平开放。

服务推动东博会、峰会升级发展。促进东博会功能从服务“10+1”向服务RCEP和“一带一路”拓展，高质量办好RCEP展区，推动东博会、峰会转型升级为RCEP博览会、峰会。大力发展会展会议经济，实施“会展+”战略，推动建立中国—东盟博览会全球采购中心，常态化运行“云上东博会”，吸引新产品发布会、订货会等更多国际性、全国性展会在邕举办，培育一批高质量龙头展会和专业品牌展，打造会展名城，建设国际会展城市。强化东博会和峰会的政治、外交、经贸、人文等功能，以文化艺术、旅游、教育等为纽带，促进民心相通，结对更多国际友城，打造“一带一路”人文交流的重要支点城市。

高标准建设自贸试验区南宁片区。大力推进制度创新，形成一批制度创新成果，复制推广更多试点经验。加快推进惠企政策“免申即享”平台建设，设立RCEP政务中心，鼓励有条件的律师事务所开展国际化业务合作。深化“三合一”集约式监管，实现易腐货物、快运货物无布控查验6小时通关。建立加工贸易货物担保机制，参与海关事务担保，降低企业贸易成本。推动片区内综保区、跨境电商综试区、加贸产业园等国家级开放平台融合发展，强化自贸区协同发展区建设，最大程度发挥政策叠加和溢出效应。

加快建设中国—东盟信息港南宁核心基地。突出抓好基础设施建设、产业发展壮大、对外合作交流等重点工作，年内力争新增投资超30亿元、竣工项目累计超45个。优化升级南宁国际互联网专用通道，启动建设中国—东盟人工智能计算中心，加快推进中国电信东盟国际信息园、中国移动（广西）数据中心等超大规模数据中心建设。培育壮大一批数字企业，加快打造人工智能、空间信息、信息技术应用创新等数字经济产业链。发挥华为—南宁数字经济产业创新中心等平台作用，拓展数字应用场景，培育平台经济、跨境电商、智慧旅游等新产业新业态。加强与东盟的数字经济合作交流，积极服务和办好中国—东盟信息港论坛、数字丝绸之路峰会等活动，加强与东盟国家在数字经济标准制定、技术创新、市场共享等领域的合作。

加快建设金融开放门户南宁核心区。扩大跨境人民币结算，推动中银香港面向东盟的人民币结算清算业务落地，支持驻邕金融机构与更多 RCEP 成员国商业银行建立人民币结算关系，推动非银行支付机构开立跨境人民币备付金账户。促进跨境投融资，推动中国—东盟跨境金融服务中心运营，制定跨境金融产品和服务清单；开展跨境人民币同业融资、跨境人民币双向流动便利化、人民币信贷资产转让、境外项目人民币贷款等试点。扩大人民币与东盟国家货币直接交易，引入更多东盟国家商业银行参与广西银行间市场区域交易，促进与东盟国家双边本币结算。

高质量实施 RCEP。学好用活 RCEP 规则，大力优服务、扩贸易、促投资。积极参与建设中国—东盟经贸中心、RCEP 中小企业服务中心，推动 AEO 企业获批经核准出口商资质，全力服务企业搭乘 RCEP 快车。用好关税减让规则，扩大机械设备、建材等传统行业产品的出口，拓展茉莉花茶、沃柑、火龙果等优势农产品出口，扩大日韩澳新先进装备和技术、矿产品及农产品、美妆和日用品等高端消费品进口。用好用足原产地累积规则，为企业制定针对性享惠方案，推进原产地证书的认证；依法落实外商投资国民待遇，加快构建连接日韩澳新等发达国家和东盟国家之间跨国产业链供应链，引导和鼓励电子信息、新能源汽车等企业在 RCEP 成员国内开辟产品原料和零部件采购渠道，开展出境加工业务。

加快建设南宁临空经济示范区。做大南宁国际航空枢纽，建设航空之都。配合自治区开展示范区系列规划编制工作。年内南宁国际空港综合交通枢纽工程投入使用，6 月底前开工建设吴圩国际机场第二跑道，争取 12 月底开工建设 T3 航站楼，加快建设南宁零公里空港产业园、临港大道、友谊路延长线改扩建（平丹村—群益村）等重大项目，开展轨道交通机场线等项目前期工作。迅速开展 24 平方公里启动区产业链招商，力争年内引进机电、服装、医药、海鲜、水果等一批贸易头部企业和电子信息、先进装备制造、新能源、新材料等制造企业，引进航空物流、临空商务、港航服务等产业项目 30 个。依托吴圩国际机场航空口岸，打造中国—东盟生鲜交易中心、南宁空港国际跨境电商中心等商品贸易集散基地。

大力发展向海经济。平陆运河开工建设将重塑南宁的城市形态和产业布局，南宁通江达海的区位优势更加突出。要全方位实施向海发展战略，加大力度建设向海交通体系、发展向海产业体系、强化向海创新体系，进一步做足边的文章、释放海的潜力、激发江的活力，积极构建南宁内外畅通、陆海联动的向海发展新格局。加快改造提升南宁港六景、牛湾港区，提升南宁内河航道通航等级，优化港口功能，打通江海联运物流通道，吸引沿海临港产业向内河延伸拓展，大力发展临港工业，把东部产业新城打造成为向海经济发展示范园区，推进“港产城海”融合发展。

持续推进改革攻坚。落实减税降费政策，继续清理规范市级涉企行政事业性收费事项。深化财税体制改革，加强财政资源资产资金统筹，防范化解政府债务风险。深化投融资体制改革，积极构建多元化投融资体制和资本运作机制。优化国有资本布局，推动国有资本投向民生领域、优势产业和战略性新兴产业；推动市属集团的战略性重组和市场化整合，稳妥推进国有企业混合所有制改革。构建亲清政商关系，关心支持帮助民营企业健康发展。

南宁开放无止境，越开放越向上。我们要坚持东西协作、南北互济，向海而兴，向海图强！

（二）主攻实体经济强产业。

把做强实体经济作为主攻方向，全力推进工业振兴，促进生产性服务业和先进制造业深度融合，大力发展新经济新业态新产业，加快建设现代化经济体系。

尽锐出战振兴工业。实施新兴产业产业链再造工程，着力提升南宁在跨境产业链供应链价值链中的地位和竞争力，推进新兴产业快成长上规模，全力建设南宁中越（中国—东盟）跨境产业链关键环节生产总部集聚区。电子信息产业，重点发展计算机和网络通信设备、智能终端、新型显示、集成电路四条产业链，打通中国南宁至越南北宁、北江跨境公路铁路电子信息产品快速通道，做大瑞声科技等重点企业，力争引进一批行业内龙头企业，着力构建“大湾区—南宁—东盟”电子信息产业链供应链。先进装备制造产业，重点打造新能源汽车、物料处理装备、环卫环保装备三条产业链，支持新能源汽车整车企业实现合规化生产，引进电池、电机、电控及其他配套零部件企业，推动合众新能源汽车项目年内投产，积极引进吉利汽车项目，推动美斯达、博世科等企业发展壮大。其中，驱动电机方面，重点引进永磁体、定子、转子、电机控制器等零部件生产企业。动力及储能电池产业，着力发展电芯制造，力争引进光伏电池及组件、电芯制造龙头企业，发展电解液、隔膜、铜箔、极耳、电池管理系统等上游产业链高附加值产品，推动电芯、电池等产业链一体化发展。生物医药产业，按照“研发＋临床＋制造＋应用”全产业链发展思路，吸引国内外重点科研院所、医学院校和知名企业在我市设立实验室和运营平台，引进专业团队建设运营生物医药产业园区，加快建设“葫芦娃”品牌系列药品南宁生产基地、江苏吉锐生物新药研发生产基地等项目，打造海城医疗器械产业园、凤巢湖生物医药港产业园。实施传统产业改造提升行动，紧扣数字化绿色化高端化，推动传统产业提层次强实力，重振传统产业雄风。铝精深加工产业，发挥南南铝加工和南南铝业等龙头企业的技术辐射和带动效应，培育和引进一批铝材压延加工企业，重点拓展航空航天、轨道交通、船舶用高端铝合金材料，以及新能源汽车轻量化车身、铝合金零部件、动力电池用铝箔、光伏组件等产业链下游应用领域，推动铝加工产品向建筑模板、铝制家具、家电等终端产品延伸，深化与中车集团更紧密的合作，努力将铝精深加工打造成南宁的工业名片。食品产业，发展肉制品加工、休闲健康食品、调味制品、乳制品、饮料和精制茶加工等产业链；延伸拓展蔗糖精深加工产业链，推动环保纸模等产业链下游项目的实施建设。造纸产业，发展高端纸制品，配套发展产业链上游的造纸助剂及下游的包装、印刷等环节，建设横州市高端纸制品产业园。绿色家居产业，重点补足产业链配套产品，发展高端多功能板材、中高端家居，配套发展五金等产品。精细化工产业，建设专业化工园区，重点发展为电子信息、新能源汽车和生物医药等产业配套的精细化工新材料产业，积极发展芳纶纤维、电子级树脂、碳纤维等高端化工产业。绿色建材产业，积极培育硅基新材料、先进陶瓷材料、纤维复合材料等关键战略材料产业，发展壮大深加工玻璃、化学建材等绿建协同材料产业，优化提升水泥、预拌混凝土等基础支撑材料产业。

尽锐出战做大园区。按照临港城市谋划布局工业发展，推动重点工业园区拓展发展空间，提高园区投资和产出强度，积极培育500亿元、1000亿元产业园区。东部产业新城要进一步理顺管理体制机制，突出工业发展导向，加快编制国土空间规划、产业发展规划，加快基础设施和配套设施建设，规划建设临港工业园区，大力发展造纸、新能源汽车、电池、铝精深加工、汽车零部件、化工等临港工业。高新区要重点发展电子信息、节能环保、生命健康等高新技术产业，推进智慧显示园区等项目建设。经开区要加大电子信息、生物医药等高新技术产业招商引资力度，推进电子信息千亿产业园、临空生物医药产业园建设。东盟经开区要建设特色食品产业园，集聚食品企业和上下游配套企业，推进卤制肉制品及副产品加工、餐饮果浆配料生产基地等重点项目。年内三大国家级开发区规模以上工业增加值均要增长20%以上。各县（市、区）要推动本地园区产业特色化、差异化发展，打造1—2个成长性好、优势突出、带动力强的主导产业，大力培育经济强县（市、区）。

尽锐出战强化保障。健全领导干部联系重大项目服务重点企业、工业振兴特派员等工作机制，推动生产要素向工业集聚，着力解决企业生产经营面临的困难问题。加大资金投入，市本级财政筹措100亿元资金支持工业发展，引导信贷资金向工业企业倾斜。强化用地保障，提高工业用地比重，东部产业新城工业用地储备不少于4000亩，高新区、经开区（南宁临空经济示范区）、东盟经开区、黎塘工业园、现代工业产业园工业用地储备均不少于2000亩，其他县（市、区）工业用地储备均不少于500亩。重视解决城乡结合部、城中村小微企业用地问题，推动小微企业入园集聚发展。强化用电保障，加强用电调度和科学预警，完善市、县两级保供电协同机制，指导和协调企业加强燃料储备，全力保障重点企业正常用电。强化用工保障，增加就业补助资金，加强公共就业服务，适时启动应急用工机制，满足企业用工需求。

着力发展大金融。大力“引金入邕”，力争中国—东盟金融城新增入驻金融机构（企业）100家。加大金融服务实体经济力度，加强财金联动、“政金企”对接，扩大工业企业贷款、小微企业贷款、涉农贷款、政府性融资担保等规模，力争全市人民币存贷款余额突破3万亿元，工业企业贷款增速高于各项贷款增速，“桂惠贷”投放达550亿元。支持企业扩大资本市场融资，精准培育一批上市（挂牌）后备企业，重点推动森合高科、广西东呈、汉和生物等企业上市（挂牌）；扩大信用债券入邕渠道，加大“绿色债”、“科技创新债”等创新债券发行，推动私募基金集聚发展。加快发展金融示范区，建设绿色金融改革创新和保险创新综合示范区，推动“惠邕保”等落地见效，力争保费收入达到300亿元，全力创建供应链金融示范区。防范化解重点领域金融风险。

加快发展大物流。着力畅通通道，完善衔接越南的跨境物流体系，以电子信息产品为重点，公路争取12小时厂对厂通达，铁路实现24小时通达；加密南宁至“一带一路”国家和地区的铁路货运班次和航空货运航线，力争吴圩国际机场新开通2条国际货运航线，国际货邮吞吐量确保4万吨、力争达到6万吨；推动恢复南宁港内河口岸。着力完善枢纽，推动物流园区均衡布局，完善物流节点衔接，加快南宁国际铁路港、中新南宁国际物流园等物流枢纽建设，完善货物转运、冷链物流、邮政快递等相关功能配套，健全港区、园区的集疏运体系，使货物快进快出。着力提升服务，完善保税物流、展示交易、跨境结算等服务功能，提高通关时效。着力降低费用，落实国家、自治区降低物流成本有关政策，进一步降低物流制度、要素、税费、信息、联运、综合等6方面成本。

推动房地产业良性循环和健康发展。科学合理规划，完善住宅用地市政配套，促进土地成交，提升土地保障能力。加大医养地产和文化体育旅游地产等综合房地产业供地，优化房地产用地结构。支持房地产项目合法合规开发贷款，保障房地产开发企业的正常融资需求。加快拟出让地块的前期工作，大力推行“拿地即开工”、预售许可“线上全办理”，提高楼盘上市效率。加快推进旧城改造，释放新的购房需求。优化公积金贷款发放流程，提高公积金贷款额度。推动优化差别化信贷政策和适当降低二套房贷款首付比例，推介“绿城”宜居宜业品牌，吸引更多外地人来邕养老、度假、置业，提高区外购房群体比例。开展房地产市场秩序专项整治，防范市场风险。

推动新经济蓬勃发展。高质量打造五象新区新经济新产业高地。大力发展总部经济，完善总部经济发展支持政策，建立总部企业招商项目库，盘活总部基地存量楼宇，大力引进一批国际总部、区域总部和功能型总部，力争培育税收亿元以上楼宇超10栋。培育发展平台经济，加快建设电商平台载体，推动京东营销推广平台、吉利大宗商品智慧供应链平台等项目落地，支持云宝宝公司等企业打造数字化应用平台。积极发展网红经济、IP经济。

工业兴则产业旺、首府强。我们有信心、有决心挺起首府工业的脊梁，坚决打赢产业振兴这场硬仗！

（三）畅通内外循环强市场。

发展大贸易，促进消费持续恢复，保持外贸快速增长势头，深度融入国内大循环和国内国际双循环。

建设国际消费中心城市。推动商文旅融合。推动文化旅游融入商圈，埌东—凤岭片区建设一批特色商业街区，打造“旅游＋会展＋住宿”商圈；朝阳片区提质建设“老南宁·三街两巷”、中山路等一批特色商业街区和夜间经济集聚区，推动国有文艺院团驻演“三街两巷”人民剧场，形成“夜游”、“夜购”、“夜食”、“夜娱”集聚区；五象片区发展首店经济、首发经济、品牌经济，建设具有国际影响力的新型消费商圈。推动商业融入文化旅游，优化“两圈一轴”布局，加快发展高端文旅产业，培育和打造时尚产业，紧盯“90后”、“00后”消费群体，围绕旅游精品路线建设集“吃住行游购娱”一体的消费商圈。加快推进2023年广西文旅大会项目。大力发展专业市场，立足“买东盟满足国内，买国内服务东盟”，着力筹建中国—东盟药品市场、黄金珠宝市场、海鲜贸易加工市场、食品水果市场、艺术品交易市场等专业市场，扩大华南城、大嘉汇东盟国际建材家居城等专业市场影响力。推进消费便民惠民。完善社区、乡村商业服务功能，建设改造乡镇农贸市场。举办大型消费类展会，办好南宁消费购物节和南宁欢乐消费季，开展家电“以旧换新”等惠民利企活动。

扩大进出口贸易。加大出口增量奖励力度，壮大优势产品出口规模，培育金融、大数据、文化创意等领域服务贸易。支持企业建设跨境电商枢纽仓、在东盟布局海外仓，发展跨境电商零售出口、B2B出口业务，力争跨境电商出口交易额达80亿元。加快南宁国家加工贸易产业园建设，推动中韩（广西—江原道）产业园、瀛衍光电、利远电子等项目建设投产，力争加工贸易进出口额突破1000亿元。推动境外采购和进口商品分销，扩大大宗商品进口。提升进境食用水生动物指定口岸和进境水果指定监管场地等功能，扩大东盟国家优质农产品、水海产品和中药材进口，力争新增进口200亿元。

（四）突出“项目为王”强投资。

把扩大招商引资摆在突出位置，狠抓重点领域重大项目建设，保持投资强度，发挥投资对稳增长的关键性作用。

推行“全员招商”引投资。狠抓工业招商，力争全年签约总投资额5000万元以上工业项目超150个。大力开展领导干部带头招商，成立市级招商领导小组，组建16个产业链招商工作队，由市领导任工作队队长，市领导、国家级开发区领导每人每年签约落地总投资额5000万元以上的工业项目不少于2个，县（市、区）、市直部门主要领导每人每年不少于1个。大力实施专业招商，市投促部门和各县（市、区）、开发区要组织招商小分队，开展常态化驻点招商。大力推进平台招商，支持国有平台通过股权投资、基金投资等多种方式招大引强。大力推行以商招商，通过瑞声、合众等龙头企业带动、吸引更多上下游企业落户，借助行业商会协会推介会员单位来邕投资发展。强化招商考核，考核结果与绩效考评、奖惩挂钩。

坚持“项目为王”扩投资。建立完善储备项目库长制、要素保障制、督战考评制等工作机制和“赛马”机制，做好“两榜、两挂钩、一问责”工作，力争区市层面统筹推进重大项目完成投资1200亿元以上。超前谋划投资项目，建立总投资1万亿元以上的投资项目总库，加强工业、现代服务业、商贸流通等8类项目分库的策划和包装，争取项目转化投资3500亿元。拓宽投融资渠道，按照财政聚资、贷款借资、平台扩资、市场融资、社会引资的思路，建立多元筹融资机制，用好用足PPP额度空间，推出一批有吸引力的PPP项目。抓好重大项目建设，依托强首府重大项目库指挥调度系统，对重大项目实行智慧化、精细化管理和指挥调度，强化全流程跟踪、全过程管理，加快形成更多投资工作量。

优化营商环境聚投资。开展营商环境重点指标创新突破行动，争取更多指标入选“全国标杆”。推进“跨省通办”、“证照分离”改革全覆盖，推动招标投标全流程电子化。推进政务服务“简易办”改革和便民利民“微改革”，加快“邕易办”系统平台建设，完善惠企惠民一站通平台功能，实现行政许可及相关服务事项100%可网上办理。探索建立企业容错机制，试行包容审慎监管。建立营商环境诉求直通快办机制，及时协调解决市场主体诉求，为企业发展保驾护航。争创全国社会信用体系建设示范区。

（五）深化建管融合强治理。

坚持以人为本，强化城市规划建设管理，促进城乡融合发展，推进城市治理体系和治理能力现代化。

高质量推进城市建设。编好国土空间规划，注重“多规合一”，形成覆盖全市的国土空间规划“一张图”。实施城市更新行动。推进以老旧街区、厂区、小区和城中村改造为主的城市更新，加快推进109个项目改造，做好46个项目前期工作，重点推进火车站、中尧路、五一中路片区3个TOD项目。加强城市交通建设。强化主城与副城新城的交通联系，推进绕城高速与城市主干道互通节点建设，解决进出城交通拥堵问题。加强五象、埌东—凤岭、朝阳三大片区互联互通，完善五象新区与江北跨江通道建设，缓解南宁大桥等重点区域高峰期拥堵问题。加快打通“断头路”、拓宽“瓶颈路”、建设“连接路”，畅通道路微循环。加快轨道交通第三轮建设规划申报，开展六号线等前期工作。提升“生态园林城市”品质。打造“百里秀美邕江”升级版，分批推进沿岸城市更新改造，整体提升沿岸城市风貌，推进水面和两岸“商文旅”业态融合发展，塑造城市人文客厅。加快建设翠湖、松柏湖、天潭湖、新坡湖、楞塘中湖，改造提升明月湖、相思湖、金沙湖等城市内湖，建设青秀、邕宁、良庆等体育公园，规划建设青秀山南部片区和五象岭森林公园。加快环湖、沿江、绕山、穿城绿廊建设，完善一体化城市生态景观。

高效能提升城市管理。完善“美丽南宁·整洁畅通有序大行动”工作机制，推进城市管理科学化、精细化、智能化。优化城市交通秩序，强化机场、高铁、地铁、公交等运输方式的有效衔接，优化调整公交线路，推行以轨道交通为节点的微循环，努力实现“零距离换乘”；推进非机动车、机动车停车泊位设置标准化建设和车辆有序停放，加强对电动自行车、共享自行车规范化管理，加大对地铁出入口、火车站、大型商业街区等区域周边车辆乱停放现象的整治力度，加强智能交通系统建设，实施道路及路口改造，年内重点治理30个交通拥堵点段，在主干道新增10条绿波带，力争在全国50个大中城市中交通健康指数保持前10位。加强无物业小区管理，落实各城区、街道、社区无物业小区管理属地责任，加强排查摸底、分类施策，对条件成熟、群众支持的小区，鼓励引进物业公司或成立物业管理机构进行统一管理；对条件尚未成熟的小区，根据实际情况由城区兜底统筹，落实保安、保洁等服务，加强有效管理，切实解决环境差、安保缺、停车难、设施差问题。强化市容市貌整治，抓好“五乱”治理，重点开展城市管理薄弱区域专项整治，防止乱象反弹回潮。突出做到地面干净，深入开展爱国卫生运动，提高环卫保洁频次、标准，加强摊点管理，确保无路面垃圾、无乱堆乱放、无占道经营。突出做到墙面美观，推进墙面的门牌、招牌规范化设置，确保整齐统一，无违规广告牌匾、无贴墙小广告。突出做到空中整齐，开展线缆乱拉乱挂专项整治，实施管线改造，规范架空管线，清除废弃管线，杜绝飞线充电，推进空中线缆入地或者捆绑贴墙，消除“空中蜘蛛网”。加强智慧城管建设，以数字城管系统为基础，逐步构建全市城市运行管理服务平台，推进扬尘治理综合管理系统及视频智能监控等技术应用。强化违法用地、违法建设治理。

高水平推进新型城镇化。推动城市基础设施向乡村延伸，推进城乡水、电、气等设施一体化建设，统筹城乡文化、教育、卫生、社保等民生事业发展。做好青秀区、横州市城乡融合发展改革集成试点。深化户籍制度改革，推进居住证制度全覆盖，逐步将持有居住证人口纳入基本公共服务保障范围。调整公租房准入政策，让新市民进得来、有得住、住得好。保障进城落户农民的农村土地承包权、宅基地使用权、集体收益分配权，提高农业转移人口市民化质量。

我们要“一张蓝图绘到底”，下足“绣花”功夫，建好管好我们的家园，让首府颜值更高、品质更优！

（六）大力推进乡村振兴。

坚持以乡村振兴统揽新时代“三农”工作，守住粮食安全和不发生规模性返贫两条底线，促进农业高质高效、乡村宜居宜业、农民富裕富足。

坚决巩固脱贫攻坚成果。严格落实“四个不摘”要求，筑牢脱贫群众返贫防线。落实对脱贫不稳定户、边缘易致贫户、突发严重困难户的动态监测帮扶机制，确保应纳尽纳并给予精准帮扶，及时消除返贫致贫风险。落实乡村振兴重点帮扶县、乡（镇）、村的扶持政策，发展一批能带动更多群众就业的特色优势富民产业。深化粤桂协作，抓好“圳品”认证、“供深基地”建设，在上林、马山和隆安三县分别发展1—2个特色产业园区。加快农村集中供水工程建设。做好易地搬迁后续扶持工作，抓好“十个强化”，加强产业培育和就业帮扶，确保搬迁群众“稳得住、有就业、逐步能致富”。

加快发展现代特色农业。坚决扛稳粮食安全政治责任，落实最严格的耕地保护制度，坚决遏制耕地“非农化”和防止耕地“非粮化”，新开工建设26.1万亩高标准农田，推动粮食稳面积提产能。做优特色产业，打造乡村振兴“6+6”全产业链，加快建设中林·南宁、牧原、益豚、双汇等一批重大项目，实施“三品一标”提升行动，加快形成一批产值超百亿元的产业集群。抓紧抓实农业园区发展，年内新创建6个自治区级现代特色农业示范区、2个自治区级现代农业产业园。加快发展设施农业，因地制宜发展设施大棚、日光温室等设施设备，鼓励发展智慧养殖场等新型设施，推动储运保鲜冷库等设施装备应用。推进农村一二三产融合发展，推动“农业＋深加工”，加快兴宁富凤、江南立腾等项目建设，打造宾阳古辣香米、武鸣林木等一批农产品加工集聚区；推动“农业＋旅游”，建设一批城郊休闲农业与乡村旅游示范点、美丽休闲乡村；推动“农业＋物流”，加快建设一批农产品专业市场，新布局建设一批农产品集散市场，大力发展冷链物流、农村电商。支持马山等有条件的县（市、区）大力发展现代种业。

改善农村人居环境。强化乡村振兴规划引领，推动县级国土空间总体规划同村庄规划编制系统衔接。实施村庄清洁行动和绿化美化行动，全面清理私搭乱建、乱堆乱放。抓好农村改厕整改巩固，年内完成22个整村推进示范项目，农村卫生厕所普及率达97%以上。分类分批推进农村生活污水治理，实施农村小流域治理，年内全面消除农村黑臭水体。完善“村收、镇运、县（片区）处理”的生活垃圾治理体系，年内全面完成行政村、自然屯落后垃圾收集池改造、镇村垃圾中转站建设。

加强农村社会治理。持续推进农村“雪亮工程”，全面实施网格化服务管理。加强农村警务工作，持续打击“村霸”，整顿农村治安乱点。有效化解农村各类矛盾纠纷。扎实推进农村精神文明建设，拓展建设新时代文明实践中心（所、站），丰富农民精神文化生活，推进农村移风易俗，推动形成文明乡风、良好家风、淳朴民风。

推进农村改革开放。稳慎推进农村宅基地制度改革，探索农村宅基地有偿使用和自愿退出机制。完善盘活农村存量建设用地政策，推进横州市、宾阳县、青秀区等农村集体经营性建设用地入市取得重大进展。深化农村集体产权制度改革，不断壮大村级集体经济。完善农村产权交易服务体系，重点做好市县农村产权流转交易市场建设。深化农村金融改革，促进农业保险扩面、增品、提标。扩大农业对外合作，支持企业在境外建设生产基地和加工、仓储物流设施，积极创建供应粤港澳大湾区的农产品示范基地。引进和推广国内外新品种、新技术和先进设备。

（七）大力推进科教振兴。

坚持教育为本，发展大科技，推进科技创新，把首府科教优势转化为发展优势。

推进创新链与产业链深度融合。主动对接国家级实验室，加强与国家实验室、全国重点实验室以及行业大企业深度合作，加快与中南大学协同建立储能电池研究中心，推动南宁市武汉理工大学先进技术产业研究院联合企业成立北部湾港装备技术联合创新中心，与中车集团戚墅堰研究所合作，建立铝合金材料应用研究中心；加强与中国电子科技集团的合作，积极引进网络通讯设备等项目。抓好创新平台建设，加快建设中国—东盟区域科技创新合作区，提升建设南宁·中关村创新示范基地，推动广西南宁五象科技企业孵化器建设国家级综合型科技企业孵化器，抓好深圳、上海两地“飞地科技企业孵化器”建设运营，推进南宁国家农业科技园区建设，规划建设南部科创新城，全市力争引进新型产业技术研究机构5家，新增各类自治区级以上创新创业平台30个。强化企业创新主体作用，推动建立企业牵头、高校和科研院所协同的创新联合体，推行“揭榜挂帅”等制度，实施10个以上重大科研攻关项目，实施重大科技成果转化项目110项。力争高新技术企业达1500家，新增培育瞪羚企业30家。推动人才快速集聚，重点引育“高精尖缺特”人才和青年人才，加快建设中国—东盟人才城，集聚事业急需、爱国奉献的各类优秀人才。

支持驻邕高校做大做强。加快南宁教育园区建设，完善基础设施和公共服务配套，发展生活性服务业态，推进产教城融合。推动相思湖、五合等大学城提升发展。加大地方特色高校建设力度，积极培育南宁工科院校，推动南宁职业技术学院升格本科院校、南宁学院创建为南宁大学。加强职业教育专业集团建设，探索中职学校与重点行业龙头企业共建共管产业学院。积极引进外地高校到南宁办学。建立校地合作机制，形成高校集聚区，力争年内驻邕高校在校生达60万人。

提升基础教育质量。坚持五育并举、立德树人，推广“品质教育、学在南宁”品牌，建设高质量的首府教育体系。扩大教育资源供给。编制完善学校布局与人口规模相适应的教育设施专项规划，盘活老城区教育资源用地，优先留足教育用地，年内建成14所中小学校，新建、改扩建幼儿园20所。鼓励社会力量举办幼儿园。加快教育优质发展。打造5个全区领先的优质教育集团，提升新建学校（校区）及乡村薄弱学校的办学品质。发展“互联网＋教育”，推动优质教育资源共享。实施中小学教师支教走教计划，开展义务教育阶段校长教师交流轮岗。加强教师队伍建设，深入实施“名师、名班主任、名校长”培养工程。支持马山县、兴宁区率先开展县域义务教育优质均衡达标创建工作。深化教育综合改革。全面落实“双减”政策，统筹抓好减负提质和学科类校外培训清理整治等工作。深入推进高考综合改革和普通高中新课程新教材实施国家级示范区建设。

（八）以加强生态文明建设推动绿色发展。

坚持“绿水青山就是金山银山”的理念，以生态优先、绿色发展为导向，加强生态环境保护，持续抓好污染防治，推动经济社会绿色低碳发展。

坚决打好污染防治攻坚战。打好蓝天保卫战。加强部门联防联控、源头专项整治，深入开展扬尘、臭氧污染、餐饮油烟治理专项行动，加强烟花爆竹禁燃限放管控，提高秸秆综合利用，严控露天焚烧，巩固提升空气质量。打好碧水保卫战。以右江及其支流等流域为重点，深化流域生态环境综合整治，开展生活污水、农业面源污染、工业污染整治。抓好内河治理，建成西明江、心圩江等20.8公里示范河段，加快建设良庆河、楞塘冲、二坑溪龙腾湖等水环境综合治理项目。加快建成仙葫、武鸣城南水质净化厂，启动沙井、五象湖、马巢河等一批水质净化厂建设，巩固提升黑臭水体治理成效，力争城市污水集中收集率达到65%、集中处理率达到100%。打好净土保卫战。加强土壤污染综合防治，实施化肥、农药使用减量化，推进土壤污染治理修复。全面推行垃圾分类，完善生活垃圾分类处理系统，推动双定循环经济产业园生活垃圾焚烧发电厂、有机垃圾处理厂等垃圾处理项目加快竣工运营。切实抓好中央生态环境保护督察反馈问题整改。

推进绿色低碳转型。落实河湖林长制，统筹山水林田湖草系统治理。主动适应国家能耗“双控”向碳排放总量和强度“双控”转变的新要求，实施碳达峰碳中和行动。大力发展绿色能源，重点发展光伏、风能、生物质等新能源发电，推进抽水蓄能、化学储能等储能项目建设，引导热电联产项目建设，加快实施宾阳县新能源双碳示范产业园、马山县农业光伏等可再生能源项目，推进横州市六景风光储氢一体化等多能互补项目建设，推动鑫凯隆年产30万吨生物柴油项目建设。大力推行绿色生产方式，推动高耗能行业节能改造，支持万元工业增加值能耗低于符合控制目标的产业项目加快上马，发展废旧汽车回收拆解资源化利用等循环经济。大力倡导绿色生活方式，深入开展绿色家庭、学校、建筑、社区等绿色生活创建行动，积极创建国家绿色出行示范市。

（九）以增进民生福祉推动共享发展。

始终践行以人民为中心的发展思想，加快补齐民生领域和社会事业短板，在高质量发展中促进共同富裕。

促进重点群体就业。认真落实退役军人安置任务，支持退役军人自主就业创业。推进农村劳动力就地就近就业，加大农村富余劳动力外出就业服务力度。加强城镇就业困难人员帮扶，做好零就业家庭动态清零。做好来邕留邕应届高校毕业生的就业服务，今后凡有就业意愿的，确保“人人有岗位、个个能就业”，实现100%就业。

推进健康南宁建设。加快推动优质医疗资源下沉，完善覆盖市、县、乡、村四级医疗卫生服务体系。统筹推进“三医联动”改革，推动医疗服务均质化、医保支付方式多元化、药品耗材价格“平民化”。完善疾病预防控制体系，提升早期监测预警、风险评估研判、应急处置等能力。探索公立医院“大专科小综合”模式，加强专科学科建设。发展中医药事业，促进中医药壮瑶医药传承创新发展。积极应对人口老龄化，创新居家养老、社区服务模式，提升医养结合服务能力。落实三孩生育政策及配套支持措施，年内3岁以下婴幼儿托位增加到22650个。广泛开展全民健身运动，完善全民健身公共服务体系，积极发展竞技体育，做好第一届全国学生（青年）运动会南宁赛区赛事活动筹办工作。

强化社会保障。深入实施全民参保计划，进一步扩大社会保险覆盖面。按政策规定提高参保人员基本养老保险待遇，强化基本医疗保险、大病保险、医疗救助三重保障功能，建立健全职工基本医疗保险门诊共济保障机制，持续推动长期护理保险制度试点工作。加强社保基金监管和风险防控。完善社会救助制度，加强对特殊困难群体的关爱服务，提高低保、临时救助等兜底保障能力。保障妇女、未成年人、残疾人、退役军人合法权益。

推动文化蓬勃发展。践行社会主义核心价值观，深入实施首府文化品质提升工程，持续争创全国文明典范城市。加强文艺队伍建设，引进一批优秀的艺术创作表演人才，培养一批在全国具有一定影响力的本土文化名家。大力创作精品力作，创作排演邕剧《梁小霞》及歌舞剧实景旅游演艺等精品剧目，持续办好南宁国际民歌艺术节、“壮族三月三”、中国—东盟（南宁）戏剧周等文化活动。深入实施文化惠民工程，大力推进基本公共文化服务标准化、均等化建设，广泛开展群众性文化活动，扶持发展乡村社区业余文艺队，坚持开展送戏下基层进校园等活动。持续加大对文物保护和非物质文化遗产的保护传承力度。

落实为民办实事项目。围绕社会保障、医疗卫生、文化教育等民生领域，实施十大为民办实事工程共30个项目，全力解决群众关注度高、社会覆盖面广、民生关联度大的“急难愁盼”问题，让群众得到更多实惠。

（十）抓好防疫稳定安全“三件大事”。

统筹发展和安全，切实抓好疫情防控、社会稳定、城市安全“三件大事”，守牢安全稳定底线，建设更高水平的平安南宁。

抓好疫情防控。坚持“外防输入、内防反弹”总策略、“动态清零”总方针，压实“四方责任”，加强常态化疫情防控。强化外防输入，市县两级指挥部要针对国内中高风险地区的人员建立自动启动应对机制，强化对“三非”人员、走私人员排查打击，加强重点人群排查管控，加强对冷链物品的监测检验，坚决从源头阻断疫情传播渠道。强化内防反弹，加强社会面管理，做好公共区域、重点场所的出入管理和健康监测，安全有序推进疫苗接种工作，健全应对突发疫情应急响应机制，织密织牢防控网络。强化防疫基础工作，提高大规模核酸检测能力，确保开展全员核酸检测时能够在2天内完成。配强基层疫情防控队伍，做好防疫物资储备，完善隔离场所管理服务，做到“宁可备而不用、不可用而无备”。加强信息系统建设，提升疫情管理信息化水平。

抓好社会稳定。深入开展市域社会治理现代化试点工作。落实意识形态工作责任制，加强意识形态阵地管理。全面推进依法治市，深入推进“八五”普法，建设更高水平的法治南宁。深化平安南宁建设，深入开展重点地区集中整治行动，常态化机制化开展扫黑除恶斗争，深入开展打击整治突出违法犯罪专项行动，严厉打击电信网络诈骗、传销、“黄赌毒”等违法犯罪。精准排查精细化解矛盾纠纷，妥善解决重点群体的合法利益诉求。强化基层自治组织建设。全面提升新时代双拥工作水平。铸牢中华民族共同体意识，在开展铸牢中华民族共同体意识示范创建工作中走在前作表率。

抓好城市安全。加强安全生产工作，严格落实安全生产责任制，深入推进交通运输、建筑施工、消防领域、食品药品等重点行业领域安全整治，及时发现和消除各类风险隐患。抓实城市基础设施安全管理，加强城市公共设施建设与维护，实施公共基础设施安全加固工程，对市政设施开展周期性安全检测。加强城市供水安全保障，加快实施邕江取水口上移工程和石埠水厂建设，实施大王滩等水库除险加固、饮用水源地综合治理，规划建设五象水厂，积极构建第二水源。推动危房排查整治，落实动态监管，防范化解危房安全事故。完善邕江防洪体系、推进石埠堤等堤防建设。提升城市内涝防治能力，重点推进朝阳溪、心圩江、五象新区全流域内涝系统化治理，加强排水防涝基础设施建设，大力推进城市易涝积水点改造；健全城市防洪排涝设施与城市生命线工程应急保障联动机制，提升轨道交通、地下车库等城市地下空间应对能力。全面提升自然灾害综合防范能力，加强寒潮、台风等自然灾害监测预警，强化宣传教育和应急演练、物资储备，切实保障人民群众生命财产安全。

生命至高无上，稳定压倒一切，安全重于泰山，我们要牢牢抓好这“三件大事”，守护好首府各族人民的幸福安康！

三、全面加强政府自身建设

坚决落实全面从严治党要求，把党的领导贯穿政府工作全过程各领域，以严实过硬的作风狠抓工作落实。

旗帜鲜明讲政治。增强忠诚核心、拥护核心的政治自觉、思想自觉、行动自觉，巩固拓展党史学习教育成果，毫不动摇坚持和捍卫“两个确立”，增强“四个意识”、坚定“四个自信”、坚决做到“两个维护”，始终在政治上思想上行动上同以习近平同志为核心的党中央保持高度一致。把握新发展阶段、贯彻新发展理念、构建新发展格局、推动高质量发展，引导督促党员、干部真正悟透党中央大政方针，时时处处向党中央看齐，扎扎实实贯彻党中央决策部署，不打折扣、不做表面文章，坚决确保执行不偏向、不变通、不走样。

提升政府执行力。着力健全各项政策传导机制，把政策、要素保障传导到一线，传导到各类市场主体，打通政策落实的“最后一公里”。健全经济工作与绩效考评全过程管理机制。提高领导干部驾驭经济社会发展的专业化能力。坚持实字当头、干字当先，带头抓落实，善于抓落实，层层抓落实。大力发扬斗争精神，把忠诚履职、主动担责落实到推动高质量发展的具体工作中，体现到为党分忧、为国尽责、为民奉献的实际行动上。

严格依法行政。贯彻落实习近平法治思想，忠诚履行宪法和法律赋予的职责，把政府工作全面纳入法治轨道。深化全国法治政府建设示范市建设，依法接受人大及其常委会的监督，自觉接受人民政协的民主监督，主动接受社会和舆论监督。加强审计监督。

推进自我革命。深入学习贯彻习近平总书记在十九届中央纪委六次全会上的重要讲话精神，坚持严的主基调不动摇，始终保持全面从严治党、推进自我革命的政治定力，把党风廉政建设与中心工作同谋划、同部署、同落实、同考核，全面构建政府系统自我净化、自我完善、自我革新、自我提高的制度规范体系。严格落实中央八项规定及其实施细则精神，锲而不舍纠“四风”树新风。加强对重大工程、重点领域、关键岗位的监督制约，持续整治群众身边腐败和不正之风，一体推进不敢腐、不能腐、不想腐，努力实现政治清明、政府清廉、干部清正、社会清朗。

各位代表，战鼓催征强首府，感恩奋进新时代。让我们更加紧密地团结在以习近平同志为核心的党中央周围，坚持以习近平新时代中国特色社会主义思想为指导，牢记领袖嘱托，勇担历史使命，踔厉奋发、笃行不怠，全面落实强首府战略，奋力建设新时代中国特色社会主义壮美广西首善之地，以优异成绩迎接党的二十大胜利召开！

2021年南宁市国民经济和社会发展统计公报

南宁市统计局

2021年，全市各级各部门坚持以习近平新时代中国特色社会主义思想为指导，深入学习贯彻习近平总书记对广西工作系列重要指示精神特别是视察广西“4•27”重要讲话精神，紧紧围绕自治区第十二次党代会提出的建设壮美广西“1+1+4+3+N”目标任务体系，坚持政策为大、项目为王、环境为本、创新为要，统筹疫情防控和经济社会发展，全面落实强首府战略，稳住了经济基本盘，保持了社会大局和谐稳定，“十四五”开局良好。

一、综合

经济增长：初步核算，全年地区生产总值5120.94亿元，按可比价格计算，比上年增长6.1%。三次产业中，第一产业增加值606.76亿元，增长7.9%；第二产业增加值1198.76亿元，增长4.3%；第三产业增加值3315.42亿元，增长6.3%。

图1 2017年-2021年全市地区生产总值及增长速度

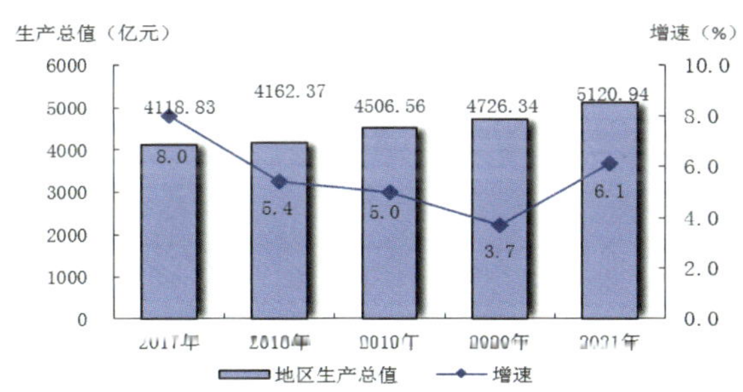

三次产业的比重为11.9 ∶ 23.4 ∶ 64.7。与2020年比较，第一产业比重提高0.55个百分点，第二产业比重上升0.51个百分点，第三产业比重下降1.06个百分点。

图2 2021年三次产业增加值占全市地区生产总值比重

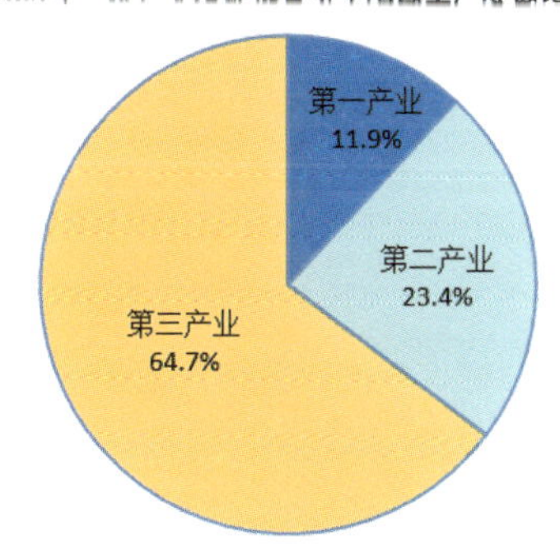

人口：2021年，年末全市户籍人口800.94万人，比上年增加9.56万人，增长1.2%，其中市区人口419.98万人，增加10.66万人，增长2.6%。年末全市常住人口883.28万人，比上年末增加8.03万人，其中城镇人口616.4万人，常住人口城镇化率为69.79%，比上年末提高0.88个百分点。全市人口出生率为8.62‰，比上年下降2.95个千分点；人口死亡率5.3‰，比上年下降1.9个千分点；人口自然增长率3.37‰，比上年下降2.8个千分点。

价格：全年居民消费价格比上年上涨1.4%，分类别看，八大类消费价格指数“七升一降”。（见表1）

表1 居民消费价格指数

指　标	2021年	比上年涨跌（%）
居民消费价格总指数	101.4	1.4
食品烟酒	99.6	-0.4
衣着	101.7	1.7
居住	101.4	1.4
生活用品及服务	100.3	0.3
交通和通信	101.7	1.7
教育文化和娱乐	106.4	6.4
医疗保健	101.0	1.0
其他用品和服务	100.3	0.3

图3 2017-2021年居民消费价格涨跌幅度

二、农 业

产值：全年全市实现农林牧渔及服务业总产值907.67亿元，比上年增长9.1%。其中，农业产值

584.68 亿元，比上年增长 6.4 %；林业产值 52.56 亿元，比上年增长 6.5%；畜牧业产值 208.42 亿元，比上年增长 17.7%；渔业产值 35.97 亿元，比上年增长 4.1%；农林牧渔服务业产值 26.04 亿元，比上年增长 9.0%。占农林牧渔及服务业产值的比重分别为：农业 64.4 %，比上年下降 2.1 个百分点；林业 5.8 %，比上年上升 0.4 个百分点；畜牧业 23.0 %，比上年上升 1 个百分点；渔业 4.0 %，比上年上升 0.7 个百分点；农林牧渔服务业 2.9 %，比上年上升 0.1 个百分点。

图4 2020年-2021年农林牧渔及服务业总产值构成（%）

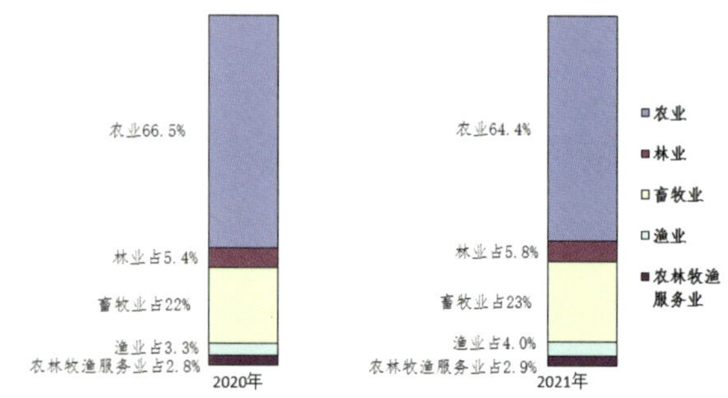

农作物种植面积：全年农作物播种面积 1458.7 万亩，比上年下降 0.4%。其中，粮食种植面积 638.31 万亩，比上年增长 0.26%。经济作物种植面积 820.39 万亩，比上年下降 0.87%，其中，甘蔗种植面积 186.62 万亩，比上年下降 4.6%；油料种植面积 73.61 万亩，比上年下降 2.7%；蔬菜种植面积 416.46 万亩，比上年增长 1.7%。各类经济作物种植面积占农作物总播种面积的比重为 56.2%，全年粮食作物和各类经济作物的种植面积比例为 1 ： 1.3。

农作物产品产量：全年粮食总产量 211.55 万吨，比上年增长 1.1%；蔬菜产量 683.69 万吨，比上年增长 4.06 %；水果产量 453.91 万吨，比上年增长 13.1 %；甘蔗产量 1049.62 万吨，比上年下降 3.9 %；花生产量 14.95 万吨，比上年下降 1.3%；木薯产量 19.81 万吨，比上年下降 6.7%。

图5 2017年-2021年全市粮食总产量及增长速度

养殖业产品产量：全年肉类产量 64.73 万吨，比上年增长 13.5%，其中，猪肉产量 34.21 万吨，比上年增长 41.2%；全年生猪出栏 432.41 万头，比上年增长 35.4%；生猪存栏 265.56 万头，比上年增长 16%；禽蛋产量 2.98 万吨，比上年增长 6.3%；牛奶产量 1.3 万吨，比上年下降 10.7%；水产品产量 23.42 万吨，比上年增长 4.1%。

林业生产：全社会木材采伐量 695.42 万立方米，比上年增长 10.4%。

三、工业和建筑业

工业：全年全部工业增加值比上年增长 7.4%，规模以上工业增加值比上年增长 7.5%。在规模以上工业增加值中，分经济类型看，国有企业比上年下降 84.5%，集体企业比上年增长 13.8%，股份制企业比上年增长 7.8%，外商及港澳台投资企业比上年增长 10.5%；分轻重工业看，轻工业比上年增长 10.6%，重工业比上年增长 4.9%，轻工业增速快于重工业 5.7 个百分点。

图6 2017年—2021年全市规模以上工业增加值增长速度

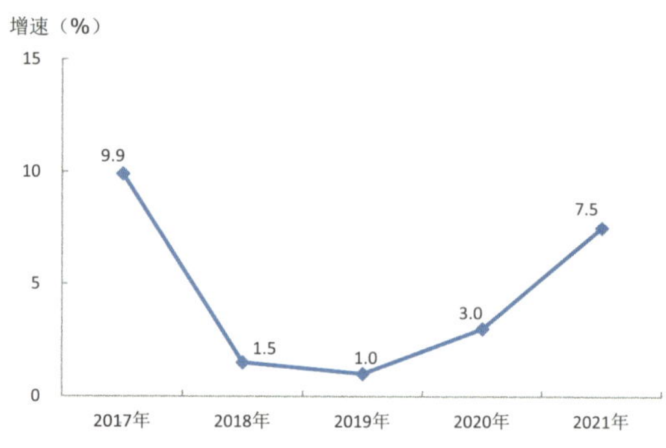

全年全市规模以上工业中，烟草制品业增加值比上年增长 10.2%；计算机、通信和其他电子设备制造业增加值比上年增长 19.6%；非金属矿物制品业增加值比上年下降 9.3%；农副食品加工业增加值比上年增长 16.4%；电力、热力生产和供应业产值比上年增长 22.2%；木材加工和木、竹、藤、棕、草制品业增加值比上年增长 31.1%。

全市规模以上工业企业营业收入 2684.09 亿元，比上年增长 9.48%；利润 115.91 亿元，比上年下降 7.55%。全年规模以上工业产销率 97.3 %，与上年持平。

年末全市拥有规模以上工业企业 1274 家，比上年增加 178 家。其中工业产值超亿元的企业 447 家。

主要产品产量（见表 2）。

表 2　2021年主要工业产品产量及增长速度

产品名称	单 位	产 量	比上年增长（%）
配混合饲料	万吨	634.01	33.6
成品糖	万吨	86.94	−11.9
饮料	万吨	200.08	9.6
啤酒	千升	269641	−1.5
卷烟	亿支	358.29	1.4
人造板	万立方米	917.90	34.1
纸浆	万吨	30.37	44.8
机制纸及纸板	万吨	30.41	33.8
硅酸盐水泥熟料	万吨	1008.30	−16.4
水泥	万吨	1555.11	−6.2
铝材	万吨	26.01	−8.0
钢材	万吨	80.05	−41.9
电力电缆	千米	306576	−2.3
乳制品	万吨	13.08	28.3
合成复合肥	万吨	89.99	16.2
塑料制品料	万吨	26.19	−2.3

建筑业：年末，全市具有资质等级的建筑企业 545 个，比上年增加 48 个。全年建筑业增加值比上年增长 2.0%。全市建筑企业完成施工产值 2647.71 亿元，比上年增长 18.3%。

四、固定资产投资

2021 年，全市固定资产投资比上年增长 3.1%。其中，第一产业投资比上年下降 26.0%；第二产业投资比上年增长 20.2%，其中工业投资比上年增长 21.2%；第三产业投资比上年增长 1.5%。民间投资比上年下降 2.8%。

分投资主体看，国有经济投资比上年同比增长 9.9%，集体经济投资比上年下降 55.4%，私营个体投资比上年增长 4.6%，港澳台商投资比上年增长 70.8%，外商投资比上年下降 51.6%，其他经济投资比上年下降 73.5%。

图7　2017年-2021年固定资产投资增长速度

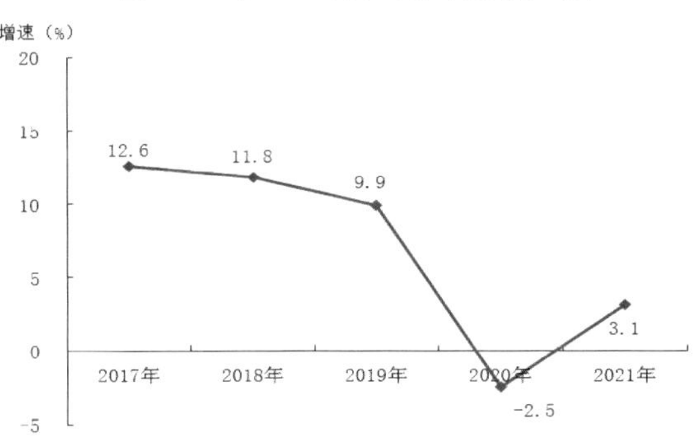

表 3　2021年分行业固定资产投资增长速度

行 业	比上年增长（%）
固定资产投资	3.1
农、林、牧、渔业	−25.1
采矿业	−27.4
制造业	30
电力、燃气及水的生产和供应业	1.3
建筑业	5.8
批发和零售业	2.8
交通运输、仓储和邮政业	47.1
住宿和餐饮业	−45.5
信息传输、软件和信息技术服务业	−36.7
金融业	−18.6
房地产业	15.5
租赁和商务服务业	−22.5
科学研究和技术服务业	−25.9
水利、环境和公共设施管理业	−32.1
居民服务、修理和其他服务业	196.7
教育	15.7
卫生和社会工作	−28.5
文化、体育和娱乐业	−10.2
公共管理、社会保障和社会组织	−20.6

全年全市房地产开发投资 1359.95 亿元，比上年下降 1.3%。其中，商品住宅投资 975.17 亿元，比上年下降 1.4 %；办公楼投资 53.05 亿元，比上年增长 5.4%；商业营业用房投资 84.50 亿元，比上年下降 11.8%。商品房施工面积 11246.52 万平方米，比上年增长 5.0%；商品房竣工面积 977.41 万平方米，比上年增长 22.2%；商品房销售面积 1494.08 万平方米，比上年下降 18.7%；商品房销售额 1240.28 亿元，比上年下降 21.6%。（见表 4）

表 4　2021年房地产开发和销售主要指标及增长速度

指 标	单 位	绝对数	比上年增长(%)
房地产开发投资	亿元	1359.95	−1.3
其中：住宅	亿元	975.17	−1.4
商品房施工面积	万平方米	11246.52	5.0
其中：住宅	万平方米	7330.91	6.0
商品房新开工面积	万平方米	1363.67	−34.4
其中：住宅	万平方米	939.41	−30.1
商品房竣工面积	万平方米	977.41	22.2

其中：住宅	万平方米	706.32	41.0
商品房销售面积	万平方米	1494.08	-18.7
其中：住宅	万平方米	1125.46	-24.3
商品房销售额	亿元	1240.28	-21.6
其中：住宅	亿元	1008.39	-26.2
本年实际到位资金小计	亿元	1857.30	-10.3
其中：国内贷款	亿元	309.00	-21.5
自筹资金	亿元	583.82	27.2
定金及预付款	亿元	599.12	-22.2
个人按揭贷款	亿元	310.72	-14.5

五、国内贸易

全年全市社会消费品零售总额2364.17亿元，比上年增长8.4%。按经营单位所在地统计，城镇消费品零售额2153.16亿元，比上年增长8.4%；乡村消费品零售额211.01亿元，比上年增长9.1%。按消费形态统计，商品零售额2147.06亿元，比上年增长7.8%；餐饮收入217.11亿元，比上年增长15.6%。

图8 2017年-2021年社会消费品零售总额增长速度

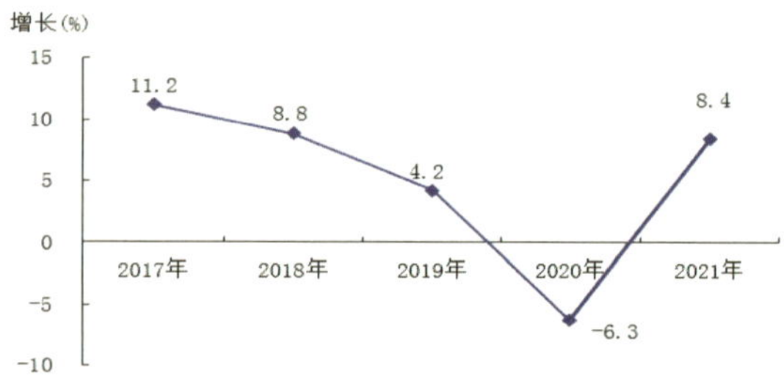

在限额以上企业商品零售额中，汽车类零售额比上年增长2.5 %，家用电器和音像器材类比上年增长55.7%，通讯器材类比上年下降4.3%，体育娱乐用品类比上年增长18.4%，文化办公用品类与上年持平，家具类比上年增长155.2%，建筑及装潢材料类比上年下降17.7%，日用品类比上年增长0.7%，粮油、食品类比上年下降0.2%，饮料类比上年下降6.9%，烟酒类比上年增长48.7%，服装、鞋帽、针纺织品类比上年下降1.9%，化妆品类比上年下降14.4%，金银珠宝类比上年增长21.4%，中西药品类比上年增长3.8%。

六、对外开放

对外贸易：全年外贸进出口总值1231.92亿元，比上年增长24.9%。其中，出口总值581.95亿元，比上年增长23.6%；进口总值649.97亿元，比上年增长26.0%。

图9 2017年-2021年全市进出口总值及增长速度

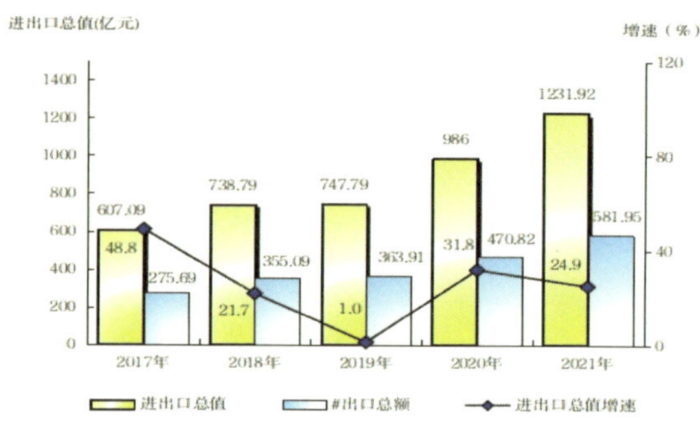

招商引资：2021年实际到位资金881.07亿元，比上年下降24.2 %。全年实际利用外资5.78亿美元，比上年增长31.3%。

开发区：南宁高新技术产业开发区、南宁经济技术开发区和广西－东盟经济技术开发区年末累计入园企业43724家，比上年末增加6604家；财政收入110.7亿元，比上年增长8.4%；规模以上工业总产值比上年增长16.6%；固定资产投资比上年增长17.8%。

七、财政、金融和保险

财政收入：全年财政收入828.84亿元，比上年增长4.1%。其中一般公共预算收入391.77亿元，比上年增长5.2%。一般公共预算收入中，税收收入277.95亿元，比上年下降5.4%。全年一般公共预算支出775.4亿元，比上年下降5.8%。财政支出中，商务服务业、卫生健康、科学技术支出增长较快，其中，商务服务业等支出7.18亿元，比上年增长23.8%；卫生健康支出91.02亿元，比上年增长6.72%；科学技术支出13.65亿元，比上年增长3.41%。

金融：年末全市金融机构人民币各项存款余额11996.48亿元，比上年增长4.3%。其中，住户存款余额4878.80亿元，比上年增长10.5%。金融机构人民币贷款余额17660.59亿元，比上年增长11.3 %。

图10 2017年-2021年住户存款余额及增长速度

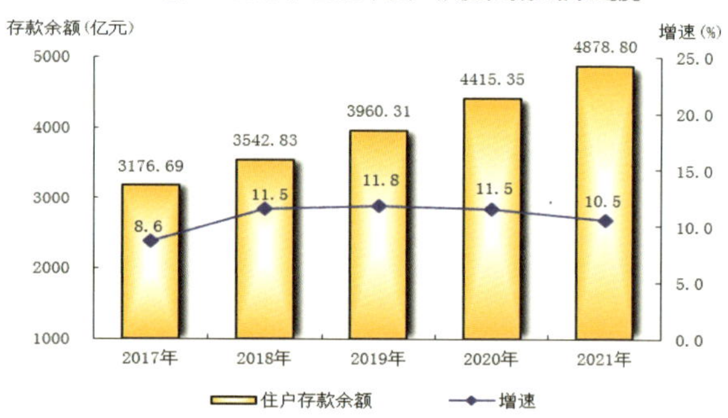

图11 2017年-2021年金融机构贷款余额及增长速度

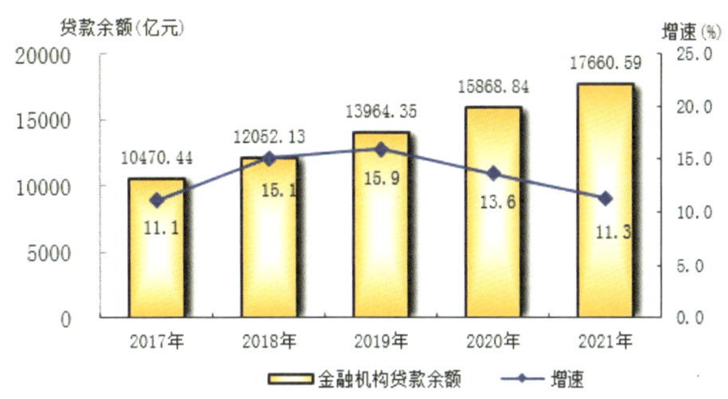

保险：全年保费收入268.81亿元，比上年增长9.2%。其中，财产险保费收入100.15亿元，比上年下降6.2%；寿险、健康险和意外伤害险保费收入168.7亿元，比上年增长20.8%。全年各项保险赔款及给付85.53亿元，其中，财产险业务赔款及给付60.03亿元；寿险、健康险和意外伤害险赔款及给付25.5亿元。

八、交通运输

货物运输：全年货物运输总量42928.55万吨，比上年增长16.8%，其中，铁路货物运输量210.46万吨，比上年增长17.66%；公路货物运输量38098.38万吨，比上年增长17.2%；水路货物运输量4607.3万吨，比上年增长12.9%；航空货邮吞吐量12.41万吨，比上年增长16%。

旅客运输：旅客运输总量7083.39万人，比上年增长2.8%，其中，铁路旅客运输量2873.63万人，比上年增长17.8%；公路旅客运输量3636万人，比上年下降6.8%；水路旅客运输量18.96万人，比上年增长138.2%；航空旅客运输量554.4万人，比上年增长2.2%。

公共交通：年末实用公共汽（电）车营运4515辆，比上年增加203辆，增长4.7%；公共汽车客运总量2.27亿人次，比上年增长0.5%。年末轨道交通运营线路总长度128.2公里，比上年增加20.2公里，增长18.8%；轨道交通客运总量2.89亿人次，比上年增长38.6%。

九、居民收入消费和社会保障

城乡居民生活：全年全市居民人均可支配收入32679元，比上年增加2565元，增长8.5%。按常住地分，城镇居民人均可支配收入41394元，比上年增加2852元，增长7.4%；农村居民人均可支配收入17808元，比上年增加1678元，增长10.4%。

图12 2017年-2021年城镇居民人均可支配收入及增长速度

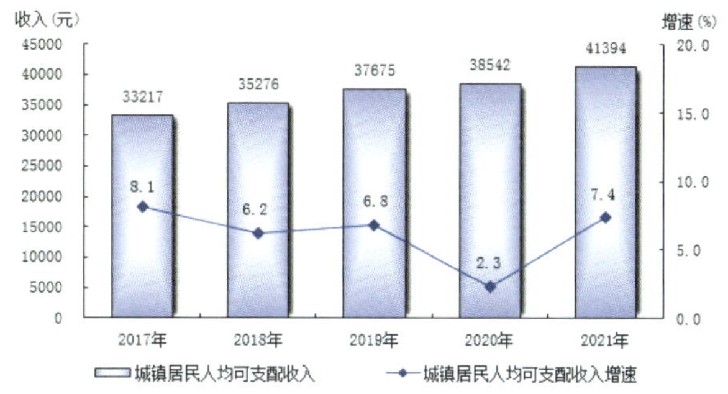

图13 2017年-2021年农村居民人均可支配收入及增长速度

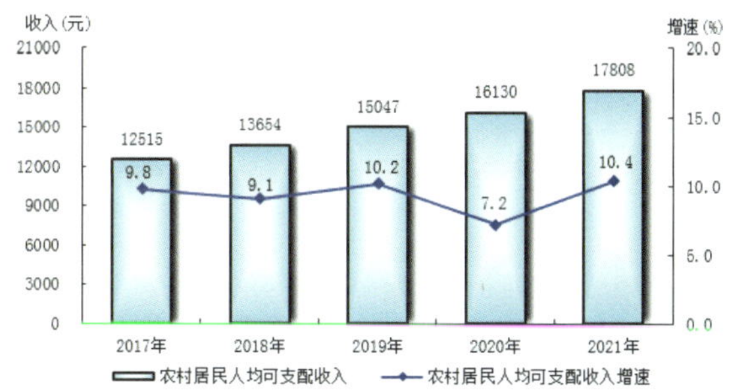

社会保障：年末参加城镇职工（包括企业和机关事业单位）基本养老保险人数521.71万人，比上年末增加54.26万人。其中，参加城镇职工基本养老保险人数206.18万人，比上年末增加18.16万人；参加城乡居民基本养老保险人数315.53万人，比上年末增加36.11万人。参加失业保险人数111.31万人，比上年末增加25.65万人。年末全市领取失业保险金人数3.68万人。参加工伤保险人数122.38万人，比上年末增加26.84万人。

十、教育科技和卫生健康

教育：职业中学招生3.83万人，在校生9.81万人，毕业生2.57万人。普通高中招生6.04万人，毕业生4.87万人。普通初中招生11.15万人，毕业生9.81万人。普通小学招生14.21万人，在校生79.86万人，毕业生11.01万人。特殊教育招生238人，在校生1460人，毕业生231人。在园幼儿32.691万人，学龄儿童入学率为100%。普通中学354所，普通小学数1086所，幼儿园1642所，特殊教育学校10所。普通中学专任教师数34183人，普通小学专任教师数45660人，幼儿园专任教师数20099人，特殊教育专任教师数383人。

科技：年末重点成果推广项目224项，安排市级科技项目67项，市级科技项目总投资2.27亿元，全年共签订各类技术合同6331项，技术合同成交金额390.94亿元，比上年增长31.4%。

卫生健康：年末卫生机构4895个，其中医院279个，诊所（门诊部、所）2987个，村卫生室1425个。年末全市卫生专业技术人员8.55万人，其中执业医师和执业助理医师3.09万人，注册护士3.99万人。医疗卫生机构床位6.06万张，其中医院4.59万张。

十一、体育、文化和广播电视

体育：全市公共体育场12个，体育馆86个，篮球场12454个，足球场679个，排球场1477个，游泳场267个。年内举办各类体育赛事活动288次。

文化：年末县级以上公共图书馆14个，文化馆13个，博物馆5个，乡镇文化站102个。公共图书馆藏书量343.16万册。

广播电视：年末调频、电视转播发射台共65座，其中电视发射机53座，年末广播节目综合覆盖率为99.65%，电视节目综合覆盖率为99.92%。

十二、能源生产和其他

全年四上企业发电量130.74亿千瓦时，比上年增长27.88%，其中，火力发电量比上年增长31.75%，新能源（风能、太阳能、生物质、垃圾焚烧）发电量比上年增长55.5%。

年末管道燃气用户124.44万户，比上年增长12.9%；液化石油气用户85.95万户，比上年增长0.03%；供水总量7.19亿立方米，比上年增长7.3%。

全年道路交通事故2925起，比上年下降0.4%；刑事案件立案数5.66万件，比上年增长2.3%；民事案件13.41万件，比上年增长23.5%。

注：

1. 本公报中数据均为初步统计数。

2. 地区生产总值、三次产业增加值、工业增加值、农业产值增速按可比价格计算；工业总产值增速按现行价格计算。

3. 规模以上工业企业是指年主营业务收入2000万元及以上的全部法人工业企业；限额以上批发零售企业是指年主营业务收入2000万元及以上批发企业和年主营业务收入500万元及以上零售企业。

4. 部分数据因四舍五入的原因，存在着总项与分项合计不等的情况。

5. 资料来源：本公报中户籍总人口数据、道路交通事故和刑事案件立案数来自南宁市公安局；财政数据来自南宁市财政局；物价、居民收入数据来自国家统计局南宁调查队；进出口数据来自南宁海关；招商引资数据来自南宁市投资促进局；金融数据来自中国人民银行南宁中心支行；保险数据来自中国银行保险监督委员会广西监管局；文化数据和广播电视数据来自南宁市文化广电和旅游局；教育数据来自南宁市教育局；旅客、货物运输量数据来自南宁市交通运输局、南宁铁路局、广西沿海铁路公司和广西机场管理集团有限责任公司南宁吴圩国际机场；人口出生率、人口死亡率、人口自然增长率数据和卫生健康数据来自南宁市卫生健康委员会；开发区数据来自南宁高新技术产业开发区、南宁经济技术开发区和广西－东盟经济技术开发区；社会保障数据来自南宁市人力资源和社会保障局；管道燃气用户、液化石油气用户和供水总量数据来自南宁市住房和城乡建设局；民事案件数据来自南宁市中级法院；体育数据来自南宁市体育局；科技数据来自南宁市科技局；其他数据均来自南宁市统计局。

第二部分　统计资料

一 综合

1-1 行政区划

（2021 年）

单位：个

县(区)	乡镇、街道办事处	乡	镇	办事处	村民、居民委员会	村委会	社区居委会
全市	**127**	**13**	**89**	**25**	**1823**	**1386**	**437**
市区	62		37	25	856	551	305
兴宁区	6		3	3	77	37	40
青秀区	9		4	5	118	47	71
江南区	9		4	5	117	68	49
西乡塘区	13		3	10	153	79	74
良庆区	7		5	2	85	57	28
邕宁区	5		5		81	65	16
武鸣区	13		13		225	198	27
隆安县	10	4	6		132	118	14
马山县	11	4	7		156	134	22
上林县	11	4	7		134	115	19
宾阳县	16		16		237	192	45
横州市	17	1	16		308	276	32

注：江南区含经济技术开发区，西乡塘区含高新技术开发区，武鸣区含广西—东盟经济开发区。

1-2 乡(镇)、街道办事处一览表

(2021年)

县(区)	乡(镇)、街道办事处
隆安县	城厢镇、南圩镇、乔建镇、那桐镇、丁当镇、雁江镇、布泉乡、都结乡、屏山乡、古潭乡
马山县	白山镇、百龙滩镇、古零镇、金钗镇、永州镇、林圩镇、周鹿镇、乔利乡、加方乡、古寨瑶族乡、里当瑶族乡
上林县	大丰镇、明亮镇、巷贤镇、白圩镇、三里镇、乔贤镇、西燕镇、澄泰乡、木山乡、塘红乡、镇圩瑶族乡
宾阳县	思陇镇、新桥镇、宾州镇、新圩镇、大桥镇、邹圩镇、王灵镇、黎塘镇、和吉镇、洋桥镇、武陵镇、中华镇、古辣镇、露圩镇、甘棠镇、陈平镇
横州市	横州镇、百合镇、那阳镇、南乡镇、新福镇、莲塘镇、平马镇、峦城镇、六景镇、石塘镇、陶圩镇、校椅镇、云表镇、马岭镇、马山镇、平朗镇、镇龙乡
兴宁区	三塘镇、五塘镇、昆仑镇、朝阳街道办事处、民生街道办事处、兴东街道办事处
青秀区	新竹街道办事处、中山街道办事处、建政街道办事处、南湖街道办事处、津头街道办事处、刘圩镇、伶俐镇、南阳镇、长塘镇
江南区	金凯街道办事处、福建园街道办事处、江南街道办事处、沙井街道办事处、那洪街道办事处、苏圩镇、延安镇、江西镇、吴圩镇
西乡塘区	衡阳街道办事处、北湖街道办事处、西乡塘街道办事处、安吉街道办事处、华强街道办事处、新阳街道办事处、上尧街道办事处、石埠街道办事处、安宁街道办事处、心圩街道办事处、金陵镇、双定镇、坛洛镇
良庆区	大沙田街道办事处、玉洞街道办事处、良庆镇、那马镇、大塘镇、那陈镇、南晓镇
邕宁区	蒲庙镇、那楼镇、新江镇、百济镇、中和镇
武鸣区	城厢镇、锣圩镇、陆斡镇、双桥镇、宁武镇、太平镇、罗波镇、灵马镇、仙湖镇、府城镇、两江镇、马头镇、甘圩镇

注:江南区含经济技术区的那洪街道办事处、金凯街道办事处、吴圩镇;西乡塘区含高新技术开发区的安宁街道办、心圩街道办事处。

1-3 南宁市国民经济主要指标占全区比重

（2021 年）

指标名称	单 位	南宁市	广 西	南宁市占广西的比重 (%)
年末总人口	万人	800.94	5733.06	13.97
生产总值	亿元	5120.94	24740.86	20.70
第一产业	亿元	606.76	4015.51	15.11
第二产业	亿元	1198.76	8187.90	14.64
# 工业	亿元	644.84	6074.49	10.62
第三产业	亿元	3315.42	12537.45	26.44
固定资产投资增长速度	%	3.1	7.6	
# 第一产业投资	%	-26.0	13.7	
第二产业投资	%	20.2	26.0	
第三产业投资	%	1.5	2.0	
# 项目投资	%	7.8	12.8	
房地产开发投资	%	-1.3	-2.9	
社会消费品零售总额	亿元	2364.17	8538.50	27.69
海关进出口总额	亿元	1231.92	5930.63	20.77
# 出口总额	亿元	581.95	2939.11	19.80
财政收入	亿元	828.84	3027.89	27.37
# 一般公共预算收入	亿元	391.77	1800.15	21.76
一般公共预算支出	亿元	777.60	5806.54	13.39
金融机构人民币存款余额	亿元	11996.48	36706.23	32.68
金融机构人民币贷款余额	亿元	17660.59	39325.29	44.91
金融机构本外币存款余额	亿元	12083	36879.44	32.76
金融机构本外币贷款余额	亿元	18074	39851.13	45.35

1-4 全市各时期主要经济指标平均增长率

单位：%

时 期	生产总值	第一产业	第二产业	第三产业	全社会固定资产投资	地方财政收入	地方财政支出	社会消费品零售总额
"一五"时期（1953-1957年）	9.5	4.4	29.5	16.5	42.2	24.9	14.9	12.5
"二五"时期（1958-1962年）	5.3	-1.3	8.8	11.4	5.4	-2.3	2.5	7.1
调整时期（1963-1965年）	10.8	11.4	22.7	4.7	28.1	7.5	11.2	3.9
"三五"时期（1966-1970年）	6.9	7.6	13.1	3.1	-7.6	9.6	4.2	2.8
"四五"时期（1971-1975年）	9.0	9.2	11.2	5.9	13.6	14.6	9.0	8.4
"五五"时期（1976-1980年）	8.0	3.2	13.9	8.2	12.9	7.3	13.2	11.9
"六五"时期（1981-1985年）	8.6	6.9	9.1	11.5	20.3	9.0	18.2	16.8
"七五"时期（1986-1990年）	9.4	3.5	10.4	15.9	11.6	14.3	20.2	16.3
"八五"时期（1991-1995年）	14.6	8.5	16.6	18.0	51.7	8.3	16.1	25.0
"九五"时期（1996-2000年）	10.5	7.2	8.4	14.4	9.7	12.9	15.1	14.3
"十五"时期（2001-2005年）	10.5	5.5	10.9	12.3	26.2	23.7	20.4	12.2
"十一五"时期（2006-2010年）	12.5	5.9	12.6	14.3	32.5	24.6	28.9	19.0
"十二五"时期（2011-2015年）	10.7	4.7	11.3	11.8	24.4	13.7	19.2	14.4
"十三五"时期（2016-2020年）	5.7	4.9	2.4	7.2	8.9	6.8	9.3	5.4
"十四五"时期（2021-）	6.1	7.9	4.3	6.3	3.1	5.2	-5.8	8.4

注：2016年起，全社会固定资产投资统计口径改为固定资产投资。

1-5 全市历年主要指标

年份	年末户籍人口（万人）	生产总值（万元）				生产总值指数（按可比价格计算，以上年为100）			
			第一产业	第二产业	第三产业		第一产业	第二产业	第三产业
1950	228.55	14272	10376	587	3309	100	100	100	100
1951	233.89	16885	12045	844	3996	113.2	110.1	147.6	119.0
1952	239.35	19369	13449	1228	4692	112.7	109.2	146.4	116.0
1953	245.81	22355	14565	2283	5507	115.3	108.1	199.9	117.8
1954	251.68	23675	14713	2557	6405	108.4	103.7	112.6	119.7
1955	254.93	25529	15113	3053	7363	108.3	102.9	118.6	118.0
1956	261.44	28189	15404	4048	8737	109.9	102.3	129.6	118.5
1957	266.89	30015	16262	4163	9590	105.6	104.9	105.2	109.0
1958	279.89	34627	15512	7887	11228	112.4	96.3	158.0	114.4
1959	286.78	43541	16522	12986	14033	127.9	106.3	170.1	128.1
1960	290.98	46193	14144	15527	16522	109.7	89.2	123.6	117.8
1961	292.75	36679	13623	8305	14751	79.9	94.2	52.7	95.3
1962	298.48	37274	14913	7279	15082	102.5	109.0	87.1	104.3
1963	309.93	39195	15925	7771	15499	104.3	106.5	102.9	103.0
1964	318.88	44568	17948	10157	16463	111.6	112.7	136.0	101.5
1965	329.84	53362	21483	13309	18570	116.8	115.2	132.0	109.6
1966	338.72	59518	23441	16911	19166	113.2	109.0	125.2	111.1
1967	345.70	59634	25458	15366	18810	101.2	108.0	92.8	102.4
1968	352.82	55120	25297	11956	17867	93.0	99.2	79.0	94.7
1969	361.74	67743	29168	20006	18569	118.4	109.7	172.4	103.6
1970	368.74	75982	33585	23099	19298	110.7	112.9	117.1	104.3
1971	380.39	82528	37749	25116	19663	107.1	108.7	107.7	104.3
1972	390.19	92412	43136	27863	21413	112.1	113.0	115.0	108.0
1973	401.91	103457	48440	31523	23494	111.5	113.9	113.6	104.8
1974	413.16	109354	49650	34988	24716	106.4	103.2	109.8	107.6
1975	423.38	117937	52955	38654	26328	107.9	107.6	110.3	104.8
1976	432.37	121775	51557	42621	27597	103.2	97.0	109.7	107.0
1977	440.08	130702	54687	46009	30006	107.9	103.5	112.7	109.8
1978	451.77	147407	61866	52192	33349	111.5	110.3	112.1	112.6
1979	460.86	166868	66443	64096	36329	112.4	100.3	127.9	110.2
1980	470.05	180111	70093	70017	40001	105.5	105.3	108.0	101.7
1981	480.27	194836	75578	72684	46574	109.0	107.0	107.5	117.4
1982	490.35	225795	96967	79171	49657	114.9	125.3	110.1	106.2
1983	497.86	241907	100133	84744	57030	106.9	103.6	108.0	113.3
1984	509.27	247810	98513	84852	64445	100.2	97.2	99.2	107.9
1985	519.06	309278	118263	108351	82664	112.7	103.4	122.1	113.1

注：本表数据均为2003年行政区划调整后大南宁范围口径的数据。

1-5 续表 1

年 份	年末户籍人口（万人）	生产总值（万元）				生产总值指数（按可比价格计算，以上年为100）			
			第一产业	第二产业	第三产业		第一产业	第二产业	第三产业
1986	529.34	351522	126421	127214	97887	107.9	101.4	111.7	114.1
1987	538.79	420513	146358	156696	117459	112.6	105.2	117.6	114.2
1988	540.52	537786	178831	191331	167624	109.7	92.8	109.0	129.6
1989	547.50	620446	191616	219227	209603	107.4	107.7	102.8	114.9
1990	558.20	708788	231018	248354	229416	109.6	111.1	111.6	107.8
1991	563.74	793241	239063	274634	279544	106.3	100.6	106.9	111.6
1992	571.55	918098	277741	304726	335631	112.7	115.1	109.3	114.3
1993	579.54	1346171	344360	499312	502499	123.5	106.9	134.4	128.3
1994	587.86	1872259	491029	675122	706108	116.5	107.7	119.6	120.7
1995	594.92	2358085	615225	807943	934917	114.5	112.6	114.9	115.7
1996	601.95	2671991	690541	845891	1135559	111.4	105.9	110.4	116.5
1997	607.19	3044914	785856	922155	1336903	112.5	113.9	108.8	115.2
1998	612.20	3395532	834421	997314	1563797	111.5	108.4	110.3	114.8
1999	615.11	3569886	852645	1019933	1697308	109.4	107.4	108.1	111.7
2000	625.27	3779364	876615	1053679	1849070	107.7	100.7	104.6	113.9
2001	629.75	4181684	907401	1131645	2142638	108.8	102.2	106.4	113.2
2002	634.68	4631795	936344	1255606	2439845	110.9	107.7	112.0	111.6
2003	641.67	5278179	987070	1495415	2795694	110.3	103.5	115.3	110.5
2004	648.85	6189705	1067729	1840029	3281947	111.8	106.2	111.7	114.0
2005	659.54	7113104	1232547	2121506	3759051	110.8	108.1	109.4	112.5
2006	671.89	8441272	1431136	2511049	4499087	113.2	108.4	116.4	113.0
2007	683.51	10548840	1766418	3085515	5696907	114.4	106.7	114.6	116.8
2008	691.69	12407756	1976088	3575897	6855771	111.2	104.1	106.9	115.7
2009	697.90	14239513	2057462	3907860	8274191	111.5	104.8	112.7	112.6
2010	707.37	16771874	2366617	4805189	9600068	112.3	105.5	112.8	113.6
2011	711.49	20448572	2968046	6084730	11395796	113.1	105.7	117.3	112.7
2012	713.50	23071083	3118920	6754631	13197532	111.8	105.0	113.5	112.5
2013	724.43	26201470	3366840	7449587	15385043	111.7	104.5	111.9	113.2
2014	729.66	28622807	3545707	8250306	16826794	108.7	104.2	107.5	110.3
2015	740.23	31479150	3709659	8812264	18957227	108.4	104.1	106.6	110.1
2016	751.74	34059878	3957746	8889715	21212417	106.6	104.6	101.9	109.1
2017	756.87	38043331	4060839	9461180	24521312	108.0	104.7	102.8	110.8
2018	770.82	41623699	4320500	9953487	27349712	105.4	105.3	98.0	108.3
2019	781.97	45065576	5072701	10449719	29543156.73	105.0	105.3	104.4	105.2
2020	791.38	47263421	5343563	10843178	31076680	103.7	104.7	105.3	102.9
2021	800.94	51209430	6067608	11987598	33154224	106.1	107.9	104.3	106.3

1-5 续表 2

年 份	全社会固定资产投资（万元）	财政收入（万元）		一般公共预算支出（万元）	农业总产值（万元）	工业总产值（万元）	社会消费品零售总额（万元）
			#一般公共预算收入				
1950	388	781	774	317	14674	1223	5834
1951	458	1648	1624	545	17009	1932	7482
1952	547	1898	1850	1084	19131	2967	9021
1953	2287	2733	2680	1184	20602	4941	11127
1954	1682	3464	3454	1298	20769	5981	13165
1955	1697	3468	3416	1322	21545	7290	13434
1956	3621	4659	4617	1939	22043	9151	16912
1957	3178	5676	5618	2168	23144	9678	16248
1958	6860	5744	5645	4037	22060	18666	18312
1959	14569	7654	7604	4446	23646	30235	23701
1960	16761	6725	6616	5933	20471	36901	25139
1961	6162	4613	4561	3442	19772	19501	20949
1962	4126	5058	5006	2456	21665	17648	22843
1963	4649	5205	5140	2648	23266	18857	22905
1964	7710	5339	5263	3548	26084	23917	22851
1965	8662	6293	6212	3377	31782	32618	25626
1966	7217	7402	7286	3538	34898	44529	27943
1967	3709	6435	6310	3493	37765	40518	26755
1968	2725	5081	4839	3196	37156	31260	22728
1969	4764	7946	7858	4223	43077	53287	29638
1970	5851	9930	9819	4142	50570	63861	29429
1971	6615	12178	12023	4692	56731	65930	29591
1972	8515	14032	13628	8047	64208	75342	32041
1973	8848	16591	16175	5748	70500	86364	36544
1974	9725	19180	18711	6645	71747	96037	39891
1975	11062	19813	19405	6381	75695	106363	43954
1976	12086	19461	19270	6581	73039	117477	45133
1977	11396	21537	21273	7579	76148	127749	49347
1978	20349	23188	23184	10879	81632	136758	54365
1979	28550	24008	23992	9962	91527	144489	62380
1980	20248	27538	27538	11833	97019	157057	76941
1981	18437	28864	28864	12399	106454	168984	83388
1982	22813	31563	31563	13174	126695	182935	92740
1983	24934	32792	32757	13577	136535	198420	104626

1-5 续表 3

年 份	全社会固定资产投资（万元）	财政收入（万元）	#一般公共预算收入	一般公共预算支出（万元）	农业总产值（万元）	工业总产值（万元）	居民消费价格指数（以上年为100）	社会消费品零售总额（万元）
1984	28394	33915	33813	16635	143894	211645	104.4	123936
1985	51008	42633	42321	27267	172481	260770	118.3	167304
1986	67233	47723	47376	39718	184142	305786	105.2	186098
1987	78940	55007	54675	45438	215076	376240	111.1	224707
1988	108827	64246	64246	60931	272515	490246	121.6	294082
1989	84519	74593	74593	60261	286725	607592	119.4	339300
1990	88386	82478	82478	68441	361702	671708	98.0	356467
1991	103255	89637	89637	71913	379696	766803	104.1	410693
1992	147118	94542	94542	75287	444538	938925	106.7	493513
1993	288531	141425	141425	107415	563494	1337414	125.1	669925
1994	447150	193018	107076	128398	791925	1774347	124.8	828756
1995	711065	219576	122823	144050	995180	1984448	118.6	1088523
1996	825818	240141	138598	155555	1116908	2044709	103.3	1293125
1997	969255	273637	159742	178987	1242108	2159248	100.2	1464026
1998	1049861	308392	178092	202323	1317691	2332161	96.7	1618304
1999	1111761	339803	201008	245770	1342494	2311969	95.9	1724235
2000	1131659	375390	225728	290667	1377932	2417251	100.0	2124265
2001	1214061	452926	291860	348556	1407186	2608100	102.8	2313462
2002	1455615	525341	312805	452120	1455675	2911858	99.4	2567758
2003	1903567	610594	362435	524981	1519259	3341979	100.8	2884483
2004	2627634	746328	432526	621191	1798585	4040693	104.2	3191846
2005	3628975	1002186	451954	735508	2045862	4909198	101.1	3658768
2006	4472211	1203603	566191	930781	2384753	6392812	102.5	4206948
2007	5602200	1508393	701510	1180007	2944579	8302142	104.4	4988185
2008	6934353	1911682	928812	1660830	3380719	10598632	108.4	6202910
2009	10439120	2313664	1204628	2035519	3511968	11757647	98.2	7209601
2010	14830158	3008756	1560958	2612785	4032427	15011824	102.5	8684461
2011	20189453	3635192	1862928	3018491	5071561	20002301	105.7	10241898
2012	25851818	4219938	2297183	3765096	5345172	22827319	102.9	11883979
2013	24750080	4736625	2562467	4172858	5772670	26591777	102.1	13587834
2014	29338739	5265905	2748518	4657665	6094853	29550538	101.6	15180676
2015	34184261	5724781	2970501	5267231	6386212	33238249	101.9	16733639
2016	38247267	6138706	3127921	5869793	6891485	36280744	101.4	18465449
2017	43079465	6879808	3321500	6463707	7004068	37941377	102.3	20533283
2018		7532000	3589560	6979853	7092330		102.5	22342673
2019		8006868	3709285	7891986	8037403		103.4	23277990
2020		7960879	3722520	8227910	8855069		102.3	21803598
2021		8288440	3917711	7775953	9592050		101.4	23641734

注：1. 社会消费品零售总额 2000 年以后不含制造业零售和农业生产零售，2005—2008 年数根据二经普结果相应调整。2. 2013 年起，固定资产投资起报点从计划总投资 50 万调整为计划总投资 500 万元起报。3. 2016 年起，全社会固定资产投资统计口径改为固定资产投资。

1-6 全市历年人均主要指标

单位：元

年 份	生产总值	财政收入	全社会固定资产投资	社会消费品零售总额	住户存款余额	在岗职工年平均工资	农村居民人均可支配收入
1950	62	3	2	26	…	338	54
1951	73	7	2	32	…	356	56
1952	82	8	2	38	1	427	63
1953	92	11	9	46	1	458	61
1954	95	14	7	53	2	461	62
1955	101	14	7	53	2	488	60
1956	109	18	14	66	2	527	67
1957	114	21	12	62	2	551	68
1958	127	21	25	67	4	510	62
1959	154	27	51	84	6	448	56
1960	160	23	58	87	5	435	49
1961	126	16	21	72	3	457	56
1962	126	17	14	77	2	502	58
1963	129	17	15	75	3	535	51
1964	142	17	25	73	4	549	64
1965	165	19	27	79	4	539	66
1966	178	22	22	84	5	507	68
1967	174	19	11	78	5	537	70
1968	158	15	8	65	6	518	72
1969	190	22	13	83	5	490	70
1970	208	27	16	81	6	516	68
1971	220	33	18	79	6	482	74
1972	240	36	22	83	7	499	82
1973	261	42	22	92	8	528	87
1974	268	47	24	98	9	540	80
1975	282	47	26	105	10	549	81
1976	285	45	28	105	10	519	74
1977	300	49	26	113	11	528	76
1978	331	52	46	122	13	565	88
1979	366	53	63	137	16	612	105
1980	387	59	44	165	22	730	107
1981	410	61	39	175	28	746	135
1982	465	65	47	191	34	791	158
1983	490	66	50	212	43	818	239
1984	492	67	56	246	62	963	316
1985	602	83	99	325	84	1051	367

注：1. 本表中人均城乡居民储蓄存款余额、在岗职年平均工资、农民人均纯收入 1950-1999 年为原南宁口径的数据，2000 年以后为行政区划调整后的数据。2. 自 2016 年起，农民人均纯收入统计口径更改为农村居民人均可支配收入。

单位：元

年 份	生产总值	财政收入	全社会固定资产投资	社会消费品零售总额	住户存款余额	在岗职工年平均工资	农村居民人均可支配收入
1986	671	91	128	355	116	1292	404
1987	787	103	148	421	153	1428	461
1988	997	119	202	545	185	1685	521
1989	1141	137	155	624	253	1784	574
1990	1282	149	160	645	354	2111	624
1991	1414	160	184	732	459	2331	683
1992	1617	167	259	869	598	2720	778
1993	2339	246	501	1164	890	3786	912
1994	3208	331	766	1420	1365	4976	1093
1995	3987	371	1202	1841	1889	5668	1326
1996	4465	401	1380	2161	2392	6009	1553
1997	5036	453	1603	2422	2665	6508	1788
1998	5569	506	1722	2654	3269	7315	1942
1999	5817	554	1812	2810	3562	8077	2079
2000	6086	605	1825	3425	4700	8185	1791
2001	6656	722	1935	3687	5287	9572	1954
2002	7327	831	2302	4062	6170	11363	2111
2003	8176	957	2983	4520	7036	13172	2231
2004	9595	1157	4072	5146	7949	15447	2467
2005	11127	1532	5547	5778	9070	17520	2680
2006	13220	1808	6718	6542	10142	20650	3033
2007	16070	2226	8266	7608	10458	24789	3462
2008	19204	2780	10085	9354	12924	29377	4001
2009	21945	3330	15025	10896	16065	32596	4385
2010	27069	4524	22298	13621	20687	37042	5538
2011	33017	5427	30143	16022	23605	40120	6471
2012	37016	6240	38229	18567	27561	43847	7498
2013	41711	6943	36278	21266	31613	48188	8503
2014	45735	7650	42620	23489	33728	54826	9489
2015	41740	8237	49186	25708	38854	63820	10409
2016	43928	8739	54451	28194	41636	68560	11398
2017	47597	9679	60609	31011	44693	75481	12515
2018	50613	10456		30744	49181	83452	13654
2019	53424	10969		31890	54255	90986	15047
2020	54669	9208		25220	51072	97079	16130
2021	58241	9427		26888	55487	103013	17808

注：1.自2010年起人均指标按常住人口计算。2.自2016年起，农民人均纯收入统计口径更改为农村居民人均可支配收入。3.2016年起，全社会固定资产投资统计口径改为固定资产投资。

1-7 全市社会经济主要指标

指标名称	单 位	2021年	2020年	2021年为2020年%
人口、土地面积				
年末户籍人口	人	8009409	7913770	101.2
#男性人口	人	4146541	4104693	101.0
女性人口	人	3862868	3809077	101.4
#城镇人口	人	3795533	3684505	103.0
乡村人口	人	4213876	4229265	99.6
年平均人口	人	7961590	7866719	101.2
自然增长率	‰	4.94	7.56	-2.62▲
年末常住人口	万人	883.28	875.25	100.9
#城镇人口	万人	616.40	603.10	102.2
城镇化率	%	69.79	68.91	0.88*
土地面积	平方公里	22102	22099	100.0
#建成区面积	平方公里	411	411	100.0
生产总值(当年价)	**万元**	**51209430**	**47263421**	**106.1**
第一产业	万元	6067608	5343563	107.9
第二产业	万元	11987598	10843178	104.3
工业	万元	6448439	5838094	106.4
建筑业	万元	5560215	5027126	102.0
第三产业	万元	33154224	31076680	106.3
人均生产总值(当年价)	元	58241	54669	104.3
生产总值构成	**%**	**100**	**100**	
第一产业	%	11.85	11.31	0.54⋆
第二产业	%	23.41	22.94	0.47⋆
工业	%	12.59	12.35	0.24⋆
建筑业	%	10.86	10.64	0.22⋆
第三产业	%	64.74	65.75	-1.01⋆

注：1.生产总值发展速度按可比价计算。2."▲"为增减千分点，"⋆"为增减百分点。

1-7 续表 1

指标名称	单 位	2021 年	2020 年	2021 年为 2020 年 %
农业				
农林牧渔业总产值（当年价）	万元	9592050	8855069	108.4
农业	万元	5974397	5751429	105.2
林业	万元	559023	466321	117.3
牧业	万元	2437845	2089820	117.9
渔业	万元	360086	310460	104.1
服务业	万元	260698	237039	109.0
粮食总产量	吨	2115479	2092837	101.1
油料产量	吨	150241	152884	98.3
蔬菜产量	吨	6974395	6730507	103.6
甘蔗产量	吨	10496200	10919356	96.1
水果产量	吨	4539129	4012153	113.1
肉类产量	吨	647313	570164	113.5
水产品产量	吨	234203	224889	104.1
农用化肥施用量（折纯量）	吨	556145	471697	117.9

1-7 续表 2

指标名称	单 位	2021 年	2020 年	2021 年为 2020 年 %
工业				
全部工业总产值增速	%	11.8	0.8	11★
#规模以上工业总产值	%	12.6	1.4	11.2★
规模以上工业企业主要指标				
企业单位数	个	1323	1155	114.5
#亏损企业	个	341	267	127.7
规上工业总产值	%	12.6	1.4	11.2★
内资企业	%			
国有企业	%	11.9	−0.9	12.8★
集体企业	%	7.5	−17.1	24.6★
股份合作企业	%			
股份制企业	%	18.1	2.9	15.2★
外商及港澳台商投资企业	%	2.6	1.1	1.5★
按轻重工业分	%			
轻工业	%	16.0	−7.8	23.8★
重工业	%	11.1	6.2	4.9★
按企业规模分	%			
大中型企业	%	−4.2	−31.2	27★
#国有及国有控股大中型企业	%	11.9	0.8	11.1★
主营业务收入	万元	26553725	23520469	11.3
利润总额	万元	1259842	1197484	105.2
亏损企业亏损额	万元	182578	213865	85.4

注：“★”为增减百分点。

1-7 续表 3

指标名称	单 位	2021 年	2020 年	2021 年为 2020 年 %
交通、邮电、电力				
货运总量	万吨	42929	36769	116.75
客运总量	万人次	7595	7401	102.62
内河港口货物吞吐量	万吨	980	845	115.89
邮电业务总量（2010 年价）	万元	4091944	8774174	46.64
年末电话用户数	户	12112705	13536276	89.48
#移动电话用户数	户	11554400	11231754	102.87
全年用电量	万千瓦时	2959525	2627133	112.65
#工业用电量	万千瓦时	928587	837660	110.85
城乡居民生活用电量	万千瓦时	905707	825938	109.66
固定资产投资增速				
#固定资产投资	%	3.1	−2.5	5.6★
#项目投资	%	7.8	1.0	6.8★
房地产开发投资	%	−1.3	−5.7	4.4★
第一产业	%	−26.0	27.0	−53★
第二产业	%	20.2	14.6	5.6★
工业	%	21.2	8.1	13.1★
第三产业	%	1.5	−5.1	6.6★
民间投资	%	−2.8	−13.5	10.7★
非公投资	%	−2.1	−10.5	8.4★

注：1. 年末互联网用户为宽度用户数。2.2013 年起，固定资产投资起报点从计划总投资 50 万起报调整为计划总投资 500 万元起报，发展速度按可比口径计算。3. 房屋施工、竣工面积不含私人建房。4. “★” 为增减百分点。5. 邮电业务总量 2021 年各通讯公司可比价指数不一致，数据与往年差异较大。

1-7 续表 4

指标名称	单 位	2021 年	2020 年	2021 年为 2020 年 %
商业、外贸、旅游				
社会消费品零售总额	万元	23641734	21803598	108.4
批发零售贸易业商品销售总额	万元	80217549	69801335	114.9
外贸进出口总值（海关数）	万元	12319194	9860038	124.9
进口总值	万元	6499740	5151851	126.0
出口总值	万元	5819455	4708186	123.6
外商直接投资	万美元			
旅游者人数	万人次	13739	11585	118.6
#国际旅游人数	万人次	0.89	4.28	20.7
旅游收入	万元	15291417	12154900	125.8
#国际旅游收入	万美元	156	1384	11.3
财政、金融				
全部财政收入	万元	8288440	7960879	104.1
#一般公共预算收入	万元	3917711	3722520	105.2
一般公共预算支出	万元	7775953	8227910	94.5
金融机构人民币存款余额	万元	119964815	114982547	104.3
#住户存款余额	万元	48787971	44153458	110.5
金融机构人民币贷款余额	万元	176605924	158688371	111.3
金融机构本外币存款余额	亿元	12083	11574	104.4
金融机构本外币贷款余额	亿元	18074	16254	111.2

1-7 续表 5

指标名称	单 位	2021 年	2020 年	2021 年为 2020 年 %
劳动工资				
年末在岗职工人数	人	848241	783749	108.2
在岗职工工资总额	万元	9342133	8163735	114.4
在岗职工年平均工资	元 / 人	103013	97079	106.1
城乡居民收入				
居民年人均可支配收入	元 / 人	32679	30114	108.5
# 城镇居民年人均可支配收入	元 / 人	41394	38542	107.4
农村居民年人均可支配收入	元 / 人	17808	16130	110.4
居民消费价格指数	**%**	**101.4**	**102.3**	**101.4**

1-8 市区社会经济主要指标

指标名称	单 位	2021 年	2020 年	2021 年为 2020 年 %
人口、土地面积				
年末户籍人口	人	4199780	4093156	102.6
#男性人口	人	2115290	2069034	102.2
女性人口	人	2084490	2024122	103.0
年平均人口	人	4146468	4035450	102.8
自然增长率	‰	7.27	10.00	-2.73 ▲
年末常住人口	万人	604.29	598.47	101.0
#城镇人口	万人	504.64	494.57	102.0
城镇化率	%	83.51	82.64	0.87★
土地面积	平方公里	9823	9836	99.9
#建成区面积	平方公里	327.51	326.7	100.2
生产总值（当年价）	**万元**	**41416919**	**38458522**	**105.9**
第一产业	万元	3261670	2913725	107.4
第二产业	万元	9379017	8420763	104.3
工业	万元	4664818	4150752	107.0
建筑业	万元	4730886	4287502	101.7
第三产业	万元	28776231	27124034	106.2
人均生产总值（当年价）	元	68870	65406	103.5
生产总值构成	**%**		**100**	
第一产业	%	7.88	7.58	0.3★
第二产业	%	22.65	21.90	0.75★
工业	%	11.26	10.79	0.47★
建筑业	%	11.42	11.15	0.27★
第三产业	%	69.48	70.53	-1.05★

1-8 续表 1

指标名称	单 位	2021 年	2020 年	2021 年为 2020 年 %
工业				
规模以上工业企业主要指标				
企业单位数	个	935	819	114.2
#亏损企业	个	258	204	126.5
主营业务收入	万元	21100176	19340708	109.1
利润总额	万元	957202	898379	106.5
亏损企业亏损额	万元	142813	152763	93.5
固定资产投资增速				
固定资产投资额	%	−0.3	−3.8	3.52⋆
#项目投资	%	1.4	−0.3	1.73⋆
房地产开发投资	%	−1.6	−6.2	4.62⋆

注：1. 其他投资含城镇工矿区私人建房。2.2013 年起，固定资产投资起报点从计划总投资 50 万起报调整为计划总投资 500 万元起报，发展速度按可比口径计算。3. “⋆” 为增减百分点。

1-8 续表 2

指标名称	单 位	2021 年	2020 年	2021 年为 2020 年 %
商业				
社会消费品零售总额	万元	21144827	19424084	108.9
财政、金融				
全部财政收入	万元	7311929	7495516	97.6
#一般公共预算收入	万元	3465116	3449872	100.4
一般公共预算政支出	万元	5435835	5823276	93.3
金融机构人民币存款余额	万元	108997171	104964961	103.8
#住户存款余额	万元	39791949	36203831	109.9
金融机构人民币贷款余额	万元	168589901	151949407	111.0
金融机构本外币存款余额	亿元	10986	10572	103.9
金融机构本外币贷款余额	亿元	17272	15580	110.9

1-9 各县（市、区）社会经济主要指标

指标名称	单 位	隆安县			马山县		
		2021 年	2020 年	2021 年为 2020 年 %	2021 年	2020 年	2021 年为 2020 年 %
人口、土地面积							
年末户籍人口	人	420519	421915	99.7	569489	571282	99.7
男性人口	人	224340	224792	99.8	301220	301865	99.8
女性人口	人	196179	197123	99.5	268269	269417	99.6
年平均人口	人	421217	423193	99.5	570386	572858	99.6
年末常住人口	万人	32.78	32.55	100.7	38.57	38.29	100.7
#城镇人口	万人	11.33	11.04	102.6	11.99	11.63	103.1
城镇化率	%	34.56	33.93	0.64★	31.09	30.38	0.7★
土地面积	平方公里	2319	2306	100.6	2341	2341	100.0
生产总值（当年价）	**万元**	**1121151**	**993852**	**107.9**	**951749**	**901272**	**107.4**
第一产业	万元	488701	420542	110.6	298512	260896	107.7
第二产业	万元	247124	224632	104.5	162016	199326	106.0
工业	万元	171806	152432	108.5	76203	123741	108.0
建筑业	万元	75539	72457	96.2	86572	76465	104.4
第三产业	万元	385327	348678	106.8	491221	441051	107.7
人均生产总值（当年价）	元	34323	30703	106.9	24766	23504	107.2
生产总值构成	**%**	**100**	**100**		**100**	**100**	
第一产业	%	43.59	42.31	1.28★	31.36	28.95	2.42★
第二产业	%	22.04	22.60	−0.56★	17.02	22.12	−5.09★
工业	%	15.32	15.34	0.01★	8.01	13.73	−5.72★
建筑业	%	6.74	7.29	−0.55★	9.10	8.48	0.61★
第三产业	%	34.37	35.08	−0.71★	51.61	48.94	2.68★

注：1. 生产总值发展速度按可比价计算。2. “▲”为增减千分点，“*”为增减百分点。

1-9 续表 1

指标名称	单 位	隆安县			马山县		
		2021 年	2020 年	2021 年为 2020 年 %	2021 年	2020 年	2021 年为 2020 年 %
农业							
农林牧渔业总产值（当年价）	万元	732293	687568	112.7	469932	429600	108.7
农业	万元	546302	511743	110.4	256045	211857	104.3
林业	万元	34429	26687	109.8	37902	33319	104.0
牧业	万元	108261	111956	125.4	160089	170479	115.4
渔业	万元	24443	20588	104.4	14579	12729	105.9
农林牧渔服务业	万元	18858	16595	112.6	1317	1216	107.3
工业							
规模以上工业企业主要指标							
企业单位数	个	68	56	121.4	20	19	105.3
#亿元工业企业	个	26	19	136.8	7	5	140.0
#亏损企业	个	18	11	163.6	3	7	42.9
规模以上工业总产值增速	%	45.4	5.8	39.58*	28.1	8.3	19.75*
固定资产投资增速							
固定资产投资	%	−9.6	1.8	−11.4*	14.4	10.2	4.2*
#项目投资	%	−10.8	−2.9	−7.9*	16.1	11.6	4.5*
房地产开发投资	%	−4.3	27.7	−32*	0.2	0.1	0.1*

注：“*”为增减百分点。

1-9 续表 2

指标名称	单 位	隆安县			马山县		
		2021 年	2020 年	2021 年为 2020 年 %	2021 年	2020 年	2021 年为 2020 年 %
商业							
社会消费品零售总额	万元	129459	123435	104.9	211762	196468	107.8
财政、金融							
财政收入	万元	57147	53642	106.5	39065	36095	108.2
#一般公共预算收入	万元	33302	29595	112.5	22125	20120	110.0
一般公共预算支出	万元	326168	439988	74.1	407223	412692	98.7
金融机构人民币存款余额	万元	1574446	1426109	110.4	1154649	1042261	110.8
#住户存款余额	万元	1195954	1056795	113.2	923750	846557	109.1
金融机构人民币贷款余额	万元	1186842	987612	120.2	910615	757051	120.3
城乡居民收入							
全体居民年人均可支配收入	元 / 人	20755	18985	109.3	19281	17560	109.8
#城镇居民年人均可支配收入	元 / 人	32117	30044	106.9	32177	29960	107.4
农村居民年人均可支配收入	元 / 人	15465	13958	110.8	14213	12851	110.6

1-9 续表 3

指标名称	单 位	上林县			宾阳县		
		2021 年	2020 年	2021 年为 2020 年 %	2021 年	2020 年	2021 年为 2020 年 %
人口、土地面积							
年末户籍人口	人	499651	500987	99.7	1050573	1053924	99.7
男性人口	人	264220	264583	99.9	565211	566359	99.8
女性人口	人	235431	236404	99.6	485362	487565	99.5
年平均人口	人	500319	501799	99.7	1052249	1058054	99.5
年末常住人口	万人	36.26	35.98	100.8	80.94	80.24	100.9
#城镇人口	万人	12.58	12.26	102.6	37.60	36.32	103.5
城镇化率	%	34.69	34.07	0.62★	46.45	45.27	1.18★
土地面积	平方公里	1871	1871	100.0	2299	2298	100.0
生产总值(当年价)	**万元**	**1019946**	**905743**	**107.6**	**3155389**	**2799583**	**107.9**
第一产业	万元	319489	276228	111.0	709533	609525	109.4
第二产业	万元	185674	167348	102.0	943543	831909	107.3
工业	万元	64390	57835	101.9	622985	547871	109.2
建筑业	万元	121560	109832	102.1	322497	285773	104.1
第三产业	万元	514783	462167	107.6	1502313	1358150	107.5
人均生产总值(当年价)	元	28238	25195	107.1	39154	34908	107.4
生产总值构成	**%**	**100**	**100**		**100**	**100**	
第一产业	%	31.32	30.50	0.83★	22.49	21.77	0.71★
第二产业	%	18.20	18.48	−0.27★	29.90	29.72	0.19★
工业	%	6.31	6.39	−0.07★	19.74	19.57	0.17★
建筑业	%	11.92	12.13	−0.21★	10.22	10.21	0.01★
第三产业	%	50.47	51.03	−0.55★	47.61	48.51	−0.9★

1-9 续表 4

指标名称	单 位	上林县			宾阳县		
		2021 年	2020 年	2021 年为 2020 年 %	2021 年	2020 年	2021 年为 2020 年 %
农业							
农林牧渔业总产值（当年价）	万元	470347	451744	112.7	1424345	993827	111.3
农业	万元	288637	273471	113.6	668488	618865	107.0
林业	万元	23392	19993	107.7	55974	42393	118.3
牧业	万元	127655	131496	114.0	635728	273914	121.5
渔业	万元	28821	25181	100.4	47253	43804	100.2
农林牧渔服务业	万元	1842	1603	113.9	16903	14852	112.8
工业							
规模以上工业企业主要指标							
企业单位数	个	23	23	100.0	122	106	115.1
#亿元工业企业	个	6	6	100.0	57	52	109.6
#亏损企业	个	5	7	71.4	22	17	129.4
规模以上工业总产值增速	%	12.9	1.1	11.82*	19.4	13.0	6.42*
固定资产投资增速							
固定资产投资额	%	−3.9	19.4	−23.3*	8.7	1.5	7.2*
#项目投资	%	6.5	22.1	−15.6*	3.5	1.2	2.3*
房地产开发投资	%	−32.9	12.5	−45.4*	26.9	2.7	24.2*

注：“*”为增减百分点。

1-9 续表 5

指标名称	单 位	上林县			宾阳县		
		2021 年	2020 年	2021 年为 2020 年 %	2021 年	2020 年	2021 年为 2020 年 %
商业							
社会消费品零售总额	万元	249525	231946	107.6	1067789	999615	106.8
财政、金融							
财政收入	万元	56129	52292	107.3	157208	155541	101.1
#一般公共预算收入	万元	35253	29808	118.3	86451	98220	88.0
一般公共预算支出	万元	350887	418180	83.9	424015	555022	76.4
金融机构人民币存款余额	万元	1398467	1289145	108.5	3025952	2922459	103.5
#住户存款余额	万元	1143944	1001299	114.2	2515406	2921656	86.1
金融机构人民币贷款余额	万元	1100531	911446	120.7	2352190	1985404	118.5
城乡居民收入							
全体居民年人均可支配收入	元 / 人	20305	18553	109.4	27234	24945	109.2
#城镇居民年人均可支配收入	元 / 人	31463	29241	107.6	38865	36255	107.2
农村居民年人均可支配收入	元 / 人	14648	13268	110.4	18165	16321	111.3

1-9 续表 6

指标名称	单 位	横州市			兴宁区		
		2021 年	2020 年	2021 年为 2020 年 %	2021 年	2020 年	2021 年为 2020 年 %
人口、土地面积							
年末户籍人口	人	1269397	1272506	99.8	393190	378986	103.7
男性人口	人	676260	678060	99.7	193892	188036	103.1
女性人口	人	593137	594446	99.8	199298	190950	104.4
年平均人口	人	1270952	1275366	99.7	386088	371867	103.8
年末常住人口	万人	90.44	89.72	100.8	62.45	61.63	101.3
#城镇人口	万人	38.26	37.27	102.65	55.24	54.13	102.0
城镇化率	%	42.30	41.54	0.76★	88.45	87.84	0.62★
土地面积	平方公里	3449	3448	100.0	722	723	99.9
生产总值（当年价）	**万元**	**3544277**	**3204449**	**105.4**	**3937648**	**3664392**	**105.6**
第一产业	万元	989703	862647	106.6	173630	146679	106.4
第二产业	万元	1070224	999201	102.1	620509	583946	99.0
工业	万元	848237	805464	101.4	137032	132330	99.8
建筑业	万元	223162	195098	105.5	483893	452099	98.7
第三产业	万元	1484349	1342601	107.0	3143510	2933767	106.8
人均生产总值（当年价）	元	39346	35732	104.9	63470	60639	102.9
生产总值构成	**%**	**100**	**100**		**100**	**100**	
第一产业	%	27.92	26.92	1★	4.41	4.00	0.41★
第二产业	%	30.20	31.18	−0.99★	15.76	15.94	−0.18★
工业	%	23.93	25.14	−1.2★	3.48	3.61	−0.13★
建筑业	%	6.30	6.09	0.21★	12.29	12.34	−0.05★
第三产业	%	41.88	41.90	−0.02★	79.83	80.06	−0.23★

指标名称	单 位	横州市			兴宁区		
		2021 年	2020 年	2021 年为 2020 年 %	2021 年	2020 年	2021 年为 2020 年 %
农业							
农林牧渔业总产值（当年价）	万元	1615391	1511552	107.6	288555	255613	108.0
农业	万元	955431	907755	102.4	155435	135885	107.1
林业	万元	76719	60404	117.0	54004	52881	95.1
牧业	万元	472069	440231	119.3	44442	41738	109.1
渔业	万元	67189	62698	92.0	29741	20554	145.5
农林牧渔服务业	万元	43984	40464	107.7	4932	4556	107.3
工业							
规模以上工业企业主要指标							
企业单位数	个	155	132	117.4	35	27	129.6
#亿元工业企业	个	59	55	107.3	13	13	100.0
#亏损企业	个	35	21	166.7	10	1	1000.0
规模以上工业总产值增速	%	23.0	−31.6	54.61⋆	0.8	2.9	−2.06⋆
固定资产投资增速							
固定资产投资额	%	63.8	2.8	61⋆	−13.5	−4.0	−9.5⋆
#项目投资	%	80.4	4.8	75.6⋆	−2.0	1.3	−3.3⋆
房地产开发投资	%	−19.7	−6.2	−13.5⋆	−20.0	−6.8	−13.2⋆

注：“*”为增减百分点。

1-9 续表 8

指标名称	单 位	横州市			兴宁区		
		2021 年	2020 年	2021 年为 2020 年 %	2021 年	2020 年	2021 年为 2020 年 %
商业							
社会消费品零售总额	万元	838372	828050	101.2	5553491	4867200	114.1
财政、金融							
财政收入	万元	181166	167793	108.0	388806	475424	81.8
#一般公共预算收入	万元	89897	94905	94.7	89818	101800	88.2
一般公共预算支出	万元	561517	578752	97.0	198285	225246	88.0
金融机构人民币存款余额	万元	3814129	3337612	114.3			
#住户存款余额	万元	3216968	2797241	115.0			
金融机构人民币贷款余额	万元	2465845	2097451	117.6			
城乡居民收入							
全体居民年人均可支配收入	元 / 人	26868	24658	109.0	41775	38592	108.2
#城镇居民年人均可支配收入	元 / 人	39289	36684	107.1	45211	41940	107.8
农村居民年人均可支配收入	元 / 人	17878	16253	110.0	18939	17280	109.6

指标名称	单 位	青秀区			江南区		
		2021 年	2020 年	2021 年为 2020 年 %	2021 年	2020 年	2021 年为 2020 年 %
人口、土地面积							
年末户籍人口	人	861724	832003	103.6	596404	579157	103.0
男性人口	人	422718	408780	103.4	298309	291496	102.3
女性人口	人	439006	423223	103.7	298095	287661	103.6
年平均人口	人	846864	814163	104.0	587781	569374	103.2
年末常住人口	万人	113.59	112.58	100.9	99.99	99.11	100.9
#城镇人口	万人	106.98	105.23	101.7	85.53	82.64	103.5
城镇化率	%	94.18	93.47	0.71★	85.54	83.38	2.15★
土地面积	平方公里	865	865	100.0	1183	1183	100.0
生产总值（当年价）	**万元**	**13247698**	**12552590**	**106.1**	**5695344**	**5228504**	**105.1**
第一产业	万元	229051	200834	104.6	343479	289995	106.1
第二产业	万元	1262419	1145526	102.3	1979388	1717569	107.1
工业	万元	134861	109740	118.0	1191863	1012293	109.9
建筑业	万元	1130769	1039504	100.7	788597	706517	103.0
第三产业	万元	11756228	11206231	106.5	3372478	3220940	103.9
人均生产总值（当年价）	元	117148	113686	103.6	57211	53963	102.3
生产总值构成	**%**	**100**	**100**		**100**	**100**	
第一产业	%	1.73	1.60	0.13★	6.03	5.55	0.48★
第二产业	%	9.53	9.13	0.4★	34.75	32.85	1.9★
工业	%	1.02	0.87	0.14★	20.93	19.36	1.57★
建筑业	%	8.54	8.28	0.25★	13.85	13.51	0.33★
第三产业	%	88.74	89.27	−0.53★	59.21	61.60	−2.39★

1-9 续表 10

指标名称	单 位	青秀区			江南区		
		2021 年	2020 年	2021 年为 2020 年 %	2021 年	2020 年	2021 年为 2020 年 %
农业							
农林牧渔业总产值（当年价）	万元	407384	389278	104.9	507110	462384	117.6
农业	万元	178214	173998	99.4	374438	327278	122.6
林业	万元	41193	35225	92.3	36639	39160	83.7
牧业	万元	108121	108531	117.6	55582	61834	105.5
渔业	万元	14920	10271	105.4	21766	17062	138.4
农林牧渔服务业	万元	64934	61253	105.1	18685	17051	119.1
工业							
规模以上工业企业主要指标							
企业单位数	个	31	30	103.3	209	187	111.8
#亿元工业企业	个	10	6	166.7	76	64	118.8
#亏损企业	个	5	5	100.0	48	40	120.0
规模以上工业总产值增速	%	−8.6	56.4	−64.97★	5.5	−5.7	11.22★
固定资产投资增速							
固定资产投资额	%	0.8	−9.8	10.6★	7.3	9.3	−2★
#项目投资	%	2.2	40.7	−38.5★	16.5	19.0	−2.5★
房地产开发投资	%	−0.3	−30.3	30★	−0.8	1.9	−2.7★

注：“*”为增减百分点。

指标名称	单 位	青秀区			江南区		
		2021 年	2020 年	2021 年为 2020 年 %	2021 年	2020 年	2021 年为 2020 年 %
商业							
社会消费品零售总额	万元	5463695	4975718	109.8	3756236	3613836	103.9
财政							
财政收入	万元	1890333	2030920	93.1	272929	311628	87.6
#一般公共预算收入	万元	363490	361289	100.6	70025	72511	96.6
一般公共预算支出	万元	500186	447294	111.8	230474	252251	91.4
城乡居民收入							
全体居民年人均可支配收入	元 / 人	50632	47219	107.2	36695	33928	108.2
#城镇居民年人均可支配收入	元 / 人	53013	49638	106.8	40660	37823	107.5
农村居民年人均可支配收入	元 / 人	19565	17803	109.9	19511	17562	111.1

1-9 续表 12

指标名称	单 位	西乡塘区			良庆区		
		2021 年	2020 年	2021 年为 2020 年 %	2021 年	2020 年	2021 年为 2020 年 %
人口、土地面积							
年末户籍人口	人	856362	841277	101.8	367976	347617	105.9
男性人口	人	425164	419103	101.4	187466	178510	105.0
女性人口	人	431198	422174	102.1	180510	169107	106.7
年平均人口	人	848820	834410	101.7	357797	335405	106.7
年末常住人口	万人	165.86	164.57	100.8	59.61	58.84	101.3
#城镇人口	万人	151.20	149.24	101.3	50.23	49.16	102.2
城镇化率	%	91.16	90.68	0.48★	84.26	83.54	0.72★
土地面积	平方公里	1064	1076	98.9	1369	1369	100.0
生产总值（当年价）	**万元**	**8935193**	**8160465**	**107.2**	**4341405**	**4060364**	**102.3**
第一产业	万元	419679	375998	110.6	325333	280409	105.0
第二产业	万元	2523345	2308208	103.0	1665750	1505683	103.9
工业	万元	1615236	1469119	105.0	802300	707044	109.0
建筑业	万元	912159	841944	99.9	868547	804542	99.6
第三产业	万元	5992169	5476259	108.8	2350322	2274273	101.0
人均生产总值（当年价）	元	54082	50347	105.2	73304	70572	99.4
生产总值构成	**%**	**100**	**100**		**100**	**100**	
第一产业	%	4.70	4.61	0.09★	7.49	6.91	0.59★
第二产业	%	28.24	28.29	−0.04★	38.37	37.08	1.29★
工业	%	18.08	18.00	0.07★	18.48	17.41	1.07★
建筑业	%	10.21	10.32	−0.11★	20.01	19.81	0.19★
第三产业	%	67.06	67.11	−0.04★	54.14	56.01	−1.87★

指标名称	单 位	西乡塘区			良庆区		
		2021 年	2020 年	2021 年为 2020 年 %	2021 年	2020 年	2021 年为 2020 年 %
农业							
农林牧渔业总产值（当年价）	万元	631285	630236	112.7	498563	455580	105.8
农业	万元	388108	379806	107.9	332615	301893	104.8
林业	万元	9975	7742	161.5	62420	43645	128.8
牧业	万元	192144	206920	116.4	81809	90664	97.9
渔业	万元	18631	16306	120.7	16556	14527	107.1
农林牧渔服务业	万元	22427	19463	131.3	5164	4851	105.5
工业							
规模以上工业企业主要指标							
企业单位数	个	261	239	109.2	76	67	113.4
#亿元工业企业	个	79	72	109.7	26	23	113.0
#亏损企业	个	82	76	107.9	16	15	106.7
规模以上工业总产值增速	%	10.3	18.7	−8.43★	24.4	8.4	16.01★
固定资产投资增速							
固定资产投资额	%	2.1	15.2	−13.1★	0.4	−3.0	3.4★
#项目投资	%	10.9	29.7	−18.8★	−15.0	−30.9	15.9★
房地产开发投资	%	−4.7	6.1	−10.8★	5.3	11.1	−5.8★

注：“*”为增减百分点。

1-9 续表 14

指标名称	单位	西乡塘区			良庆区		
		2021 年	2020 年	2021 年为 2020 年 %	2021 年	2020 年	2021 年为 2020 年 %
商业							
社会消费品零售总额	万元	4807847	4515126	106.5	776315	716668	108.3
财政							
财政收入	万元	412295	458264	90.0	994588	719592	138.2
#一般公共预算收入	万元	116374	117434	99.1	207346	145985	142.0
一般公共预算支出	万元	327826	395204	83.0	327847	310384	105.6
城乡居民收入							
全体居民年人均可支配收入	元 / 人	37887	34929	108.5	31578	29064	108.6
#城镇居民年人均可支配收入	元 / 人	39706	36731	108.1	36084	33442	107.9
农村居民年人均可支配收入	元 / 人	17741	16026	110.7	19446	17598	110.5

1-9 续表 15

指标名称	单 位	邕宁区			武鸣区		
		2021 年	2020 年	2021 年为 2020 年 %	2021 年	2020 年	2021 年为 2020 年 %
人口、土地面积							
年末户籍人口	人	394144	385151	102.3	729980	728965	100.1
男性人口	人	207226	203176	102.0	380515	379933	100.2
女性人口	人	186918	181975	102.7	349465	349032	100.1
年平均人口	人	389648	382248	101.9	729473	727984	100.2
年末常住人口	万人	33.78	33.27	101.5	69.01	68.47	100.8
# 城镇人口	万人	19.01	18.45	103.1	36.45	35.73	102.0
城镇化率	%	56.28	55.44	0.83★	52.82	52.18	0.64★
土地面积	平方公里	1231	1231	100.0	3388	3389	100.0
生产总值（当年价）	**万元**	**1709520**	**1608061**	**102.0**	**3542611**	**3193408**	**108.9**
第一产业	万元	406785	333984	105.1	1361714	1285828	108.1
第二产业	万元	458577	421067	102.7	867530	739265	109.7
工业	万元	259214	260405	95.6	522811	458821	108.5
建筑业	万元	200969	162523	114.1	345952	281873	111.6
第三产业	万元	844158	853010	100.4	1313367	1168315	109.5
人均生产总值（当年价）	元	50992	48796	100.3	51536	47180	107.2
生产总值构成	**%**	**100**	**100**		**100**	**100**	
第一产业	%	23.80	20.77	3.03★	38.44	40.27	−1.83★
第二产业	%	26.82	26.18	0.64★	24.49	23.15	1.34★
工业	%	15.16	16.19	−1.03★	14.76	14.37	0.39★
建筑业	%	11.76	10.11	1.65★	9.77	8.83	0.94★
第三产业	%	49.38	53.05	−3.67★	37.07	36.59	0.49★

1-9 续表 16

指标名称	单 位	邕宁区			武鸣区		
		2021 年	2020 年	2021 年为 2020 年 %	2021 年	2020 年	2021 年为 2020 年 %
农业							
农林牧渔业总产值（当年价）	万元	631189	551227	105.5	1915657	2036461	99.9
农业	万元	382235	313895	104.2	1448449	1594985	93.9
林业	万元	32614	23731	122.5	93762	81142	118.4
牧业	万元	193601	193162	105.6	258345	258897	123.7
渔业	万元	16043	14152	104.7	60145	52589	118.8
农林牧渔服务业	万元	6696	6288	105.6	54955	48849	125.5
工业							
规模以上工业企业主要指标							
企业单位数	个	44	35	125.7	276	231	119.5
#亿元工业企业	个	23	22	104.5	62	52	119.2
#亏损企业	个	18	11	163.6	78	55	141.8
规模以上工业总产值增速	%	−0.5	12.0	−12.54★	24.8	15.2	9.64★
固定资产投资增速							
固定资产投资额	%	24.7	−45.5	70.2★	3.3	15.6	−12.3★
#项目投资	%	40.6	−51.8	92.4★	26.0	8.0	18★
房地产开发投资	%	16.5	−41.5	58★	−29.2	28.5	−57.7★

注：“＊”为增减百分点。

指标名称	单 位	邕宁区			武鸣区		
		2021 年	2020 年	2021 年为 2020 年 %	2021 年	2020 年	2021 年为 2020 年 %
商业							
社会消费品零售总额	万元	335390	314544	106.6	451853	420992	107.3
财政							
财政收入	万元	170386	189432	89.9	202261	201088	100.6
#一般公共预算收入	万元	52258	50380	103.7	121173	132042	91.8
一般公共预算支出	万元	293121	333105	88.0	467686	454676	102.9
城乡居民收入							
全体居民年人均可支配收入	元 / 人	26328	24129	109.1	29551	26977	109.5
#城镇居民年人均可支配收入	元 / 人	37670	35206	107.0	40037	37071	108.0
农村居民年人均可支配收入	元 / 人	18385	16790	109.5	20824	18777	110.9

二 国民经济核算

2-1 全市主要年份生产总值

（按当年价格计算）　　单位：万元

年 份	生产总值	第一产业	第二产业	工 业	建筑业	第三产业
1950	14272	10376	587	485	102	3309
1965	53362	21483	13309	11307	2002	18570
1978	147407	61866	52192	47482	4710	33349
1980	180111	70093	70017	64475	5542	40001
1985	309278	118263	108351	95852	12499	82664
1990	708788	231018	248354	228325	20029	229416
1991	793241	239063	274634	252011	22623	279544
1992	918098	277741	304726	275905	28821	335631
1993	1346171	344360	499312	436528	62784	502499
1994	1872259	491029	675122	578013	97109	706108
1995	2358085	615225	807943	652156	155787	934917
1996	2671991	690541	845891	666448	179443	1135559
1997	3044914	785856	922155	709756	212399	1336903
1998	3395532	834421	997314	767099	230215	1563797
1999	3569886	852645	1019933	772336	247597	1697308
2000	3779364	876615	1053679	790913	262766	1849070
2001	4181684	907401	1131645	852455	279190	2142638
2002	4631795	936344	1255606	933896	321710	2439845
2003	5278179	987070	1495415	1070073	425342	2795694
2004	6189705	1067729	1840029	1289575	550454	3281947
2005	7113104	1232547	2121506	1470109	651397	3759051
2006	8441272	1431136	2511049	1764474	746575	4499087
2007	10548840	1766418	3085515	2223416	862099	5696907
2008	12407756	1976088	3575897	2547440	1028457	6855771
2009	14239513	2057462	3907860	2632232	1275628	8274191
2010	16771874	2366617	4805189	3183780	1621409	9600068
2011	20448572	2968046	6084730	4000939	2083791	11395796
2012	23071083	3118920	6754631	4320630	2434001	13197532
2013	26201470	3366840	7449587	4647646	2801941	15385043
2014	28622807	3545707	8250306	5142796	3107510	16826794
2015	31479150	3709659	8812264	5495912	3312210	18957227
2016	34059878	3957746	8889715	5496319	3399269	21212417
2017	38043331	4060839	9461180	5733006	3745666	24521312
2018	41623699	4320500	9953487	5828321	4144198	27349712
2019	45065576	5072701	10449719	5834774	4633997	29543157
2020	47263421	5343563	10843178	5838094	5027126	31076680
2021	51209430	6067608	11987598	6448439	5560215	33154224

注：1.全市国民经济核算指标均为行政区划调整后大南宁口径。

2.2015年广西生产总值核算方案发生调整，将工业中的开采辅助活动，金属制品、机械和设备修理业两类行业归类到第三产业中，故从2015年开始，第二产业增加值不等于工业、建筑业增加值之和。

3.2015年及以后年份全市生产总值数据已包含研发经费支出，下同。

4.2002-2018年数据已依据全国第四次经济普查结果进行修订。

5.2019-2021年数据为快报口径。

2-2 全市主要年份生产总值构成

（按当年价格计算）　　　　　　　　　　　　　　　　单位：%

年 份	生产总值	第一产业	第二产业			第三产业
				工 业	建筑业	
1950	100.00	72.70	4.11	3.40	0.71	23.19
1965	100.00	40.26	24.94	21.19	3.75	34.80
1978	100.00	41.97	35.41	32.21	3.20	22.62
1980	100.00	38.92	38.87	35.80	3.07	22.21
1985	100.00	38.24	35.03	30.99	4.04	26.73
1990	100.00	32.59	35.04	32.21	2.83	32.37
1991	100.00	30.14	34.62	31.77	2.85	35.24
1992	100.00	30.25	33.19	30.05	3.14	36.56
1993	100.00	25.58	37.09	32.43	4.66	37.33
1994	100.00	26.23	36.06	30.87	5.19	37.71
1995	100.00	26.09	34.26	27.66	6.60	39.65
1996	100.00	25.84	31.66	24.94	6.72	42.50
1997	100.00	25.81	30.29	23.31	6.98	43.90
1998	100.00	24.57	29.37	22.59	6.78	46.06
1999	100.00	23.88	28.57	21.63	6.94	47.55
2000	100.00	23.19	27.88	20.93	6.95	48.93
2001	100.00	21.70	27.06	20.39	6.67	51.24
2002	100.00	20.22	27.11	20.16	6.95	52.68
2003	100.00	18.70	28.33	20.27	8.06	52.97
2004	100.00	17.25	29.73	20.83	8.89	53.02
2005	100.00	17.33	29.83	20.67	9.16	52.85
2006	100.00	16.95	29.75	20.90	8.84	53.30
2007	100.00	16.75	29.25	21.08	8.17	54.01
2008	100.00	15.93	28.82	20.53	8.29	55.25
2009	100.00	14.45	27.44	18.49	8.96	58.11
2010	100.00	14.11	28.65	18.98	9.67	57.24
2011	100.00	14.51	29.76	19.57	10.19	55.73
2012	100.00	13.52	29.28	18.73	10.55	57.20
2013	100.00	12.85	28.43	17.74	10.69	58.72
2014	100.00	12.39	28.82	17.97	10.86	58.79
2015	100.00	11.78	27.99	17.46	10.52	60.22
2016	100.00	11.62	26.10	16.14	9.98	62.28
2017	100.00	10.67	24.87	15.07	9.85	64.46
2018	100.00	10.38	23.91	14.00	9.96	65.71
2019	100.00	11.26	23.19	12.95	10.28	65.56
2020	100.00	11.31	22.94	12.35	10.64	65.75
2021	100.00	11.85	23.41	12.59	10.86	64.74

注：由于小数位四舍五入情况，子项之和与合计项可能存在细微差异，下同。

2-3 全市主要年份生产总值指数

（按可比价计算，以上年为100）

年 份	生产总值	第一产业	第二产业			第三产业
				工 业	建筑业	
1951	113.2	110.1	147.6	100.0	100.0	119.0
1965	116.8	115.2	132.0	136.3	112.3	109.6
1978	111.5	110.3	112.1	108.1	180.2	112.6
1980	105.5	105.3	108.0	112.6	73.4	101.7
1985	112.7	103.4	122.1	117.7	171.6	113.1
1990	109.6	111.1	111.6	112.1	106.0	107.8
1991	106.3	100.6	106.9	106.7	109.2	111.6
1992	112.7	115.1	109.3	107.9	125.5	114.3
1993	123.5	106.9	134.4	129.7	178.6	128.3
1994	116.5	107.7	119.6	117.1	136.8	120.7
1995	114.5	112.6	114.9	108.3	154.0	115.7
1996	111.4	105.9	110.4	107.7	121.4	116.5
1997	112.5	113.9	108.8	106.3	118.1	115.2
1998	111.5	108.4	110.3	110.3	110.6	114.8
1999	109.4	107.4	108.1	106.4	113.7	111.7
2000	107.7	100.7	104.6	105.4	102.1	113.9
2001	108.8	102.2	106.4	106.7	105.5	113.2
2002	110.9	107.7	112.0	112.2	111.2	111.6
2003	110.3	103.5	115.3	108.4	139.9	110.5
2004	111.8	106.2	111.7	108.1	121.7	114.0
2005	110.8	108.1	109.4	106.4	116.9	112.5
2006	113.2	108.4	116.4	117.8	113.4	113.0
2007	114.4	106.7	114.6	115.6	112.1	116.8
2008	111.2	104.1	106.9	106.6	107.8	115.7
2009	111.5	104.8	112.7	106.3	128.1	112.6
2010	112.3	105.5	112.8	107.6	123.0	113.6
2011	113.1	105.7	117.3	116.9	118.2	112.7
2012	111.8	105.0	113.5	112.2	115.9	112.5
2013	111.7	104.5	111.9	110.2	115.2	113.2
2014	108.7	104.2	107.5	106.9	108.5	110.3
2015	108.4	104.1	106.6	105.4	108.8	110.1
2016	106.6	104.6	101.9	100.2	104.9	109.1
2017	108.0	104.7	102.8	102.2	104.0	110.8
2018	105.4	105.3	98.0	94.9	102.7	108.3
2019	105.0	105.3	104.4	101.0	109.2	105.2
2020	103.7	104.7	105.3	102.6	108.8	102.9
2021	106.1	107.9	104.3	106.4	102.0	106.3

2-4 全市主要年份人均生产总值

（按当年价格计算）

年 份	人均生产总值（元）	以上年为 100 的发展速度（%）
1950	62	
1965	165	120.5
1978	331	114.0
1980	387	107.6
1985	602	115.1
1990	1282	111.4
1991	1414	107.9
1992	1617	114.1
1993	2339	125.2
1994	3208	118.2
1995	3987	116.0
1996	4465	112.7
1997	5036	113.7
1998	5569	112.4
1999	5817	110.1
2000	6086	109.0
2001	6656	110.1
2002	7327	111.6
2003	8176	110.9
2004	9595	111.9
2005	11127	111.9
2006	13220	114.8
2007	16070	115.3
2008	19204	113.1
2009	21945	113.9
2010	27069	114.2
2011	33017	112.7
2012	37016	111.2
2013	41711	109.3
2014	45735	107.5
2015	41740	107.6
2016	43928	103.7
2017	47597	104.7
2018	50613	102.4
2019	53424	102.4
2020	54669	101.1
2021	58241	104.3

注：1. 发展速度按可比价计算。

2. 2010 年以前人均生产总值按户籍人口计算，2010 年（含）以后人均生产总值按常住人口计算。

3. 根据 2018 年四经普以及 2020 年七人普修订数据，全市 2015-2020 年人均生产总值数据进行了相应修订。

2-5 全市各时期生产总值平均指数

（按可比价格计算，以上年为 100）

时 期	生产总值	第一产业	第二产业			第三产业
				工 业	建筑业	
恢复时期（1950–1952 年）	108.5	106.3	129.3	132.5	110.7	111.3
“一五”时期（1953–1957 年）	109.5	104.4	129.5	127.3	143.0	116.5
“二五”时期（1958–1962 年）	105.3	98.7	108.8	110.0	102.7	111.4
调整时期（1963–1965 年）	110.8	111.4	122.7	121.9	127.2	104.7
“三五”时期（1966–1970 年）	106.9	107.6	113.1	115.5	93.3	103.1
“四五”时期（1971–1975 年）	109.0	109.2	111.2	111.1	113.9	105.9
“五五”时期（1976–1980 年）	108.0	103.2	113.9	113.5	118.5	108.2
“六五”时期（1981–1985 年）	108.6	106.9	109.1	108.3	117.7	111.5
“七五”时期（1986–1990 年）	109.4	103.5	110.4	111.3	102.8	115.9
“八五”时期（1991–1995 年）	114.6	108.5	116.6	113.6	138.8	118.0
“九五”时期（1996–2000 年）	110.5	107.2	108.4	107.2	113.0	114.4
“十五”时期（2001–2005 年）	110.5	105.5	110.9	108.3	118.5	112.3
“十一五”时期（2006–2010 年）	112.5	105.9	112.6	110.7	116.6	114.3
“十二五”时期（2011–2015 年）	110.7	104.7	111.3	110.2	113.3	111.8
“十三五”时期（2016–2020 年）	105.7	104.9	102.4	100.1	105.9	107.2
1951 年至 2021 年	109.4	105.8	113.2	112.5	114.9	111.3
1979 年至 2021 年	110.1	105.8	110.4	109.0	114.8	112.6
1993 年至 2021 年	110.6	106.1	110.2	108.3	116.7	112.7

注：全市 2002–2018 年数据已依据全国第四次经济普查结果进行修订，因此“十五”时期至“十三五”时期数据也相应修订。

2-6 全市财政收入相当于地区生产总值的比例

（按当年价格计算）

年 份	财政收入（万元）	地区生产总值（万元）	比 重（%）
1950	781	14272	5.47
1965	6293	53362	11.79
1978	23188	147407	15.73
1980	27538	180111	15.29
1985	42633	309278	13.78
1990	82478	708788	11.64
1991	89637	793241	11.30
1992	94542	918098	10.30
1993	141425	1346171	10.51
1994	193018	1872259	10.31
1995	219576	2358085	9.31
1996	240141	2671991	8.99
1997	273637	3044914	8.99
1998	308392	3395532	9.08
1999	339803	3569886	9.52
2000	375390	3779364	9.93
2001	452926	4181684	10.83
2002	529594	4631795	11.43
2003	610594	5278179	11.57
2004	746328	6189705	12.06
2005	1002186	7113104	14.09
2006	1203609	8441272	14.26
2007	1508393	10548840	14.30
2008	1911682	12407756	15.41
2009	2313664	14239513	16.25
2010	3008756	16771874	17.94
2011	3635192	20448572	17.78
2012	4219938	23071083	18.29
2013	4736644	26201470	18.08
2014	5265905	28622807	18.40
2015	5724781	31479150	18.19
2016	6138280	34059878	18.02
2017	6879808	38043331	18.08
2018	7532000	41623699	18.10
2019	8006868	45065576	17.77
2020	7960876	47263421	16.84
2021	8288436	51209430	16.19

2-7 全市生产总值及指数

单位：万元

指标名称	2021 年	2020 年	指 数 （按可比价格计算，以上年为 100）
地区生产总值	**51209430**	**47263421**	**106.1**
农林牧渔业	6175897	5441221	107.9
工业	6448439	5838094	106.4
建筑业	5560215	5027126	102.0
批发和零售业	4160688	3737073	107.8
批发业	1769723	1631163	103.2
零售业	2390965	2105910	111.4
交通运输、仓储和邮政业	2997423	2554662	117.2
住宿和餐饮业	1337995	1210455	113.4
住宿业	187998	212586	105.4
餐饮业	1149997	997869	114.9
金融业	6086661	5744824	103.3
房地产业	5410161	5738392	96.3
房地产业 (K 门类)	3160110	3775073	91.6
自有房地产经营活动	2250051	1963319	103.7
其他服务业	13031951	11971574	109.1
营利性服务业	5840846	5495271	110.4
非营利性服务业	7191105	6476303	108.0
第一产业	**6067608**	**5343563**	**107.9**
第二产业	**11987598**	**10843178**	**104.3**
第三产业	**33154224**	**31076680**	**106.3**

注：总量按当年价格计算，发展速度按可比价格计算。

2-8 全市生产总值构成

（按当年价格计算）　　单位：%

指标名称	2021年	2020年
地区生产总值	**100.00**	**100.00**
农林牧渔业	12.06	11.51
工业	12.59	12.35
建筑业	10.86	10.64
批发和零售业	8.12	7.91
批发业	3.46	3.45
零售业	4.67	4.46
交通运输、仓储和邮政业	5.85	5.41
住宿和餐饮业	2.61	2.56
住宿业	0.37	0.45
餐饮业	2.25	2.11
金融业	11.89	12.15
房地产业	10.56	12.14
房地产业(K门类)	6.17	7.99
自有房地产经营活动	4.39	4.15
其他服务业	25.45	25.33
营利性服务业	11.41	11.63
非营利性服务业	14.04	13.70
第一产业	**11.85**	**11.31**
第二产业	**23.41**	**22.94**
第三产业	**64.74**	**65.75**

2-9 隆安县主要年份生产总值

（按当年价格计算）

单位：万元

年 份	生产总值	第一产业	第二产业	第三产业
1950	665	636	14	15
1965	1191	989	87	115
1978	6584	4443	1397	744
1980	7035	5051	952	1032
1985	11226	7978	1595	1653
1990	22680	15139	3539	4002
1991	22769	12989	3976	5804
1992	30629	18985	4185	7459
1993	42693	22609	10867	9217
1994	54271	30404	12689	11178
1995	66397	41404	12175	12818
1996	79632	47148	17033	15451
1997	83434	51527	15774	16133
1998	89193	52396	19124	17673
1999	87159	49569	19408	18182
2000	90831	54288	16685	19858
2001	101901	57762	21035	23104
2002	113014	62918	22496	27600
2003	122210	61994	29286	30930
2004	151386	73454	37668	40264
2005	187889	87368	50092	50429
2006	223503	94072	68896	60535
2007	279143	116435	83140	79568
2008	332916	136589	103347	92980
2009	337085	133668	106277	97140
2010	389769	149040	132156	108573
2011	488000	193334	170821	123845
2012	496441	199881	162922	133638
2013	547683	218972	170511	158200
2014	571956	231771	171316	168869
2015	690207	271335	189980	228892
2016	731707	307570	174398	249739
2017	808908	326354	201167	281387
2018	845214	322955	206811	315448
2019	942651	382721	221192	338738
2020	993852	420542	224632	348678
2021	1121151	488701	247124	385327

注：各县（市、区）2015—2020年数据依据第四次全国经济普查及第七次全国人口普查修订数进行相应修订。

2-10 隆安县主要年份生产总值构成

（按当年价格计算）　　单位：%

年份	生产总值	第一产业	第二产业	第三产业
1950	100.00	95.64	2.11	2.25
1965	100.00	83.04	7.30	9.66
1978	100.00	67.48	21.22	11.30
1980	100.00	71.80	13.53	14.67
1985	100.00	71.07	14.21	14.72
1990	100.00	66.75	15.60	17.65
1991	100.00	57.05	17.46	25.49
1992	100.00	61.98	13.66	24.36
1993	100.00	52.96	25.45	21.59
1994	100.00	56.02	23.38	20.60
1995	100.00	62.36	18.34	19.30
1996	100.00	59.21	21.39	19.40
1997	100.00	61.76	18.91	19.33
1998	100.00	58.74	21.44	19.82
1999	100.00	56.87	22.27	20.86
2000	100.00	59.77	18.37	21.86
2001	100.00	56.68	20.64	22.68
2002	100.00	55.67	19.91	24.42
2003	100.00	50.73	23.96	25.31
2004	100.00	48.52	24.88	26.60
2005	100.00	46.50	26.66	26.84
2006	100.00	42.09	30.83	27.08
2007	100.00	41.71	29.78	28.51
2008	100.00	41.03	31.04	27.93
2009	100.00	39.65	31.53	28.82
2010	100.00	38.24	33.91	27.85
2011	100.00	39.62	35.00	25.38
2012	100.00	40.26	32.82	26.92
2013	100.00	39.98	31.13	28.89
2014	100.00	40.52	29.95	29.53
2015	100.00	39.31	27.53	33.16
2016	100.00	42.03	23.83	34.13
2017	100.00	40.35	24.87	34.79
2018	100.00	38.21	24.47	37.32
2019	100.00	40.60	23.46	35.93
2020	100.00	42.31	22.60	35.08
2021	100.00	43.59	22.04	34.37

2-11 隆安县主要年份生产总值指数

（按可比价格计算，以上年为 100）

年 份	生产总值	第一产业	第二产业	第三产业
1951	107.8	107.1	121.4	126.7
1965	101.1	100.9	101.2	102.3
1978	105.3	104.1	109.0	107.8
1980	104.4	103.7	97.5	115.5
1985	106.0	107.1	118.3	93.1
1990	100.3	109.0	109.0	83.2
1991	104.7	91.6	120.4	140.4
1992	113.8	115.4	96.3	123.2
1993	116.3	101.9	194.1	103.4
1994	106.5	114.5	96.7	98.9
1995	104.3	113.2	86.6	100.2
1996	113.4	105.0	137.8	115.5
1997	111.8	119.1	98.1	107.4
1998	111.3	105.0	132.4	108.4
1999	108.1	108.0	110.8	105.0
2000	103.5	103.0	98.9	111.3
2001	105.8	104.5	110.7	105.4
2002	110.0	108.7	120.5	104.4
2003	114.2	103.3	152.3	106.0
2004	107.1	104.8	107.3	113.8
2005	113.4	106.0	125.4	116.5
2006	115.7	109.2	126.0	116.8
2007	119.7	107.8	131.9	125.7
2008	111.5	106.6	116.9	112.2
2009	104.9	103.8	105.0	106.0
2010	111.5	106.7	118.7	109.5
2011	113.1	106.4	125.2	107.3
2012	106.9	105.8	109.3	105.0
2013	107.3	105.1	109.2	107.3
2014	104.8	104.8	105.6	105.2
2015	107.6	105.0	103.8	116.6
2016	103.6	108.5	94.5	105.5
2017	106.9	105.7	106.7	108.6
2018	105.3	106.5	98.0	109.3
2019	105.1	105.2	106.7	103.9
2020	103.0	103.7	105.3	100.5
2021	107.9	110.6	104.5	106.8

2-12 隆安县各时期生产总值平均指数

（按可比价格计算，以上年为 100）

时 期	生产总值	第一产业	第二产业	第三产业
恢复时期（1950-1952 年）	106.7	106.6	108.7	110.1
“一五”时期（1953-1957 年）	107.8	106.6	125.9	125.8
“二五”时期（1958-1962 年）	99.0	97.1	110.2	112.4
调整时期（1963-1965 年）	102.1	102.7	97.8	100.5
“三五”时期（1966-1970 年）	106.3	103.3	121.0	114.6
“四五”时期（1971-1975 年）	107.3	104.8	112.9	118.5
“五五”时期（1976-1980 年）	103.5	104.3	95.7	110.0
“六五”时期（1981-1985 年）	104.9	103.0	110.0	108.8
“七五”时期（1986-1990 年）	102.8	101.3	108.2	105.2
“八五”时期（1991-1995 年）	109.0	106.9	113.5	112.1
“九五”时期（1996-2000 年）	109.6	107.9	114.4	109.5
“十五”时期（2001-2005 年）	110.0	105.4	122.3	109.1
“十一五”时期（2006-2010 年）	112.5	106.8	119.4	113.8
“十二五”时期（2011-2015 年）	107.9	105.4	110.4	108.2
“十三五”时期（2016-2020 年）	104.8	105.9	102.1	105.5
1951 年至 2021 年	106.4	104.6	111.7	111.2
1979 年至 2021 年	107.3	105.4	110.4	109.2
1993 年至 2021 年	108.9	106.8	113.6	108.2

2-13 马山县主要年份生产总值

（按当年价格计算）

单位：万元

年 份	生产总值	第一产业	第二产业	第三产业
1950	1552	1162	34	356
1965	2983	2095	307	581
1978	5207	3721	602	884
1980	5791	4184	771	836
1985	8164	5661	1072	1431
1990	16751	9325	1866	5560
1991	18721	10702	2202	5817
1992	20354	10739	2838	6777
1993	25374	13413	4236	7725
1994	31672	16943	7295	7434
1995	47879	25708	8362	13809
1996	52488	27413	9117	15958
1997	65433	35111	9963	20359
1998	78920	38167	19120	21633
1999	85021	39430	22151	23440
2000	89021	39117	24132	25772
2001	93432	41004	22727	29701
2002	101700	44001	24275	33424
2003	128181	47399	42967	37815
2004	140115	55210	40572	44333
2005	157182	58579	49007	49596
2006	186151	65034	60099	61018
2007	219836	79808	67193	72835
2008	258689	90440	80172	88077
2009	279447	90632	89335	99480
2010	313555	102023	96928	114604
2011	393711	129209	136370	128132
2012	403895	135964	121846	146085
2013	441644	147197	119635	174812
2014	467751	153446	124569	189736
2015	588502	167269	128122	293112
2016	645865	176333	136633	332899
2017	709552	202642	136496	370414
2018	770133	195044	177845	397244
2019	858363	228418	198671	431273
2020	901272	260896	199326	441051
2021	951749	298512	162016	491221

2-14 马山县主要年份生产总值构成

（按当年价格计算）

单位：%

年 份	生产总值	第一产业	第二产业	第三产业
1950	100.00	74.87	2.19	22.94
1965	100.00	70.23	10.29	19.48
1978	100.00	71.46	11.56	16.98
1980	100.00	72.25	13.31	14.44
1985	100.00	69.34	13.13	17.53
1990	100.00	55.67	11.14	33.19
1991	100.00	57.17	11.76	31.07
1992	100.00	52.76	13.94	33.30
1993	100.00	52.86	16.69	30.45
1994	100.00	53.50	23.03	23.47
1995	100.00	53.69	17.46	28.85
1996	100.00	52.23	17.37	30.40
1997	100.00	53.66	15.23	31.11
1998	100.00	48.36	24.23	27.41
1999	100.00	46.38	26.05	27.57
2000	100.00	43.94	27.11	28.95
2001	100.00	43.89	24.32	31.79
2002	100.00	43.27	23.87	32.86
2003	100.00	36.98	33.52	29.50
2004	100.00	39.40	28.96	31.64
2005	100.00	37.27	31.18	31.55
2006	100.00	34.94	32.29	32.77
2007	100.00	36.30	30.57	33.13
2008	100.00	34.96	30.99	34.05
2009	100.00	32.43	31.97	35.60
2010	100.00	32.54	30.91	36.55
2011	100.00	32.82	34.64	32.54
2012	100.00	33.66	30.17	36.17
2013	100.00	33.33	27.09	39.58
2014	100.00	32.81	26.63	40.56
2015	100.00	28.42	21.77	49.81
2016	100.00	27.30	21.15	51.54
2017	100.00	28.56	19.24	52.20
2018	100.00	25.33	23.09	51.58
2019	100.00	26.61	23.15	50.24
2020	100.00	28.95	22.12	48.94
2021	100.00	31.36	17.02	51.61

2-15 马山县主要年份生产总值指数

（按可比价格计算，以上年为 100）

年 份	生产总值	第一产业	第二产业	第三产业
1951				
1965	100.7	100.6	101.7	100.2
1978	101.2	103.0	90.3	101.9
1980	105.0	115.8	102.2	75.1
1985	104.9	104.8	104.7	104.8
1990	97.7	95.1	110.2	98.4
1991	108.5	111.9	126.2	96.7
1992	108.0	103.8	106.5	116.6
1993	106.9	110.1	120.4	96.0
1994	94.5	89.6	146.5	78.2
1995	131.1	124.8	117.6	158.3
1996	108.8	103.7	114.6	113.7
1997	121.3	123.6	106.3	128.3
1998	119.3	108.9	166.3	108.3
1999	109.7	108.1	115.5	109.5
2000	105.2	99.3	108.5	111.4
2001	104.4	108.6	90.7	110.8
2002	107.9	105.6	104.7	113.6
2003	109.2	108.8	115.0	105.5
2004	103.7	100.7	99.5	111.0
2005	112.9	109.2	122.8	109.7
2006	113.8	106.7	116.8	119.3
2007	114.0	106.8	120.3	115.4
2008	111.0	103.2	114.4	115.3
2009	111.5	104.1	114.8	114.8
2010	112.5	105.8	117.4	113.0
2011	109.8	105.0	120.3	105.3
2012	107.3	104.8	105.7	111.1
2013	107.2	105.0	106.4	109.8
2014	104.5	104.3	102.2	106.7
2015	103.5	104.0	96.3	109.1
2016	106.7	100.9	104.4	111.1
2017	106.2	105.4	106.2	106.5
2018	107.8	111.6	115.2	102.8
2019	106.3	104.6	111.1	105.1
2020	103.0	106.7	103.7	100.5
2021	107.4	107.7	106.0	107.7

2-16 马山县各时期生产总值平均指数

（按可比价格计算，以上年为 100）

时 期	生产总值	第一产业	第二产业	第三产业
恢复时期（1950-1952 年）				
“一五”时期（1953-1957 年）	104.6	104.5	113.6	103.6
“二五”时期（1958-1962 年）	98.9	97.0	103.0	101.8
调整时期（1963-1965 年）	103.9	104.5	115.3	97.1
“三五”时期（1966-1970 年）	105.4	104.6	121.1	99.7
“四五”时期（1971-1975 年）	105.6	107.6	99.6	102.1
“五五”时期（1976-1980 年）	103.6	106.4	99.8	96.7
“六五”时期（1981-1985 年）	104.8	103.9	102.6	110.0
“七五”时期（1986-1990 年）	104.5	101.3	103.3	113.6
“八五”时期（1991-1995 年）	109.2	107.4	122.7	106.0
“九五”时期（1996-2000 年）	112.7	108.4	120.5	114.0
“十五”时期（2001-2005 年）	107.6	106.5	105.9	110.1
“十一五”时期（2006-2010 年）	112.6	105.3	116.7	115.5
“十二五”时期（2011-2015 年）	106.4	104.6	105.9	108.4
“十三五”时期（2016-2020 年）	106.0	105.8	108.0	105.1
1951 年至 2021 年	106.0	104.7	109.1	105.9
1979 年至 2021 年	107.8	105.7	110.0	109.1
1993 年至 2021 年	109.0	106.3	112.6	110.0

2-17 上林县主要年份生产总值

（按当年价格计算）　　单位：万元

年　份	生产总值	第一产业	第二产业	第三产业
1950	1830	1670	12	148
1965	3249	2770	76	403
1978	5387	4069	530	788
1980	5729	3876	747	1106
1985	12477	9229	1437	1811
1990	30386	16962	4578	8846
1991	34809	17956	5612	11241
1992	39327	20221	5639	13467
1993	48910	24042	9622	15246
1994	69971	43636	11353	14982
1995	78742	49884	10633	18225
1996	85830	50853	14013	20964
1997	91990	51775	14971	25244
1998	97597	54281	16260	27056
1999	102412	57221	16719	28472
2000	105567	57572	17673	30322
2001	110386	57804	18026	34556
2002	118584	51147	19091	48346
2003	116299	54507	24201	37591
2004	135008	64180	30359	40469
2005	165733	75174	37681	52878
2006	195079	90289	44447	60343
2007	231935	100051	57278	74606
2008	265183	110519	70469	84195
2009	271785	108041	69108	94636
2010	318502	128018	81794	108690
2011	390554	160428	106591	123535
2012	403080	166752	97553	138775
2013	449293	177700	104177	167416
2014	466025	184289	100927	180809
2015	577299	192349	113219	271731
2016	618542	211111	105396	302036
2017	672359	219132	110157	343070
2018	714686	220973	105670	388043
2019	810876	261680	122319	426877
2020	905743	276228	167348	462167
2021	1019946	319489	185674	514783

2-18 上林县主要年份生产总值构成

（按当年价格计算） 单位：%

年 份	生产总值	第一产业	第二产业	第三产业
1950	100.00	91.26	0.66	8.08
1965	100.00	85.26	2.34	12.40
1978	100.00	75.53	9.84	14.63
1980	100.00	67.66	13.04	19.30
1985	100.00	73.97	11.52	14.51
1990	100.00	55.82	15.07	29.11
1991	100.00	51.58	16.12	32.30
1992	100.00	51.42	14.34	34.24
1993	100.00	49.16	19.67	31.17
1994	100.00	62.36	16.23	21.41
1995	100.00	63.35	13.50	23.15
1996	100.00	59.25	16.33	24.42
1997	100.00	56.28	16.27	27.45
1998	100.00	55.62	16.66	27.72
1999	100.00	55.87	16.33	27.80
2000	100.00	54.54	16.74	28.72
2001	100.00	52.37	16.33	31.30
2002	100.00	43.13	16.10	40.77
2003	100.00	46.87	20.81	32.32
2004	100.00	47.54	22.49	29.97
2005	100.00	45.36	22.74	31.90
2006	100.00	46.28	22.78	30.94
2007	100.00	43.14	24.70	32.16
2008	100.00	41.68	26.57	31.75
2009	100.00	39.75	25.43	34.82
2010	100.00	40.19	25.68	34.13
2011	100.00	41.08	27.29	31.63
2012	100.00	41.37	24.20	34.43
2013	100.00	39.55	23.19	37.26
2014	100.00	39.54	21.66	38.80
2015	100.00	33.32	19.61	47.07
2016	100.00	34.13	17.04	48.83
2017	100.00	32.59	16.38	51.02
2018	100.00	30.92	14.79	54.30
2019	100.00	32.27	15.08	52.64
2020	100.00	30.50	18.48	51.03
2021	100.00	31.32	18.20	50.47

2-19 上林县主要年份生产总值指数

（按可比价格计算，以上年为 100）

年 份	生产总值	第一产业	第二产业	第三产业
1951	109.2	110.0	108.3	108.8
1965	110.9	111.3	97.3	62.9
1978	114.0	108.1	126.5	132.8
1980	100.4	96.3	121.5	103.9
1985	86.3	77.2	121.7	114.4
1990	105.8	103.6	111.4	107.5
1991	113.5	107.6	115.3	123.9
1992	112.9	117.5	105.4	108.9
1993	102.8	95.4	140.6	98.4
1994	101.7	105.7	122.8	80.6
1995	101.2	100.2	98.3	106.5
1996	106.8	100.8	117.2	110.1
1997	116.3	114.4	115.3	121.1
1998	106.5	106.3	103.5	109.5
1999	105.0	103.0	106.6	107.1
2000	104.4	102.5	105.0	107.1
2001	104.7	103.3	100.2	109.9
2002	107.8	106.6	104.1	111.8
2003	107.4	105.0	121.6	104.3
2004	106.0	106.9	107.1	103.5
2005	107.6	106.0	112.8	107.2
2006	110.7	109.0	113.6	111.1
2007	115.2	106.7	125.0	120.0
2008	110.4	105.0	123.2	107.4
2009	104.4	99.8	99.4	114.3
2010	111.6	106.3	117.3	112.9
2011	108.4	102.3	119.5	107.3
2012	106.4	105.2	104.5	109.4
2013	108.7	104.9	112.9	109.3
2014	106.9	104.8	110.3	106.3
2015	107.0	103.6	109.4	108.4
2016	103.8	101.8	97.0	108.0
2017	105.6	104.1	99.8	108.8
2018	103.6	102.8	89.0	109.1
2019	107.6	107.1	114.4	106.1
2020	109.6	103.9	129.3	106.8
2021	107.6	111.0	102.0	107.6

2-20 上林县各时期生产总值平均指数

（按可比价格计算，以上年为 100）

时 期	生产总值	第一产业	第二产业	第三产业
恢复时期（1950-1952 年）	104.9	105.1	114.5	104.7
“一五”时期（1953-1957 年）	104.1	102.9	130.1	112.0
“二五”时期（1958-1962 年）	96.5	94.3	94.1	106.9
调整时期（1963-1965 年）	108.6	108.8	110.8	84.2
“三五”时期（1966-1970 年）	103.6	103.5	106.8	121.6
“四五”时期（1971-1975 年）	108.1	107.7	126.2	104.7
“五五”时期（1976-1980 年）	102.3	98.1	114.3	115.2
“六五”时期（1981-1985 年）	109.0	109.1	105.6	110.7
“七五”时期（1986-1990 年）	111.9	101.2	125.5	128.0
“八五”时期（1991-1995 年）	106.3	105.0	115.6	102.6
“九五”时期（1996-2000 年）	107.7	105.3	109.4	110.9
“十五”时期（2001-2005 年）	106.7	105.5	108.9	107.3
“十一五”时期（2006-2010 年）	110.4	105.3	115.3	113.1
“十二五”时期（2011-2015 年）	107.5	104.2	111.2	108.1
“十三五”时期（2016-2020 年）	106.0	103.9	105.0	107.8
1951 年至 2021 年	106.3	103.9	112.6	109.8
1979 年至 2021 年	107.7	104.4	111.9	111.0
1993 年至 2021 年	107.0	104.6	110.6	107.7

2-21 宾阳县主要年份生产总值

（按当年价格计算）　　单位：万元

年 份	生产总值	第一产业	第二产业	第三产业
1950	1104	873	82	149
1965	4915	3273	692	950
1978	17179	10385	2514	4280
1980	18504	10820	2624	5060
1985	37507	23285	7741	6481
1990	57140	32925	16251	7964
1991	73981	33258	19235	21488
1992	83599	37236	22255	24108
1993	117440	47222	40089	30129
1994	159806	65305	55536	38965
1995	187576	80338	56221	51017
1996	212482	90587	63589	58306
1997	220185	92024	64539	63622
1998	231395	93508	69887	68000
1999	231655	94285	62778	74592
2000	232591	90922	59639	82030
2001	261909	92456	74232	95221
2002	294093	98389	87133	108571
2003	354618	102774	114609	137235
2004	434304	119321	159134	155849
2005	520234	151038	196020	173176
2006	592612	164269	231116	197227
2007	698957	199648	269174	230135
2008	822741	228131	320165	274445
2009	888748	235731	351918	301099
2010	1128954	279286	469734	379934
2011	1375181	357612	565307	452262
2012	1401260	375979	529109	496172
2013	1571698	406284	578723	586690
2014	1730158	419340	651189	659628
2015	1787736	437002	566674	784061
2016	1983100	486167	581393	915540
2017	2217124	507481	640074	1069569
2018	2484206	522279	734014	1227913
2019	2719591	587936	803727	1327928
2020	2799583	609525	831909	1358150
2021	3155389	709533	943543	1502313

2-22 宾阳县主要年份生产总值构成

（按当年价格计算） 单位：%

年 份	生产总值	第一产业	第二产业	第三产业
1950	100.00	79.08	7.43	13.49
1965	100.00	66.59	14.08	19.33
1978	100.00	60.45	14.63	24.92
1980	100.00	58.47	14.18	27.35
1985	100.00	62.08	20.64	17.28
1990	100.00	57.62	28.44	13.94
1991	100.00	44.95	26.00	29.05
1992	100.00	44.54	26.62	28.84
1993	100.00	40.21	34.14	25.65
1994	100.00	40.87	34.75	24.38
1995	100.00	42.83	29.97	27.20
1996	100.00	42.63	29.93	27.44
1997	100.00	41.79	29.31	28.90
1998	100.00	40.41	30.20	29.39
1999	100.00	40.70	27.10	32.20
2000	100.00	39.09	25.64	35.27
2001	100.00	35.30	28.34	36.36
2002	100.00	33.46	29.63	36.91
2003	100.00	28.98	32.32	38.70
2004	100.00	27.47	36.64	35.89
2005	100.00	29.03	37.68	33.29
2006	100.00	27.72	39.00	33.28
2007	100.00	28.56	38.51	32.93
2008	100.00	27.73	38.91	33.36
2009	100.00	26.52	39.60	33.88
2010	100.00	24.74	41.61	33.65
2011	100.00	26.00	41.11	32.89
2012	100.00	26.83	37.76	35.41
2013	100.00	25.85	36.82	37.33
2014	100.00	24.24	37.64	38.12
2015	100.00	24.44	31.70	43.86
2016	100.00	24.52	29.32	46.17
2017	100.00	22.89	28.87	48.24
2018	100.00	21.02	29.55	49.43
2019	100.00	21.62	29.55	48.83
2020	100.00	21.77	29.72	48.51
2021	100.00	22.49	29.90	47.61

2-23 宾阳县主要年份生产总值指数

（按可比价格计算，以上年为 100）

年 份	生产总值	第一产业	第二产业	第三产业
1951	117.1	115.0	131.7	118.6
1965	109.4	107.9	115.8	112.7
1978	115.1	115.3	115.0	114.5
1980	108.6	113.5	114.2	93.1
1985	128.3	133.0	133.0	104.3
1990	104.2	106.5	117.6	94.5
1991	106.9	103.6	113.6	107.0
1992	108.1	104.5	113.7	109.3
1993	110.5	105.9	118.8	110.1
1994	109.4	104.8	117.8	108.0
1995	108.9	108.1	106.3	113.1
1996	110.5	107.7	114.1	110.7
1997	107.9	105.9	108.8	109.7
1998	107.4	105.8	109.0	107.8
1999	106.0	104.2	103.3	111.5
2000	102.0	96.4	101.0	110.3
2001	107.9	102.6	112.0	110.7
2002	109.7	106.8	114.2	109.5
2003	113.8	104.4	117.9	120.1
2004	110.1	105.7	118.7	108.1
2005	114.1	113.2	117.5	112.1
2006	111.0	109.5	113.0	110.2
2007	112.9	108.2	115.7	113.7
2008	110.6	106.8	111.3	113.1
2009	109.6	103.0	112.6	111.3
2010	120.4	106.7	125.4	124.3
2011	113.9	107.3	118.6	112.9
2012	107.7	104.8	110.0	106.6
2013	109.3	105.1	113.2	107.2
2014	108.0	103.4	108.1	110.8
2015	108.8	103.9	106.7	114.5
2016	108.5	105.4	103.3	114.1
2017	108.5	103.7	106.1	112.5
2018	108.2	103.2	107.4	111.0
2019	106.0	103.6	109.2	105.1
2020	103.4	104.3	107.3	100.6
2021	107.9	109.4	107.3	107.5

2-24 宾阳县各时期生产总值平均指数

（按可比价格计算，以上年为 100）

时 期	生产总值	第一产业	第二产业	第三产业
恢复时期（1950-1952 年）	118.8	114.5	148.4	118.6
“一五”时期（1953-1957 年）	112.5	113.1	111.7	110.7
“二五”时期（1958-1962 年）	106.6	108.4	95.0	107.5
调整时期（1963-1965 年）	112.9	113.0	119.8	108.2
“三五”时期（1966-1970 年）	107.3	107.3	103.7	110.1
“四五”时期（1971-1975 年）	111.1	111.1	113.1	110.1
“五五”时期（1976-1980 年）	103.3	99.1	117.7	109.1
“六五”时期（1981-1985 年）	116.3	116.6	124.0	106.1
“七五”时期（1986-1990 年）	105.1	93.6	114.2	123.2
“八五”时期（1991-1995 年）	108.8	105.4	114.0	109.5
“九五”时期（1996-2000 年）	106.7	103.9	107.1	110.0
“十五”时期（2001-2005 年）	111.1	106.5	116.0	112.0
“十一五”时期（2006-2010 年）	112.8	106.8	115.5	114.4
“十二五”时期（2011-2015 年）	109.5	104.9	111.3	110.4
“十三五”时期（2016-2020 年）	106.9	104.0	106.6	108.5
1951 年至 2021 年	109.4	106.6	112.8	110.9
1979 年至 2021 年	109.0	104.5	113.4	111.1
1993 年至 2021 年	109.4	105.5	111.4	110.9

2-25 横州市主要年份生产总值

（按当年价格计算）

单位：万元

年份	生产总值	第一产业	第二产业	第三产业
1950	2545	2327	115	103
1965	8027	4033	2540	1454
1978	24204	14749	7107	2348
1980	26146	15527	7334	3285
1985	40663	23746	10827	6090
1990	89305	44969	22192	22144
1991	103261	51189	25027	27045
1992	119391	57465	29032	32894
1993	170404	70668	55506	44230
1994	224688	97339	69744	57605
1995	262239	124194	65074	72971
1996	287040	140137	58408	88495
1997	321477	157297	61787	102393
1998	322694	155913	57645	109136
1999	318133	148457	53283	116393
2000	318352	148626	44415	125311
2001	324768	141005	46378	137385
2002	353303	142135	60888	150280
2003	383406	147166	96675	139565
2004	435213	168671	107689	158853
2005	538036	223947	134627	179462
2006	647019	249125	181085	216809
2007	809990	302345	237571	270074
2008	980181	337257	327165	315759
2009	1136532	358537	405184	372811
2010	1348911	424495	496008	428408
2011	1762178	534026	698445	529707
2012	2226099	569227	1079757	577115
2013	2496785	608449	1212669	675667
2014	2486787	650484	1077301	759002
2015	2394452	649570	985732	759149
2016	2517826	638332	988027	891466
2017	2784744	696177	1055660	1032907
2018	3110018	730970	1197769	1181279
2019	3288958	770895	1249755	1268308
2020	3204449	862647	999201	1342601
2021	3544277	989703	1070224	1484349

2-26 横州市主要年份生产总值构成

（按当年价格计算）

单位：%

年份	生产总值	第一产业	第二产业	第三产业
1950	100.00	91.43	4.52	4.05
1965	100.00	50.24	31.64	18.12
1978	100.00	60.94	29.36	9.70
1980	100.00	59.39	28.05	12.56
1985	100.00	58.40	26.63	14.97
1990	100.00	50.35	24.85	24.80
1991	100.00	49.57	24.24	26.19
1992	100.00	48.13	24.32	27.55
1993	100.00	41.47	32.57	25.96
1994	100.00	43.32	31.04	25.64
1995	100.00	47.36	24.81	27.83
1996	100.00	48.82	20.35	30.83
1997	100.00	48.93	19.22	31.85
1998	100.00	48.32	17.86	33.82
1999	100.00	46.67	16.75	36.58
2000	100.00	46.69	13.95	39.36
2001	100.00	43.42	14.28	42.30
2002	100.00	40.23	17.23	42.54
2003	100.00	38.38	25.21	36.41
2004	100.00	38.76	24.74	36.50
2005	100.00	41.62	25.02	33.36
2006	100.00	38.50	27.99	33.51
2007	100.00	37.33	29.33	33.34
2008	100.00	34.41	33.38	32.21
2009	100.00	31.55	35.65	32.80
2010	100.00	31.47	36.77	31.76
2011	100.00	30.30	39.64	30.06
2012	100.00	25.57	48.50	25.93
2013	100.00	24.37	48.57	27.06
2014	100.00	26.16	43.32	30.52
2015	100.00	27.13	41.17	31.70
2016	100.00	25.35	39.24	35.41
2017	100.00	25.00	37.91	37.09
2018	100.00	23.50	38.51	37.98
2019	100.00	23.44	38.00	38.56
2020	100.00	26.92	31.18	41.90
2021	100.00	27.92	30.20	41.88

2-27 横州市主要年份生产总值指数

（按可比价格计算，以上年为100）

年 份	生产总值	第一产业	第二产业	第三产业
1951	113.4	112.4	114.3	138.8
1965	118.4	119.8	125.1	97.3
1978	115.1	112.1	115.7	132.0
1980	103.8	104.2	105.9	97.4
1985	92.3	91.0	88.1	107.3
1990	110.8	112.7	111.1	108.4
1991	105.8	103.1	102.8	114.4
1992	115.8	116.3	112.1	118.4
1993	114.7	103.9	139.8	112.7
1994	104.7	98.3	111.7	107.9
1995	110.6	117.3	101.3	110.8
1996	106.5	110.5	91.2	115.6
1997	112.6	113.8	104.9	116.8
1998	105.0	104.6	99.1	109.8
1999	104.2	101.6	104.1	107.9
2000	100.5	102.3	84.1	108.0
2001	103.4	100.3	97.2	109.4
2002	107.7	102.0	125.4	108.2
2003	106.7	102.1	150.2	94.3
2004	107.1	109.2	97.5	110.6
2005	113.3	109.8	121.0	112.7
2006	117.9	112.3	128.3	117.2
2007	117.3	109.3	126.1	119.7
2008	113.6	103.4	128.6	111.7
2009	115.9	103.9	123.8	120.0
2010	112.4	105.3	118.2	112.7
2011	120.1	107.9	133.2	116.9
2012	117.3	104.6	134.7	105.9
2013	110.7	104.9	115.3	108.3
2014	103.4	104.5	98.8	110.7
2015	106.2	104.9	104.6	109.9
2016	105.0	99.9	101.2	114.2
2017	106.8	104.4	103.7	112.1
2018	106.7	106.2	103.6	110.3
2019	104.1	103.3	104.3	104.4
2020	94.9	101.8	82.4	102.5
2021	105.4	106.6	102.1	107.0

2-28 横州市各时期生产总值平均指数

（按可比价格计算，以上年为 100）

时 期	生产总值	第一产业	第二产业	第三产业
恢复时期（1950–1952 年）	108.8	107.3	120.7	124.1
“一五”时期（1953–1957 年）	106.0	103.0	119.4	124.7
“二五”时期（1958–1962 年）	100.1	95.4	114.6	106.9
调整时期（1963–1965 年）	112.4	108.8	127.6	99.1
“三五”时期（1966–1970 年）	109.6	111.8	106.7	107.0
“四五”时期（1971–1975 年）	110.3	112.3	106.8	107.9
“五五”时期（1976–1980 年）	107.1	102.0	111.2	114.5
“六五”时期（1981–1985 年）	101.9	99.2	103.7	107.7
“七五”时期（1986–1990 年）	111.2	105.6	109.1	125.7
“八五”时期（1991–1995 年）	110.2	107.5	112.7	112.8
“九五”时期（1996–2000 年）	105.7	106.4	96.3	111.6
“十五”时期（2001–2005 年）	107.6	104.6	116.7	106.8
“十一五”时期（2006–2010 年）	115.4	106.8	125.0	116.2
“十二五”时期（2011–2015 年）	111.4	105.4	116.4	110.3
“十三五”时期（2016–2020 年）	103.4	103.1	98.7	108.6
1951 年至 2021 年	107.9	105.1	111.4	112.2
1979 年至 2021 年	108.0	104.6	109.0	112.2
1993 年至 2021 年	108.6	105.4	110.4	110.5

2-29 各县（市）主要年份人均生产总值

（按当年价格计算）

单位：元

年 份	隆安县	马山县	上林县	宾阳县	横州市
1950	52	63	95	29	56
1965	56	101	126	102	136
1978	225	122	156	254	306
1980	231	130	161	263	321
1985	340	166	322	487	456
1990	644	367	730	679	931
1991	640	404	828	860	1059
1992	854	438	926	961	1209
1993	1183	544	1141	1336	1704
1994	1497	673	1620	1789	2220
1995	1825	1008	1812	2066	2562
1996	2184	1094	1966	2317	2784
1997	2284	1353	2098	2378	3101
1998	2441	1622	2215	2481	3096
1999	2383	1740	2314	2463	3041
2000	2464	1812	2361	2436	3014
2001	2758	1893	2449	2711	3044
2002	3067	2048	2622	3026	3298
2003	2259	2563	2560	3626	3565
2004	4091	2785	2949	4429	4025
2005	5047	3105	3567	5256	4929
2006	5943	3646	4137	5913	5788
2007	7320	4236	4853	6883	7074
2008	8604	4910	5528	7983	8454
2009	8590	5257	5664	8588	9703
2010	9774	5827	6565	10835	11347
2011	12095	7216	7969	13138	14617
2012	12257	7336	8212	13465	18379
2013	13378	7945	9178	15093	20349
2014	18664	11698	13296	21626	28163
2015	22366	15224	16338	22493	27126
2016	23448	16737	17404	24876	28373
2017	25635	18396	18844	27768	31245
2018	26533	19985	19952	31066	34780
2019	29371	22324	22593	33957	36717
2020	30703	23504	25195	34908	35732
2021	34323	24766	28238	39154	39346

注：1. 从2010年开始，各县（市）的人均生产总值根据常住人口口径计算。

2. 2015-2020 年各县（市）人均生产总值依据第四次全国经济普查以及第七次全国人口普查修订数据进行了相应修订。

2-30 各县（市）生产总值

（2021 年，按当年价格计算）　　单位：万元

指标名称	隆安县	马山县	上林县	宾阳县	横州市
地区生产总值	**1121151**	**951749**	**1019946**	**3155389**	**3544277**
农、林、牧、渔业	495625	298998	320198	716043	1011445
工业	171806	76203	64390	622985	848237
建筑业	75539	86572	121560	322497	223162
批发和零售业	27491	37595	36856	238460	220378
批发业	5951	2726	5495	35196	113270
零售业	21540	34869	31361	203264	107108
交通运输、仓储和邮政业	23391	41151	21952	228109	159936
住宿和餐饮业	5822	9343	8814	46760	38639
住宿业	595	562	991	4052	1993
餐饮业	5227	8781	7824	42708	36646
金融业	53781	40459	48892	106310	121682
房地产业	74321	97214	87856	243712	326467
房地产业（k）	1583	2187	3776	41605	23203
居民自有住房折旧	72739	95027	84079	202107	303265
其他服务业	193376	264214	309428	630513	594330
营利性服务业	20029	29051	36736	132671	178546
非营利性服务业	173347	235162	272692	497842	415784
第一产业	488701	298512	319489	709533	989703
第二产业	247124	162016	185674	943543	1070224
第三产业	385327	491221	514783	1502313	1484349
人均生产总值（元）	34323	24766	28238	39154	39346

2-31 各县（市）生产总值指数

（2021 年，按可比价格计算，以上年为 100）

指标名称	隆安县	马山县	上林县	宾阳县	横州市
地区生产总值	**107.9**	**107.4**	**107.6**	**107.9**	**105.4**
农、林、牧、渔业	110.6	107.7	111.0	109.4	106.6
工业	108.5	108.0	101.9	109.2	101.4
建筑业	96.2	104.4	102.1	104.1	105.5
批发和零售业	106.0	110.0	103.4	112.3	99.9
批发业	97.3	97.7	89.3	105.2	93.1
零售业	108.5	111.0	106.2	113.6	107.8
交通运输、仓储和邮政业	114.4	108.4	107.5	106.6	116.2
住宿和餐饮业	109.1	115.7	116.9	113.0	106.5
住宿业	94.4	110.9	113.0	111.7	93.9
餐饮业	111.1	116.0	117.4	113.2	107.3
金融业	107.9	108.2	107.4	104.6	108.6
房地产业	103.1	103.2	102.0	105.3	103.5
房地产业（k）	81.6	86.0	74.2	113.8	100.6
居民自有住房折旧	103.7	103.7	103.7	103.7	103.7
其他服务业	107.0	108.6	109.6	106.8	109.4
营利性服务业	103.3	101.9	107.5	102.9	113.9
非营利性服务业	107.4	109.5	109.9	107.9	107.7
第一产业	110.6	107.7	111.0	109.4	106.6
第二产业	104.5	106.0	102.0	107.3	102.1
第三产业	106.8	107.7	107.6	107.5	107.0
人均生产总值	106.9	107.2	107.1	107.4	104.9

2-32 各县（市）财政收入相当于地区生产总值的比例

单位：%

年 份	隆安县	马山县	上林县	宾阳县	横州市
1950	16.39	0.45	0.00	3.08	9.31
1965	16.12	8.08	6.28	10.32	8.35
1978	7.72	5.99	5.07	4.76	4.86
1980	8.60	4.70	5.32	5.44	6.38
1985	7.02	8.68	3.86	5.44	7.79
1990	8.94	6.73	5.87	10.81	8.32
1991	8.92	5.84	5.43	9.24	7.49
1992	6.92	5.98	5.01	8.59	7.20
1993	9.12	6.28	6.31	10.01	8.58
1994	9.49	9.62	5.09	8.63	7.67
1995	9.45	8.37	3.19	8.90	7.25
1996	8.69	8.61	3.64	8.02	6.29
1997	8.54	8.08	4.35	8.11	7.33
1998	9.43	7.45	5.13	8.34	7.61
1999	10.71	7.52	7.10	9.14	8.02
2000	11.24	7.58	7.18	9.38	8.17
2001	9.96	6.47	6.35	8.09	7.16
2002	10.92	6.75	6.65	9.15	7.31
2003	10.06	5.70	7.67	7.34	7.35
2004	8.63	5.75	7.47	6.91	7.06
2005	7.70	6.12	6.82	6.74	6.56
2006	7.01	5.92	6.61	0.63	6.44
2007	7.20	5.73	6.49	5.89	5.93
2008	6.66	5.85	6.65	6.10	5.93
2009	6.61	6.23	6.59	6.79	6.25
2010	7.19	6.98	7.08	7.17	6.54
2011	7.03	6.71	7.00	7.46	6.25
2012	8.65	8.25	8.62	9.21	7.74
2013	8.47	7.39	8.16	8.94	6.04
2014	8.96	7.04	8.56	9.01	6.75
2015	7.98	5.67	7.80	9.64	7.64
2016	6.26	5.17	6.54	8.79	7.30
2017	6.18	4.82	6.41	8.31	7.39
2018	6.36	4.63	6.38	7.95	6.54
2019	5.59	4.28	5.97	7.40	5.94
2020	5.39	4.01	5.77	5.55	5.24
2021	5.10	4.10	5.50	4.98	5.11

2-33 各城区生产总值

（2021 年，按当年价格计算）　　单位：万元

指标名称	市 区	兴宁区	青秀区	江南区	西乡塘区	良庆区	邕宁区	武鸣区
地区生产总值	**41416919**	**3937648**	**13247698**	**5695344**	**8935193**	**4341405**	**1709520**	**3542611**
农、林、牧、渔业	3333588	175540	257216	350823	427775	327040	409010	1384185
工业	4664818	137032	134861	1191863	1615236	802300	259214	522811
建筑业	4730886	483893	1130769	788597	912159	868547	200969	345952
批发和零售业	3599908	451853	731861	662059	1248756	339350	56260	109769
批发业	1607085	127748	324438	280638	705179	125980	9641	33462
零售业	1992823	324105	407423	381421	543578	213370	46619	76307
交通运输、仓储和邮政业	2522885	129487	1049827	599251	381073	94310	23269	244668
住宿和餐饮业	1228616	250111	338308	102673	447918	42124	10654	36829
住宿业	179805	34498	65229	12055	57908	6445	947	2722
餐饮业	1048812	215613	273078	90618	390010	35679	9707	34107
金融业	5715537	787315	3172737	459734	979467	136781	41242	138260
房地产业	4580591	441581	1501021	569302	454997	969229	433780	208680
房地产业（k）	3087757	255192	1110685	337018	242125	798104	312507	30124
居民自有住房折旧	1492834	186389	390336	232284	212872	171125	121273	178556
其他服务业	11040090	1080835	4931098	971043	2467812	761725	275121	551456
营利性服务业	5443813	487914	2681960	507321	1092236	460708	53624	160049
非营利性服务业	5596278	592920	2249138	463722	1375575	301017	221497	391408
第一产业	3261670	173630	229051	343479	419679	325333	406785	1361714
第二产业	9379017	620509	1262419	1979388	2523345	1665750	458577	867530
第三产业	28776231	3143510	11756228	3372478	5992169	2350322	844158	1313367
人均生产总值（元）	68870	63470	117148	57211	54082	73304	50992	51536

2-34 各城区生产总值指数

（2021 年，按可比价格计算，以上年为 100）

指标名称	市 区	兴宁区	青秀区	江南区	西乡塘区	良庆区	邕宁区	武鸣区
地区生产总值	**105.9**	**105.6**	**106.1**	**105.1**	**107.2**	**102.3**	**102.0**	**108.9**
农、林、牧、渔业	107.4	106.4	104.6	106.1	110.7	105.0	105.1	108.1
工业	107.0	99.8	118.0	109.9	105.0	109.0	95.6	108.5
建筑业	101.7	98.7	100.7	103.0	99.9	99.6	114.1	111.6
批发和零售业	108.1	110.1	108.5	98.6	110.0	119.4	106.1	108.0
批发业	104.0	95.4	105.2	92.7	112.0	100.8	81.7	100.7
零售业	111.5	117.0	111.3	103.3	107.6	133.4	112.9	111.3
交通运输、仓储和邮政业	118.6	118.4	119.9	113.8	118.1	125.9	118.3	122.9
住宿和餐饮业	113.7	119.9	108.9	119.7	112.6	114.2	116.4	115.4
住宿业	105.4	104.0	104.7	110.8	104.3	111.6	108.5	129.9
餐饮业	115.3	122.9	110.0	121.0	113.9	114.7	117.3	114.3
金融业	103.0	103.0	103.0	103.0	103.0	102.8	103.1	104.1
房地产业	95.0	98.0	98.1	91.4	103.5	87.7	93.2	101.0
房地产业（k）	91.3	94.3	96.3	84.4	103.4	84.9	89.6	87.5
居民自有住房折旧	103.7	103.7	103.7	103.7	103.7	103.7	103.7	103.7
其他服务业	109.2	108.4	108.7	110.1	109.5	111.6	110.6	108.9
营利性服务业	110.6	109.6	109.6	111.6	111.8	114.6	113.5	108.7
非营利性服务业	107.9	107.3	107.7	108.4	107.7	107.8	109.9	109.0
第一产业	107.4	106.4	104.6	106.1	110.6	105.0	105.1	108.1
第二产业	104.3	99.0	102.3	107.1	103.0	103.9	102.7	109.7
第三产业	106.2	106.8	106.5	103.9	108.8	101.0	100.4	109.5
人均生产总值	103.5	102.9	103.6	102.3	105.2	99.4	100.3	107.2

三 人口

3-1 全市主要年份人口

年份	户籍总户数（户）	户籍总人口（人）				人口自然增长率（‰）	常住人口（万人）		城镇化率（%）
			男	女	城镇人口			城镇人口	
1950	203312	887405	438013	449392	157630				
1965	299085	1429352	732110	697242	412728	29.3			
1978	387853	1960454	1013310	947144	516796	16.4			
1980	410131	2055433	1059660	995773	576965	16.6			
1985	479524	2294642	1191771	1102871	703285	14.0			
1986	497956	2346191	1219054	1127137	732040	14.2			
1987	520280	2402548	1247705	1154843	775932	12.2			
1988	546451	2451770	1272979	1178791	815688	8.9			
1989	565288	2483593	1290928	1192665	835634	7.9			
1990	586171	2521885	1314990	1206895	851694	8.2			
1991	595112	2547957	1328493	1219464	871597	6.6			
1992	619613	2594228	1355291	1238937	917878	7.6			
1993	642254	2646075	1384775	1261300	958649	6.1			
1994	663893	2686557	1407350	1279207	995856	4.9			
1995	677603	2731908	1429732	1302176	1034903	5.4			
1996	702328	2779142	1454335	1324807	1073692	4.9			
1997	719455	2812025	1469086	1342939	1103802	4.7			
1998	744972	2846264	1485054	1361210	1142897	6.0			
1999	764494	2858711	1489427	1369284	1161833	5.8			
2000	1582100	6252697	3256917	2995780	1578160	6.1			
2001	1584300	6297521	3281911	3015601	1591821	4.9			
2002	1615500	6346838	3306515	3040323	1614238	5.1			
2003	1656644	6416736	3347842	3068894	1679929	6.5			
2004	1750997	6488450	3393652	3094798	1718176	7.9			
2005	1807185	6595402	3452663	3142739	1773200	8.5			
2006	1902477	6718928	3513115	3205813	1817485	11.2			
2007	1958717	6835117	3571952	3263165	1859508	10.5			
2008	2011573	6916874	3614759	3302115	1889351	10.5			
2009	2062411	6978957	3647913	3331044	1908770	8.2			
2010	2113500	7073720	3698242	3375478	1919790	5.5	667.22	351.22	52.6
2011	2145780	7114879	3719295	3395584	1929426	3.8	689.78	379.02	54.9
2012	2180344	7134979	3731114	3403865	1926150	4.6	708.42	401.62	56.7
2013	2198494	7244309	3792969	3451340		7.1	726.17	426.39	58.7
2014	2200923	7296565	3826517	3470048		7.0	744.70	445.46	59.8
2015	2223817	7402302	3875130	3527172	3262903	6.0	763.66	468.47	61.3
2016	2249585	7517446	3929997	3587449		6.2	787.05	493.61	62.7
2017	2257759	7568656	3944813	3623843	3324893	7.4	811.50	521.46	64.3
2018	2306799	7708223	4011052	3697171	3430769	7.0	833.27	548.12	65.8
2019	2360220	7819667	4062268	3757399	3531093	6.7	853.83	577.16	67.6
2020	2424639	7913770	4104693	3809077	3684505	7.6	875.25	603.10	68.9
2021	2616413	8009409	4146541	3862868	3795533	4.9	883.28	616.40	69.8

注：1.2000年以后数据为行政区划调整后大南宁范围口径的数据，其余年份为原南宁口径的数据。

2. 本表人口自然增长率按公安户籍人口统计报表中的本年出生人口计算，下同。

3-2 全市户籍人口数

指标名称	单位	2021年	2020年
总户数	户	**2616413**	**2424639**
总人口数	人	**8009409**	**7913770**
#男性人口	人	4146541	4104693
女性人口	人	3862868	3809077
年平均人口	人	7961590	7866719
城镇人口	人	3795533	3684505
乡村人口	人	4213876	4229265
出生人数	人	63192	86329
出生率	‰	7.89	10.97
死亡人数	人	23636	26836
死亡率	‰	2.95	3.41
自然增长人数	人	39556	59493
自然增长率	‰	4.94	7.56
迁入人数	人	176219	202514
迁出人数	人	117446	137514
机械增长人数	人	58773	65000
机械增长率	‰	7.38	8.26

注：1. 本表的出生率、死亡率、人口自然增长率按户籍人口统计的本年出生数、本年死亡人数计算，下同。
2. 本表的出生人数、死亡人数为当年出生和死亡人口。

3-3 全市户籍人口分地区统计

（2021 年）

单位：户、人

县（市、区）	总户数	总人口	按性别分		城镇人口	乡村人口
			男性	女性		
全市	**2616413**	**8009409**	**4146541**	**3862868**	**3795533**	**4213876**
市区	**1428398**	**4199780**	**2115290**	**2084490**	**2756432**	**1443348**
兴宁区	135585	393190	193892	199298	286171	107019
青秀区	297055	861724	422718	439006	739101	122623
江南区	209434	596404	298309	298095	428542	167862
西乡塘区	291390	856362	425164	431198	677009	179353
良庆区	117277	367976	187466	180510	210816	157160
邕宁区	119789	394144	207226	186918	193909	200235
武鸣区	257868	729980	380515	349465	220884	509096
隆安县	123978	420519	224340	196179	92235	328284
马山县	163771	569489	301220	268269	105057	464432
上林县	160614	499651	264220	235431	103981	395670
宾阳县	325651	1050573	565211	485362	340139	710434
横州市	414001	1269397	676260	593137	397689	871708

3-4 全市户籍人口分年龄统计

（2021 年）

单位：人

县（市、区）	总人口	按年龄分			
		18 岁以下	18-34 岁	35-59 岁	60 岁以上
全市	**8009409**	**1935028**	**1681000**	**3104072**	**1289309**
市区	**4199780**	**1051545**	**808249**	**1652751**	**687235**
兴宁区	393190	102145	70619	153645	66781
青秀区	861724	229946	149144	348409	134225
江南区	596404	155765	114185	232313	94141
西乡塘区	856362	198698	155373	339241	163050
良庆区	367976	111883	80908	132965	42220
邕宁区	394144	101157	91251	146593	55143
武鸣区	729980	151951	146769	299585	131675
隆安县	420519	100217	84205	167116	68981
马山县	569489	143040	127241	217145	82063
上林县	499651	110130	113723	194568	81230
宾阳县	1050573	230103	259957	397059	163454
横州市	1269397	299993	287625	475433	206346

3-5 全市户籍人口变动情况

（2021 年）　　单位：人

县（市、区）	出生人数	死亡人数	自然增长人数	迁入人数	迁出人数	机械增长人数
全市	**63192**	**23636**	**39556**	**176219**	**117446**	**58773**
市区	**37913**	**7381**	**30532**	**154267**	**78647**	**75620**
兴宁区	3794	483	3311	19930	9255	10675
青秀区	7747	943	6804	47483	25453	22030
江南区	5512	969	4543	23743	10822	12921
西乡塘区	6874	1007	5867	29112	19500	9612
良庆区	4751	655	4096	19944	4216	15728
邕宁区	3654	575	3079	8660	3060	5600
武鸣区	5581	2749	2832	5395	6341	−946
隆安县	2584	1716	868	2554	4063	−1509
马山县	3989	2284	1705	2548	5442	−2894
上林县	3545	2691	854	1787	3884	−2097
宾阳县	6917	4686	2231	5953	11614	−5661
横州市	8244	4878	3366	9110	13796	−4686

注：本表的出生人数、死亡人数为当年出生和死亡人口。

3-6 市区户籍人口数

指标名称	单位	2021年	2020年
总户数	户	**1428398**	**1331529**
总人口数	人	**4199780**	**4093156**
#男性人口	人	2115290	2069034
女性人口	人	2084490	2024122
年平均人口	人	4146468	4035450
城镇人口	人	2756432	2652714
乡村人口	人	1443348	1440442
出生人数	人	37913	49996
出生率	‰	9.03	12.39
死亡人数	人	7381	9627
死亡率	‰	1.76	2.39
自然增长人数	人	30532	40369
自然增长率	‰	7.27	10.00
迁入人数	人	154267	178821
迁出人数	人	78647	96012
机械增长人数	人	75620	82809
机械增长率	‰	18.24	20.52

注：本表的出生人数、死亡人数为当年出生和死亡人口。

3-7 各县（市）户籍人口数

（2021年）

指标名称	单位	隆安县	马山县	上林县	宾阳县	横州市
总户数	户	**123978**	**163771**	**160614**	**325651**	**414001**
总人口数	人	**420519**	**569489**	**499651**	**1050573**	**1269397**
#男性人口	人	224340	301220	264220	565211	676260
女性人口	人	196179	268269	235431	485362	593137
年平均人口	人	421217	570386	500319	1052249	1270952
城镇人口	人	92235	105057	103981	340139	397689
乡村人口	人	328284	464432	395670	710434	871708
出生人数	人	2584	3989	3545	6917	8244
出生率	‰	6.14	7.00	7.09	6.58	6.49
死亡人数	人	1716	2284	2691	4686	4878
死亡率	‰	4.08	4.01	5.39	4.46	3.84
自然增长人数	人	868	1705	854	2231	3366
自然增长率	‰	2.06	2.99	1.71	2.12	2.65
迁入人数	人	2554	2548	1787	5953	9110
迁出人数	人	4063	5442	3884	11614	13796
机械增长人数	人	-1509	-2894	-2097	-5661	-4686
机械增长率	‰	-3.58	-5.07	-4.19	-5.38	-3.69

注：本表的出生人数、死亡人数为当年出生和死亡人口。

3-8 主要年份全市城镇单位在岗职工人数及构成

年 份	在岗职工人数（人）	国有经济单位	城镇集体单位	其他经济单位	构成（%）		
					国有经济单位	城镇集体单位	其他经济单位
1950	4645						
1965	141718						
1978	316466						
1980	348858						
1981	365994	291928	74066		79.76	20.24	
1982	393866	320038	73828		81.26	18.74	
1983	388923	315746	73177		81.18	18.82	
1984	393707	319171	74536		81.07	18.93	
1985	406270	326815	79406	49	80.44	19.55	
1986	441427	341108	99973	346	77.27	22.65	
1987	457911	355604	101217	1090	77.66	22.10	
1988	474252	372567	99503	2182	78.56	20.98	
1989	483379	378469	101782	3128	78.30	21.06	0.65
1990	473944	400527	69077	4340	84.00	14.57	0.92
1991	496852	417411	74011	5430	84.01	14.90	1.09
1992	505474	424700	73863	6911	84.02	14.61	1.37
1993	517971	432101	69896	15974	83.42	14.00	3.08
1994	511592	431517	63237	16838	84.35	13.00	3.29
1995	500975	419903	63706	17366	83.82	12.72	3.47
1996	504483	423637	60769	20077	83.97	12.05	3.98
1997	498410	412593	55477	30340	82.78	11.00	6.09
1998	457129	347893	46047	63189	76.10	10.07	13.82
1999	434883	313178	40782	80923	72.01	9.38	18.61
2000	544799	409279	46455	89065	75.12	8.53	16.35
2001	524004	389988	44496	89520	74.43	8.49	17.08
2002	497509	345039	39573	112897	69.36	7.95	22.69
2003	506235	353927	35024	117284	69.91	6.92	23.00
2004	542585	363721	32842	146022	67.00	6.00	27.00
2005	583660	369442	23797	190421	63.00	4.00	33.00
2006	581428	356460	19434	205534	61.31	3.34	35.35
2007	604935	360783	20196	223956	59.63	3.34	37.02
2008	616998	357166	17789	242043	57.89	2.88	39.23
2009	640175	362807	13656	263712	56.67	2.13	41.19
2010	661866	362021	13411	286434	54.69	2.03	43.28
2011	666720	382765	11357	272598	57.41	1.70	40.89
2012	674362	379053	10569	284740	56.21	1.57	42.22
2013	686534	363632	9771	313131	52.97	2.69	45.61
2014	722808	364801	8653	349354	50.47	2.37	48.33
2015	733478	332957	8259	392262	45.39	1.13	53.48
2016	734898	336374	8004	390520	45.86	1.09	53.24
2017	724807	326268	7407	391132	45.01	1.02	53.96
2018	734321	320686	6704	406931	44.24	0.92	56.14
2019	784033	346380	6824	430829	47.79	0.94	59.44
2020	783749						
2021	848241						

注：本篇“城镇单位”2014年后均指城镇非私营单位，下同。

3-9 主要年份全市城镇单位在岗职工工资总额及平均工资

年 份	在岗职工工资总额（万元）				在岗职工年平均工资（元/人）			
		国有经济单位	城镇集体单位	其他经济单位		国有经济单位	城镇集体单位	其他经济单位
1950	157				338			
1965	7289				539			
1978	17231				565			
1980	24735				730			
1981	26943	22465	4478		746	780	611	
1982	30422	25370	5052		791	811	706	
1983	31673	26383	5290		818	841	722	
1984	37673	31578	6095		963	1010	776	
1985	42058	34452	7601	5	1051	1074	958	2083
1986	55807	45152	10628	27	1292	1359	1069	1421
1987	63803	51904	11727	172	1428	1499	1179	1610
1988	78020	63716	13992	312	1685	1755	1423	1859
1989	84956	68826	15620	510	1784	1850	1543	1749
1990	98238	85247	12200	791	2111	2173	1765	1942
1991	112323	96853	14324	1146	2331	2385	2029	2234
1992	135093	117682	15870	1541	2720	2820	2174	2453
1993	192696	164018	21759	6919	3786	3863	3170	4386
1994	250214	217510	24695	8009	4976	5136	3925	4864
1995	281024	241990	28661	10373	5668	5835	4514	5907
1996	300874	257886	30801	12187	6009	6159	4957	6144
1997	321010	270037	31518	19455	6508	6605	5718	6651
1998	334839	265276	25626	43937	7315	7580	5649	7040
1999	353051	261468	25622	65961	8077	8303	6225	8142
2000	445883	339842	28724	77318	8185	8342	6062	8591
2001	502894	384613	32309	85973	9572	9867	7151	9507
2002	568118	416947	30413	120758	11363	11917	7718	10908
2003	668976	499260	31082	138634	13172	14082	8870	11721
2004	829568	611737	31265	186566	15447	16969	9753	12914
2005	985557	690902	26776	267879	17520	19202	11326	14960
2006	1177159	814083	24108	338968	20650	23225	12277	16958
2007	1479269	1033933	28205	417130	24789	28796	13774	19204
2008	1798691	1221827	31603	545261	29377	34417	17937	22752
2009	2047363	1384938	27818	634608	32596	38599	20040	24846
2010	2427224	1614433	31857	780934	37042	44735	24955	27732
2011	2638622	1786349	34555	817718	40120	47418	30848	30313
2012	2940889	1905537	37477	997875	43847	48930	35002	35193
2013	3337032	1834375	34209	1468449	48188	50193	38077	46622
2014	4074039	2071677	37934	1964428	54826	56836	44050	53471
2015	4857782	2375128	38282	2444373	63820	70155	48458	59945
2016	5216656	2615948	37613	2563095	68560	77362	50920	63043
2017	5763215	2908728	39664	2814823	75481	87999	59207	68026
2018	6539357	3130255	33269	3375833	83452	96698	56764	76169
2019	7510813	3628058	38320	3844435	90986	102912	62362	84089
2020	8163735				97079			
2021	9342133				103013			

3–10 全市城镇非私营单位从业人员人数

（2021 年）

单位：人

指标名称	单位数（个）	从业人员年末人数					在岗职工年平均人数
			# 女性	在岗职工	劳务派遣人员	其他从业人员	
总计	**9065**	**1149061**	**469749**	**848241**	**216000**	**84819**	**840521**
农、林、牧、渔业	70	8046	2974	7234	119	693	7030
采矿业	7	72	21	72	0	0	85
制造业	615	103299	44101	95147	6383	1768	94915
电力、热力、燃气及水生产和供应业	72	60427	15565	57997	2292	137	58750
建筑业	246	228326	26048	52283	166135	9908	50031
批发和零售业	888	55680	30522	52365	1261	2055	52176
交通运输、仓储和邮政业	204	55036	13612	43704	2147	9185	43014
住宿和餐饮业	202	22387	13961	21866	219	303	21414
信息传输、软件和信息技术服务业	220	30582	10619	27086	829	2668	26392
金融业	175	75702	45662	40684	2364	32654	40441
房地产业	773	34331	15024	28788	5200	342	30583
租赁和商务服务业	668	77472	30706	60199	6399	10874	60063
科学研究和技术服务业	606	43911	15360	40981	1565	1364	39939
水利、环境和公共设施管理业	190	15998	8554	14734	799	465	14811
居民服务、修理和其他服务业	70	3642	2114	3177	320	145	3219
教育	1626	148018	96821	131629	8802	7588	128912
卫生和社会工作	526	77259	54189	74297	2161	801	72984
文化、体育和娱乐业	246	13678	6869	12543	258	877	12758
公共管理、社会保障和社会组织	1660	95194	37027	83456	8749	2989	83005

3-11 全市城镇非私营单位从业人员工资总额

（2021 年）

单位：万元

指标名称	从业人员工资总额	在岗职工工资总额	劳务派遣人员工资总额	其他人员工资总额	在岗职工年平均工资（元 / 人）
总计	**111407870**	**93421326**	**14335425**	**3651118**	**111147**
农、林、牧、渔业	632649	602638	4779	25232	85719
采矿业	6665	6665			78852
制造业	7612893	7163635	368526	80731	75474
电力、热力、燃气及水生产和供应业	7926850	7749003	172855	4992	131898
建筑业	17949251	5782423	11665767	501060	115576
批发和零售业	4447811	4322060	74518	51234	82836
交通运输、仓储和邮政业	4896453	4139924	129704	626824	96247
住宿和餐饮业	983028	958990	13573	10464	44784
信息传输、软件和信息技术服务业	3189535	3013456	68106	107973	114179
金融业	9328493	7941003	177859	1209632	196361
房地产业	3707167	3464887	228277	14003	113293
租赁和商务服务业	6008145	5212065	345223	450857	86776
科学研究和技术服务业	5569217	5360182	125525	83509	134210
水利、环境和公共设施管理业	1194778	1138866	38961	16951	76894
居民服务、修理和其他服务业	223236	200990	16295	5950	62446
教育	14458493	13902313	294028	262151	107844
卫生和社会工作	10996231	10746087	201238	48905	147239
文化、体育和娱乐业	1555035	1517352	13567	24116	118935
公共管理、社会保障和社会组织	10721941	10198786	396623	126531	122870

3-12 各县（市、区）城镇非私营单位年平均工资情况

（2021 年）　　　　单位：元

县（市、区）	从业人员平均工资	在岗职工平均工资（含劳务派遣）
南宁市	**97978**	**103013**
兴宁区	105452	110622
青秀区	111837	122199
江南区	84958	89730
西乡塘	111427	112971
良庆区	92357	98484
邕宁区	72572	73449
武鸣区	108249	110769
隆安县	83538	93790
马山县	85637	96062
上林县	84554	90431
宾阳县	84116	87763
横州市	76631	81084
高新区	99791	100528
经开区	76865	78192
东盟区	68030	69226

四 农业

4-1 全市主要年份农林牧渔业总产值

（按当年价格计算）

单位：万元

年 份	合 计	农 业	林 业	畜牧业	副 业	渔 业	服务业
1950	5596	3785	75	814	718	204	
1965	12602	8259	140	2317	1710	176	
1978	36029	25540	447	5228	4256	558	
1980	44588	31178	788	4326	7494	802	
1985	70586	43266	1618	18990	4840	1872	
1986	78390	49427	1794	19138	5601	2430	
1987	91989	59881	1805	22627	4750	2926	
1988	116437	73400	2027	32509	4576	3925	
1989	125320	75059	2330	38702	4618	4611	
1990	169865	111699	2681	42149	6551	6785	
1991	175633	109121	3150	47954	7958	7450	
1992	210826	133273	5048	54433	8203	9869	
1993	270146	169444	7684	72479	8118	12421	
1994	372063	246897	7906	95979		21281	
1995	465896	317943	6553	115373		26027	
1996	533484	352786	8056	141505		31137	
1997	620077	405089	10778	167764		36446	
1998	684870	447697	13885	183967		39321	
1999	720486	477719	14965	182088		45714	
2000	1377932	889321	29672	362916		96024	
2001	1407186	907068	28533	381030		90555	
2002	1455675	897032	37551	419320		84538	17134
2003	1519259	936298	44241	431564		89587	17569
2004	1798585	1025366	54055	593160		90556	35448
2005	2045862	1154289	59541	677600		96624	57808
2006	2384753	1311708	81098	804014		102827	85105
2007	2944579	1535416	108658	1057025		119032	124448
2008	3380719	1701526	115181	1276515		142870	144627
2009	3511968	1826447	132117	1240689		145047	167667
2010	4032427	2111841	187594	1376318		169229	187447
2011	5071561	2598349	258539	1796992		206679	211002
2012	5345172	2827673	268263	1789465		204323	255449
2013	5772670	3115745	290811	1849520		225971	290621
2014	6094853	3379373	284733	1854103		251312	325333
2015	6386212	3545515	285898	1935776		265617	353406
2016	6891485	3818375	310431	2125962		274368	362350
2017	7004068	3994748	367388	1975377		297169	369386
2018	7092330	4512727	364641	1734153		269214	211595
2019	8037403	5316254	398836	1803139		292314	226859
2020	8855069	5751429	466321	2089820		310460	237039
2021	9592050	5974397	559023	2437845		360086	260698

注：1.1994 年后副业产值并入种植业；2000 年以后为行政区划调整后的数据，其余年份为原南宁口径；从 2003 年起农业总产值含农林牧渔服务业产值。2. 2004-2007 年农林牧渔业总产值根据第二次农业普查数据进行了衔接修正。3.2018 年为根据第三次农业普查数据进行衔接修正，下同。

4-2 全市主要年份农林牧渔业总产值发展速度

（按可比价计算，上年为100） 单位：%

年 份	合 计	农 业	林 业	畜牧业	副 业	渔 业	服务业
1951	107.8	107.2	111.8	117.1	101.1	102.5	
1965	125.2	130.4	96.8	120.0	114.7	98.4	
1978	107.4	106.8	132.1	97.7	116.4	162.9	
1980	110.8	108.2	157.6	101.9	4256.0	114.1	
1985	103.6	102.7	99.5	119.7	84.2	102.4	
1986	107.0	107.2	118.0	99.0	120.0	112.1	
1987	105.8	106.9	109.2	107.7	91.1	117.2	
1988	99.4	99.1	92.9	104.0	91.1	107.7	
1989	109.0	111.5	114.7	107.7	91.6	102.6	
1990	115.5	117.0	98.7	111.7	109.1	135.0	
1991	99.8	94.4	102.7	114.9	105.4	105.8	
1992	120.5	124.7	126.5	110.6	102.1	130.1	
1993	113.2	112.4	125.6	113.3	98.7	133.0	
1994	108.9	112.3	99.6	112.2		127.4	
1995	109.2	109.0	84.6	110.4		118.3	
1996	104.9	101.4	110.3	112.1		115.4	
1997	113.4	114.6	109.4	110.3		114.4	
1998	112.1	112.5	115.2	110.2		114.6	
1999	113.6	116.1	102.0	108.7		108.5	
2000	100.7	97.4	105.0	109.5		104.5	
2001	102.9	101.8	108.9	106.2		98.8	
2002	117.3	113.4	148.4	124.1		108.8	
2003	102.9	99.7	137.1	106.7		105.4	102.0
2004	106.1	103.2	111.8	112.1		104.3	106.3
2005	108.6	109.5	112.1	117.4		105.7	105.8
2006	109.1	109.2	130.0	116.7		111.6	107.0
2007	107.7	107.4	120.2	106.7		109.6	106.8
2008	105.8	104.7	100.8	108.1		102.1	107.7
2009	105.8	104.4	111.7	105.5		108.3	118.3
2010	105.9	105.4	111.4	105.9		106.3	106.1
2011	106.0	105.6	122.3	104.2		107.2	105.4
2012	105.3	106.1	99.5	104.6		105.8	107.3
2013	104.7	105.7	100.3	102.5		107.4	111.4
2014	104.6	106.4	100.2	101.3		105.0	109.6
2015	104.2	103.6	103.6	102.0		103.8	110.2
2016	104.0	105.6	114.6	100.1		103.5	100.8
2017	103.9	103.5	117.2	101.6		106.5	108.1
2018	103.6	104.9	99.6	102.2		110.7	88.9
2019	104.3	107.7	112.7	94.3		100.8	103.4
2020	104.8	106.2	115.3	98.7		105.0	102.6
2021	108.4	105.2	107.3	117.9		104.1	109.0

注：2018年发展速度为根据第三次农业普查数据进行衔接修正后得到的增速，下同。

4–3 全市主要年份主要农产品产量

年 份	粮食产量（吨）	甘蔗产量（吨）	水果产量（吨）	肉类总产量（吨）	水产品产量（吨）
1950	198004	71282	4748	5490	5350
1965	319410	298784	8908	15915	3241
1978	590420	562171	24576	25752	4366
1980	670813	798831	31114	4256	4895
1985	551860	1339141	53925	29885	6939
1986	552903	1569850	93984	32396	8551
1987	590276	1633498	115847	35854	9790
1988	526325	1979810	110614	36833	10438
1989	624509	1958128	105346	39659	10705
1990	725954	2358841	120262	45934	14663
1991	548210	2559124	140926	53082	15383
1992	697128	3075803	164661	55278	21304
1993	744101	3413703	213470	61211	26550
1994	746956	3116366	272561	70388	33743
1995	779251	2908195	316342	77774	39509
1996	781201	2946903	281615	84889	46030
1997	801830	3267654	377862	95439	53290
1998	814459	3786929	395986	106962	60619
1999	796159	3373039	485971	115648	65333
2000	1847949	5885534	515447	333757	131888
2001	1711033	7382372	523893	349101	130396
2002	1804051	9111682	596258	364413	139641
2003	1753387	9279100	572372	385334	145468
2004	1700479	8586119	670431	419792	158829
2005	1810164	8609336	718249	464764	167330
2006	1996596	10536802	812826	486544	149128
2007	2001090	14369814	892798	502324	162075
2008	2018111	15062914	731100	548185	165581
2009	2091145	12263008	1045158	583071	180216
2010	2042253	10440083	1232941	607581	191702
2011	2070587	10636574	1420294	619621	205697
2012	2151398	11302193	1579305	645080	217438
2013	2234391	12369908	1705101	655301	232972
2014	2252668	12399757	1826919	659076	244635
2015	2254186	10853284	2139284	660196	254440
2016	2233587	11154659	2338025	650442	261172
2017	2168063	11615755	2483209	658062	274533
2018	2114181	11635979	2743696	657412	224202
2019	2054565	11818247	3369630	588034	219959
2020	2092837	10919356	4012153	570164	224889
2021	2115479	10496200	4539129	647313	234203

注：1. 2000年以后为行政区划调整后的数据，其余年份为原南宁口径。

2. 2018 年为根据第三次农业普查数据衔接后修正的数据，下同。

3. 由于农村统计报表制度改革，从 2018 年起水产品产量由农业部门提供数据，2020 年以后粮食、畜牧生产数据由国家统计局南宁调查队提供，下同。

4-4 全市农药、农用塑料薄膜、化肥、农机作业面积

指标名称	单 位	全 市	
		2021 年	2020 年
农用化肥施用量			
按实物量计算	吨	1458706	1385733
氮肥	吨	298381	390561
磷肥	吨	230902	266336
钾肥	吨	160209	183572
复合肥	吨	769213	545262
按折纯法计算	吨	556145	471697
氮肥	吨	118632	125759
磷肥	吨	41257	47211
钾肥	吨	90541	91929
复合肥	吨	305715	206798
农用塑料薄膜使用量	**吨**	**10266**	**12884**
# 地膜使用量	吨	7033	8318
地膜覆盖面积	公顷	101675	108146
农药使用量(按实物量计算)	**吨**	**13874**	**13696**
有效灌溉面积	**公顷**	**224489**	**223208**
农机作业情况			
机耕面积	公顷	713120	819012
机播面积	公顷	301657	361313
机收面积	公顷	429682	484038

4–5 全市农林牧渔业总产值

指标名称	2021年		2020年	
	可比价增速（%）	现行价（万元）	可比价增速（%）	现行价（万元）
农林牧渔业总产值	**8.4**	**9592050**	**4.8**	**8855069**
农业产值	**5.2**	**5974397**	**6.2**	**5751429**
主产品产值	5.3	5939984	6.2	5716531
粮食作物合计	1.0	759563	1.9	666652
经济作物合计	−3.9	988875	−6.4	867259
蔬菜（食用菌类）园艺作物	2.5	2490432	3.0	2069276
水果、饮料和香料	13.6	1658337	17.4	2064635
其他农作物	−7.2	42778	−5.3	48709
副产品产值	−1.4	34414	−3.6	34898
林业产值	**7.3**	**559023**	**15.3**	**466321**
林木的培育和种植	69.0	24304	−13.2	14262
全社会竹木采伐	9.3	436228	22.2	374908
林产品	−14.2	98491	−7.3	77152
牧业产值	**17.9**	**2437845**	**−1.3**	**2089820**
牛饲养	1.4	136094	6.8	120549
羊饲养	−0.1	11957	−2.2	11286
其他饲养（马驴骡）	−16.6	158	6.7	166
猪的饲养	40.7	860549	−10.4	988089
家禽的饲养	−2.1	619496	11.1	615726
活的畜禽产品	3.0	44874	8.6	41282
其他动物及产品	−6.2	764718	−9.9	312723
渔业产值	**4.1**	**360086**	**5.0**	**310460**
服务业产值	**9.0**	**260698**	**2.6**	**237039**

4-6 全市农业林牧渔业总产值及构成

（2021 年，按当年价计算）

县（市、区）	农林牧渔业总产值	农业	林业	牧业	渔业	服务业
总产值（万元）						
全市	**9592050**	**5974397**	**559023**	**2437845**	**360086**	**260698**
兴宁区	288555	155435	54004	44442	29741	4932
青秀区	407384	178214	41193	108121	14920	64934
江南区（本级）	432231	339547	13809	44534	17682	16659
西乡塘区（本级）	624264	382622	9175	192144	17946	22377
良庆区	498563	332615	62420	81809	16556	5164
邕宁区	631189	382235	32614	193601	16043	6696
武鸣区（本级）	1840148	1406522	92406	229684	58909	52627
隆安县	732293	546302	34429	108261	24443	18858
马山县	469932	256045	37902	160089	14579	1317
上林县	470347	288637	23392	127655	28821	1842
宾阳县	1424345	668488	55974	635728	47253	16903
横州市	1615391	955431	76719	472069	67189	43984
高新区	7021	5486	800		685	51
经开区	74879	34891	22831	11048	4084	2026
东盟经开区	75509	41927	1357	28661	1236	2328
构成（%）						
全市	**100.00**	**62.28**	**5.83**	**25.42**	**3.75**	**2.72**
兴宁区	100.00	53.87	18.72	15.40	10.31	1.71
青秀区	100.00	43.75	10.11	26.54	3.66	15.94
江南区（本级）	100.00	78.56	3.19	10.30	4.09	3.85
西乡塘区（本级）	100.00	61.29	1.47	30.78	2.87	3.58
良庆区	100.00	66.71	12.52	16.41	3.32	1.04
邕宁区	100.00	60.56	5.17	30.67	2.54	1.06
武鸣区（本级）	100.00	76.44	5.02	12.48	3.20	2.86
隆安县	100.00	74.60	4.70	14.78	3.34	2.58
马山县	100.00	54.49	8.07	34.07	3.10	0.28
上林县	100.00	61.37	4.97	27.14	6.13	0.39
宾阳县	100.00	46.93	3.93	44.63	3.32	1.19
横州市	100.00	59.15	4.75	29.22	4.16	2.72
高新区	100.00	78.14	11.39		9.76	0.72
经开区	100.00	46.60	30.49	14.75	5.45	2.71
东盟经开区	100.00	55.53	1.80	37.96	1.64	3.08

4-7 全市农作物播种面积和产量

项 目	2021年			2020年		
	播种面积（公顷）	单 产（公斤/公顷）	产 量（吨）	播种面积（公顷）	单 产（公斤/公顷）	产 量（吨）
农作物总播种面积	**972467**			**976167**		
粮食合计	**425540**	**4971**	**2115479**	**424440**	**4931**	**2092837**
稻 谷	267610	5521	1477485	269549	5480	1477092
早 稻	127530	5892	751451	127238	5878	747882
中 稻	2790	6564	18315	2715	6660	18083
晚 稻	137290	5155	707719	139596	5094	711127
小 麦	6	1408	8			
玉 米	114522	4910	562274	110230	4900	540134
其他谷物	320	1858	595			
豆类合计	21640	1530	33117	21604	1559	33686
大 豆	16600	1522	25265	15569	1536	23910
绿 豆	1800	1335	2403	2050	1324	2714
红小豆	140	1139	159			
其他杂豆	3100	1706	5289			
薯类	21442	1959	41999	22650	1818	41169
马铃薯	5776	2072	11969			
红 薯	15667	1917	30031	16774	1752	29389
经济作物播种面积	**546927**			**551727**		
油料作物	49072	3062	150241	50407	3033	152884
花 生	47841	3124	149461	48419	3126	151373
油菜籽	1072	410	440	1723	530	913
芝 麻	158	2121	335	265	2260	598
麻 类	87	3080	268	87	3103	270
甘 蔗	124415	84365	10496200	130350	83769	10919356
糖料蔗	122120	83723	10224164	127694	82916	10587918
果 蔗	2295	118531	272036	2656	124798	331438
中草药材	11655			11803		
蔬菜及食用菌	277642	25120	6974395	273035	24651	6730507
食用菌			137523			160280
瓜果类	44448	25392	1128601	45473	24555	1116589
其他农作物	**39607**			**40569**		
木 薯	15665	12644	198066	16866	12591	212351
红瓜籽	4	615	2			
青饲料	4227			4374		
饲 草	1707			1790		
绿 肥	5923			6189		
马 蹄	71	14966	1068	75	16377	1234
饲料用青贮玉米	34					
其 他	11976			11255		
年末桑园面积	**23275**			**30987**		

4-8 全市茶叶及水果生产情况

指标名称	单 位	全 市	
		2021 年	2020 年
茶叶合计	吨	**5341**	**4790**
园林水果合计	吨	**4539129**	**4012153**
梨	吨	7960	12791
#雪花梨	吨	339	328
柑橘类水果	吨	2501396	2020422
#柑	吨	2332526	1896285
橘	吨	39222	22748
橙	吨	46135	41046
柚	吨	82132	60284
热带水果	吨	1845392	1782821
#香蕉	吨	1183175	1218792
菠萝	吨	1360	1661
荔枝	吨	34618	30520
龙眼	吨	76232	69496
芒果	吨	30674	27131
火龙果	吨	397469	314452
百香果	吨	54548	59668
其他蕉	吨	62218	57375
其他热带水果	吨	5098	3727
其他水果	吨	184382	196120
#桃	吨	2362	2960
猕猴桃	吨	8	
葡萄	吨	20866	26753
红枣（按鲜枣计算）	吨	779	819
柿子（按鲜柿计算）	吨	8610	8955
李子	吨	5528	6622
其他	吨	146229	150010
食用坚果	吨	**17362**	**18541**
#板栗	吨	14246	16727
年末实有茶园面积	公顷	**2128**	**2693**
#当年采摘面积	公顷	2003	2587
年末果园面积	公顷	**150220**	**148371**
#梨 园	公顷	320	402
柑橘园	公顷	76781	72701
#柑 园	公顷	66144	64242
橘 园	公顷	3661	3128
橙 园	公顷	1589	1550
柚子园	公顷	4974	3635
蕉园	公顷	30527	30934
#香蕉园	公顷	27236	28006
菠萝园	公顷	119	104
荔枝园	公顷	6677	7015
龙眼园	公顷	6470	7557
芒果园	公顷	2511	2512
桃 园	公顷	223	222
猕猴桃园	公顷	0.31	3
葡萄园	公顷	1125	1302
枣 园	公顷	312	471
柿子园	公顷	373	237
李子园	公顷	509	458
火龙果园	公顷	12550	11676
百香果园	公顷	2215	3173
其他果园	公顷	9509	9604

4-9 全市林业生产情况

指标名称	单 位	全 市	
		2021 年	2020 年
营林情况			
造林面积	公顷	21136	16494
四旁（零星）植树	万株	953	86
未成林及中幼林抚育面积	公顷	58458	48086
育苗面积	公顷	646	837
全社会竹木采伐运输		–	
全社会木材采伐运输	万立方米	695	630
篙竹	万根	327	327
大杂竹	万根	1922	2700
小杂竹	吨	19937	58251
主要林产品产量		–	
油桐籽	吨	242	239
油茶籽	吨	748	207
天然松脂	吨	57849	66094
竹笋干	吨	2289	3141
八角	吨	6817	6909
桉叶油	吨		

4-10 全市畜牧业生产情况

项 目	计量单位	全 市	
		2021 年	2020 年
畜禽出栏			
猪	万头	432	319
牛	万头	15	15
山 羊	万头	17	17
家 禽	万只	17171	18240
鸡	万只	12937	14060
畜禽存栏			
牛	万头	40	44
猪	万头	266	229
#能繁殖母猪	万头	28	27
山 羊	万头	20	21
家 禽	万只	5888	6145
鸡	万只	4724	4792
其中：肉鸡	万只	4255	4369
蛋鸡	万只	433	423
畜禽产品产量			
肉类总产量	吨	647313	570164
猪肉	吨	342069	242213
牛肉	吨	15896	15687
羊肉	吨	2728	2683
禽肉	吨	275386	296796
#鸡	吨	191886	217458
兔肉	吨	514	674
其他肉产量	吨	3493	12112
禽蛋	吨	29785	28010
鸡蛋	吨	26640	24177
奶类产量	吨	13042	14603
蚕茧	吨	69434	75868

4-11 全市渔业生产情况

指标名称	计量单位	全市	
		2021 年	2020 年
水产品总产量	吨	**234203**	**224889**
淡水捕捞	吨	9670	10124
鱼 类	吨	8941	9352
甲壳（虾蟹）类	吨	393	434
贝 类	吨	258	317
其他类	吨	78	22
淡水养殖	吨	224533	214765
鱼 类	吨	216024	208158
虾蟹类	吨	1714	2235
贝 类	吨	988	516
其他类	吨	5807	3856

注：由于农村统计报表制度改革，从 2018 年起水产品产量由农业部门提供数据。

4-12 各县（市、区）农林牧渔业总产值

（2021 年）

指标名称	兴宁区		青秀区		江南区（本级）	
	可比价增速（%）	现行价（万元）	可比价增速（%）	现行价（万元）	可比价增速（%）	现行价（万元）
农林牧渔业总产值	**8.0**	**288555**	**4.9**	**407384**	**9.8**	**432231**
农业产值	**7.1**	**155435**	**-0.6**	**178214**	**7.9**	**339547**
主产品产值	7.2	155004	-0.6	176767	8.0	337306
粮食作物合计	1.8	17318	1.0	28205	1.1	23583
经济作物合计	-1.5	13385	-2.2	47638	0.5	76894
蔬菜（食用菌类）园艺作物	7.4	117071	-3.1	70813	5.7	162562
水果、饮料和香料	28.9	6177	5.4	29392	23.6	72755
其他农作物	-13.5	1054	-17.3	719	4.6	1512
副产品产值	0.4	432	0.4	1448	0.6	2241
林业产值	**-4.9**	**54004**	**-7.8**	**41193**	**-0.2**	**13809**
林木的培育和种植	611.7	4290	139.8	946	16.4	1608
全社会竹木采伐	-13.8	46876	5.1	16724	-1.8	11855
林产品	73.9	2838	-20.3	23524	-12.1	346
牧业产值	**9.1**	**44442**	**17.6**	**108121**	**24.5**	**44534**
牛饲养	7.4	1082	21.6	10287	20.1	4531
羊饲养	30.2	303	35.4	460	30.6	280
其他饲养（马驴骡）						
猪的饲养	32.2	5097	37.9	37453	56.6	20193
家禽的饲养	6.8	34309	8.5	45641	-3.4	10722
活的畜禽产品	-7.5	3497	-11.2	4090	-16.0	3562
其他动物及产品	-22.0	154	-20.7	10190	-17.7	5245
渔业产值	**45.5**	**29741**	**5.4**	**14920**	**9.0**	**17682**
服务业产值	**7.3**	**4932**	**5.1**	**64934**	**9.8**	**16659**

指标名称	西乡塘区（本级）		良庆区		邕宁区	
	可比价增速（%）	现行价（万元）	可比价增速（%）	现行价（万元）	可比价增速（%）	现行价（万元）
农林牧渔业总产值	**12.6**	**624264**	**5.8**	**498563**	**5.5**	**631189**
农业产值	**5.5**	**382622**	**4.8**	**332615**	**4.2**	**382235**
主产品产值	5.5	381348	4.9	329809	4.3	379753
粮食作物合计	0.8	22379	1.4	30197	1.2	47925
经济作物合计	0.5	28933	−8.0	83567	−6.6	143324
蔬菜（食用菌类）园艺作物	4.7	120868	6.0	137685	5.3	124451
水果、饮料和香料	6.8	208003	17.2	78296	18.7	61151
其他农作物	2.2	1166	−65.5	65	9.6	2901
副产品产值	1.8	1274	−9.2	2805	−8.0	2482
林业产值	**30.7**	**9175**	**28.8**	**62420**	**22.5**	**32614**
林木的培育和种植	52.3	743	39.3	1304	51.5	1075
全社会竹木采伐	30.8	8196	33.9	52888	28.2	25430
林产品	−25.3	236	−6.2	8227	−6.7	6109
牧业产值	**25.3**	**192144**	**−2.1**	**81809**	**5.6**	**193601**
牛饲养	−4.1	1697	5.3	4272	7.4	8117
羊饲养			34.4	251	25.4	238
其他饲养（马驴骡）						
猪的饲养	35.0	128721	46.9	20946	25.2	52453
家禽的饲养	−6.2	41616	−19.2	54603	−9.5	95928
活的畜禽产品	−10.6	4625	−17.1	1296	−21.3	866
其他动物及产品	46.5	15484	−71.7	442	11.3	35999
渔业产值	**5.9**	**17946**	**7.1**	**16556**	**4.7**	**16043**
服务业产值	**13.9**	**22377**	**5.5**	**5164**	**5.6**	**6696**

4-12 续表 2

指标名称	武鸣区（本级）		隆安县		马山县	
	可比价增速（%）	现行价（万元）	可比价增速（%）	现行价（万元）	可比价增速（%）	现行价（万元）
农林牧渔业总产值	**6.0**	**1840148**	**12.7**	**732293**	**8.7**	**469932**
农业产值	**3.3**	**1406522**	**10.4**	**546302**	**4.3**	**256045**
主产品产值	3.3	1400671	10.5	543291	4.4	253231
粮食作物合计	0.6	126362	1.2	61831	1.8	76621
经济作物合计	−1.3	168501	−7.1	54888	3.8	38868
蔬菜（食用菌类）园艺作物	0.2	575440	5.5	108235	4.8	109822
水果、饮料和香料	6.0	529189	16.4	317197	5.5	22375
其他农作物	−19.4	1179	−2.6	1141	18.4	5545
副产品产值	1.6	5851	−1.7	3011	2.6	2815
林业产值	**−0.4**	**92406**	**9.8**	**34429**	**4.0**	**37902**
林木的培育和种植	90.1	2374	35.4	1472	105.6	1990
全社会竹木采伐	0.6	65642	13.2	22245	1.9	31559
林产品	−9.8	24390	−2.9	10712	−6.8	4354
牧业产值	**25.7**	**229684**	**25.4**	**108261**	**15.4**	**160089**
牛饲养	−18.3	20676	−17.4	9905	5.4	13543
羊饲养	−0.9	3706	−22.7	1296	0.3	2990
其他饲养（马驴骡）	−21.3	123	69.0	15		
猪的饲养	70.0	102061	44.8	53136	17.7	91884
家禽的饲养	−10.5	84177	5.4	34265	11.8	20151
活的畜禽产品	22.2	1592	68.7	1876	131.9	3333
其他动物及产品	−17.4	17349	26.4	7768	40.4	28189
渔业产值	**3.7**	**58909**	**4.4**	**24443**	**5.9**	**14579**
服务业产值	**11.1**	**52627**	**12.6**	**18858**	**7.3**	**1317**

4-12 续表 3

指标名称	上林县		宾阳县		横州市	
	可比价增速（%）	现行价（万元）	可比价增速（%）	现行价（万元）	可比价增速（%）	现行价（万元）
农林牧渔业总产值	**12.7**	**470347**	**11.3**	**1424345**	**7.6**	**1615391**
农业产值	**13.6**	**288637**	**7.0**	**668488**	**2.4**	**955431**
主产品产值	13.6	286821	7.1	663752	2.4	950501
粮食作物合计	1.3	59717	1.0	123442	0.8	136020
经济作物合计	−7.3	38655	3.6	147743	−11.9	131324
蔬菜（食用菌类）园艺作物	7.6	103988	−1.7	282650	2.0	547391
水果、饮料和香料	33.8	80721	38.9	100328	21.7	121614
其他农作物	−25.4	3741	−16.0	9589	−7.6	14152
副产品产值	1.8	1816	3.0	4736	−5.9	4930
林业产值	**7.7**	**23392**	**18.3**	**55974**	**17.0**	**76719**
林木的培育和种植	119.8	2532	18.3	2489	39.0	2949
全社会竹木采伐	7.7	18579	29.2	44457	21.4	67332
林产品	−41.1	2282	−26.5	9027	−26.5	6438
牧业产值	**14.0**	**127655**	**21.5**	**635728**	**19.3**	**472069**
牛饲养	−3.2	13087	3.5	24862	20.2	23591
羊饲养	0.2	962	6.0	761	−4.5	690
其他饲养（马驴骡）		20				
猪的饲养	31.1	56723	58.1	90806	43.9	187846
家禽的饲养	−3.3	12917	22.6	84814	−2.2	91879
活的畜禽产品	3.8	2686	4.9	2236	−1.2	4030
其他动物及产品	−12.5	41261	−20.0	432249	−7.9	164034
渔业产值	**0.4**	**28821**	**0.2**	**47253**	**−8.0**	**67189**
服务业产值	**13.9**	**1842**	**12.8**	**16903**	**7.7**	**43984**

4-12 续表 4

指标名称	高新区		经开区		东盟经开区	
	可比价增速（%）	现行价（万元）	可比价增速（%）	现行价（万元）	可比价增速（%）	现行价（万元）
农林牧渔业总产值	**2.2**	**7021**	**-7.7**	**74879**	**11.2**	**75509**
农业产值	**13.4**	**5486**	**0.0**	**34891**	**9.7**	**41927**
主产品产值	13.4	5486	0.1	34501	9.7	41744
粮食作物合计			0.2	5008	1.0	957
经济作物合计			-6.9	10161	-35.4	4995
蔬菜（食用菌类）园艺作物	13.4	5486	-8.5	14888	7.1	9084
水果、饮料和香料			42.4	4445	18.3	26695
其他农作物					-84.1	14
副产品产值			-4.7	390	11.2	183
林业产值	**-35.5**	**800**	**-16.7**	**22831**	**196.5**	**1357**
林木的培育和种植	1201.2	113	-72.2	303	1058.4	117
全社会竹木采伐	-44.7	687	-14.3	22527	173.5	1230
林产品						10
牧业产值			**-11.4**	**11048**	**10.5**	**28661**
牛饲养			-30.4	205	326.9	239
羊饲养			235.0	7	1757.1	14
其他饲养（马驴骡）						
猪的饲养			-3.7	4063	5.3	9167
家禽的饲养			-10.1	5215	-6.3	3261
活的畜禽产品			-11.4	1559	12.3	9627
其他动物及产品			-100.0		53.3	6354
渔业产值	**0.4**	**685**	**6.3**	**4084**	**9.3**	**1236**
服务业产值		**51**	**-0.4**	**2026**	**20.1**	**2328**

4-13 各县（市、区）农作物播种面积和产量

（2021年）

指标名称	兴宁区			青秀区			江南区（本级）		
	播种面积（公顷）	单产（公斤/公顷）	产量（吨）	播种面积（公顷）	单产（公斤/公顷）	产量（吨）	播种面积（公顷）	单产（公斤/公顷）	产量（吨）
农作物总播种面积	**26976**			**37891**			**63624**		
粮食合计	**10094**	**4993**	**50399**	**14678**	**5526**	**81105**	**12397**	**5405**	**67007**
稻　谷	7682	5342	41042	10676	5745	61331	8978	5727	51420
早　稻	2855	5800	16559	5215	6153	32086	2340	6077	14220
中　稻									
晚　稻	4827	5072	24482	5462	5354	29245	6638	5604	37200
小 麦									
玉　米	2188	4131	9037	3102	5455	16923	2708	5164	13983
其他谷物				13	3405	46			
豆类合计	20	1889	38	252	2331	588	466	1775	827
大　豆	7	2310	16	153	2135	327	195	1882	367
绿　豆	2	1000	2	24	2243	55	223	1628	363
红小豆									
其他杂豆	11	1799	20	74	2764	206	48		97
薯类	204	1390	283	634	3497	2217	245	3166	777
马铃薯				131	2933	384	11	2789	32
红　薯	204	1390	283	503	3644	1833	234	3184	745
经济作物播种面积	**16883**			**23213**			**51381**		
油料作物	1677	2645	4436	2906	3286	9550	2817	3343	9420
花 生	1677	2645	4436	2906	3286	9550	2817	3343	9420
油 菜 籽									
芝 麻									
麻　类				15	7333	110	72	2194	158
甘　蔗	428	68622	29365	5804	91720	532322	12655	97786	1237518
糖料蔗	392	66774	26157	5759	91695	528101	12613	97716	1232505
果　蔗	36	88619	3208	44	94918	4221	42	118595	5013
中草药材	129			252			45		
蔬菜及食用菌	8990	20710	186188	8885	24099	214128	22120	22148	489918
食用菌			267			3980			129
瓜果类	116	30860	3589	3347	29369	98288	12151	25763	313045
其他农作物	**5542**			**2004**			**1521**		
木 薯	840	11923	10012	726	17198	12486	382	9481	3620
红瓜籽									
青饲料	46			619			264		
饲 草	197			27			281		
绿 肥	17			608					
马 蹄									
饲料用青贮玉米									
其 他	4443			23			594		
年末桑园面积				**274**					

4-13 续表 1

指标名称	西乡塘区（本级）			良庆区			邕宁区		
	播种面积（公顷）	单产（公斤/公顷）	产量（吨）	播种面积（公顷）	单产（公斤/公顷）	产量（吨）	播种面积（公顷）	单产（公斤/公顷）	产量（吨）
农作物总播种面积	**43423**			**60131**			**64702**		
粮食合计	**12243**	**4895**	**59924**	**18046**	**4845**	**87429**	**27435**	**5113**	**140275**
稻　谷	6659	5300	35292	14190	5025	71299	19840	5616	111425
早　稻	3097	5950	18430	7269	5342	38832	9906	6132	60743
中　稻									
晚　稻	3562	4734	16862	6921	4691	32467	9934	5102	50682
小 麦									
玉　米	4933	4722	23296	2742	5053	13856	4577	5250	24028
其他谷物									
豆类合计	352	1697	597	763	1641	1253	305	1462	446
大　豆	298	1730	515	382	1761	672	191	1426	272
绿　豆	54	1518	82	184	1307	241	69	1196	83
红小豆									
其他杂豆				197	1722	339	46	2017	92
薯类	299	2475	739	351	2909	1021	2712	1613	4375
马铃薯	67	2746	183				267	2407	643
红　薯	232	2397	556	351	2909	1021	2445	1527	3733
经济作物播种面积	**31180**			**42085**			**37268**		
油料作物	2496	2965	7401	2394	2412	5774	5048	2745	13858
花 生	2496	2965	7401	2351	2396	5635	5048	2745	13858
油 菜 籽									
芝 麻				43	3263	139			
麻　类									
甘　蔗	4587	72949	334619	16478	67820	1117576	11135	77227	859915
糖料蔗	4575	73055	334250	16449	67822	1115621	10933	77200	843994
果　蔗	12	31620	369	29	66952	1955	202	78654	15921
中草药材	3			337			1849		
蔬菜及食用菌	17966	21344	383473	15866	28271	448559	15117	24507	370468
食用菌			62			210			166
瓜果类	4581	18623	85313	5584	22763	127113	3025	27508	83199
其他农作物	**1546**			**1424**			**1094**		
木 薯	1099	10715	11810	1316	14212	18705	897	14824	13297
红瓜籽									
青饲料	230			97			166		
饲 草	217			11					
绿 肥									
马 蹄									
饲料用青贮玉米									
其 他							32		
年末桑园面积	**35**			**79**			**2666**		

指标名称	武鸣区			隆安县			马山县		
	播种面积（公顷）	单产（公斤/公顷）	产量（吨）	播种面积（公顷）	单产（公斤/公顷）	产量（吨）	播种面积（公顷）	单产（公斤/公顷）	产量（吨）
农作物总播种面积	**170895**			**63589**			**66733**		
粮食合计	**67757**	**4980**	**337409**	**34559**	**4476**	**154694**	**41392**	**4692**	**194227**
稻 谷	34247	5870	201039	12454	5473	68160	14993	5465	81935
早 稻	17256	5943	102550	5616	5968	33517	7029	5688	39980
中 稻	746	7524	5613	669	5913	3956	1319	6372	8405
晚 稻	16245	5717	92876	6169	4974	30687	6645	5049	33549
小 麦							6	1408	8
玉 米	21240	5429	115315	16728	4625	77369	21714	4880	105961
其他谷物				190	1401	266	47	3107	146
豆类合计	7125	1504	10718	4030	1674	6747	2637	1352	3566
大 豆	6525	1440	9396	3714	1714	6364	1781	1346	2397
绿 豆	50	1200	60	59	1581	93	27	1106	30
红小豆							77	1129	86
其他杂豆	550	2294	1262	257	1128	290	752	1399	1053
薯类	5145	2009	10337	1157	1860	2152	1995	1309	2611
马铃薯	3152	2059	6490	221	2030	449	357	1311	468
红 薯	1993	1930	3847	935	1820	1702	1638	1308	2143
经济作物播种面积	**103138**			**29030**			**25341**		
油料作物	12653	3306	41831	1259	2477	3119	1378	2017	2780
花 生	12597	3311	41706	1250	2482	3103	1145	2339	2679
油 菜 籽							224	396	89
芝 麻	56	2243	125	9	1800	16	9	1463	13
麻 类									
甘 蔗	18479	83008	1533898	7173	73031	523870	3315	69392	230054
糖料蔗	17974	82368	1480457	7111	72906	518458	3201	68842	220357
果 蔗	505	105797	53441	62	87290	5412	114	84813	9697
中草药材	917			978			4913		
蔬菜及食用菌	63582	26164	1663568	14863	22068	328000	12450	26858	334381
食用菌			1733			699			161
瓜果类	5616	27863	156491	149	30388	4536	161	22991	3701
其他农作物	**1892**			**4606**			**3123**		
木 薯	1512	16398	24786	3854	12616	48621	1538	11559	17773
红瓜籽									
青饲料	128			183			414		
饲 草				157			317		
绿 肥	252			411			589		
马 蹄									
饲料用青贮玉米									
其 他				1			266		
年末桑园面积	**727**			**349**			**2229**		

4-13 续表 3

指标名称	上林县			宾阳县			横州市		
	播种面积（公顷）	单产（公斤/公顷）	产量（吨）	播种面积（公顷）	单产（公斤/公顷）	产量（吨）	播种面积（公顷）	单产（公斤/公顷）	产量（吨）
农作物总播种面积	**52129**			**147003**			**162672**		
粮食合计	**34761**	**4874**	**169414**	**74751**	**4907**	**366800**	**74404**	**5251**	**390713**
稻　谷	23853	5284	126038	57769	5375	310500	54499	5657	308299
早　稻	11512	5553	63923	28602	6001	171649	26498	5930	157121
中　稻	56	6104	341						
晚　稻	12285	5028	61774	29167	4761	138851	28001	5399	151179
小 麦									
玉　米	8125	4769	38747	9200	4574	42085	16026	4700	75322
其他谷物	17	2502	43	52	1787	93			
豆类合计	1253	1462	1832	2616	1398	3658	1821	1564	2848
大　豆	1016	1402	1424	1105	1322	1462	1233	1665	2053
绿　豆	47	1484	70	494	1141	564	566	1345	761
红小豆	31	1473	46	32	833	27			
其他杂豆	158	1843	291	984	1631	1606	22	1540	34
薯类	1513	1821	2754	5114	2046	10464	2058	2062	4244
马铃薯	51	2736	140	536	2193	1176	980	2043	2002
红　薯	1462	1789	2615	4577	2029	9288	1078	2080	2242
经济作物播种面积	**17368**			**72252**			**88268**		
油料作物	3174	2310	7333	6752	3089	20854	5738	3688	21165
花 生	2325	3001	6975	6733	3095	20834	5717	3698	21143
油 菜 籽	848	414	351						
芝 麻	1	466	1	19	1024	20	22	1020	22
麻　类									
甘　蔗	4480	90160	403959	18793	95661	1797776	17945	93587	1679442
糖料蔗	4417	89520	395450	18140	93917	1703698	17414	92412	1609231
果　蔗	63	135063	8509	653	144120	94079	532	132076	70212
中草药材	225			695			992		
蔬菜及食用菌	8250	39219	323558	36076	24902	898355	49914	25315	1263546
食用菌			844			2345			119376
瓜果类	88	24565	2161	3136	31870	99958	4785	26881	128624
其他农作物	**1151**			**6800**			**8894**		
木 薯	140	14484	2028	2371	10268	24350	983	10541	10367
红瓜籽							4	615	2
青饲料	622			959			499		
饲 草	26			432			41		
绿 肥	353			2967			726		
马 蹄	9	7499	65	31	13518	420	32	18438	583
饲料用青贮玉米				34					
其 他	1			6			6609		
年末桑园面积	**2230**			**5769**			**8917**		

4–13 续表 4

指标名称	高新区			经开区			东盟经开区		
	播种面积（公顷）	单产（公斤/公顷）	产量（吨）	播种面积（公顷）	单产（公斤/公顷）	产量（吨）	播种面积（公顷）	单产（公斤/公顷）	产量（吨）
农作物总播种面积	**754**			**9272**			**2518**		
粮食合计				**2582**	**5272**	**13612**	**442**	**5591**	**2472**
稻　谷				1580	5423	8567	189	6037	1140
早　稻				221	5142	1138	114	6184	704
中　稻									
晚　稻				1359	5468	7429	75	5812	436
小 麦									
玉　米				1001	5038	5044	238	5503	1308
其他谷物									
豆类合计									
大　豆									
绿　豆									
红小豆									
其他杂豆									
薯类				1	1400	1	16	1530	24
马铃薯							2	1250	3
红　薯				1	1400	1	14	1572	21
经济作物播种面积	**754**			**6690**			**2076**		
油料作物				756	3523	2662	23	2575	59
花 生				756	3523	2662	23	2575	59
油 菜 籽									
芝 麻									
麻　类									
甘　蔗				1939	75890	147135	1202	57202	68751
糖料蔗				1939	75890	147135	1202	57202	68751
果　蔗									
中草药材				275			45		
蔬菜及食用菌	754	18197	13728	2330	18308	42662	479	28971	13863
食用菌			46			172			7333
瓜果类				1390	10624	14772	318	24582	7812
其他农作物				**1**			**9**		
木 薯				1	15094	8	7	29877	204
红瓜籽									
青饲料									
饲 草							3		
绿 肥									
马 蹄									
饲料用青贮玉米									
其 他									
年末桑园面积									

4-14 各县（市、区）茶叶及水果生产情况

（2021 年）

指标名称	单位	兴宁区	青秀区	江南区（本级）	西乡塘区（本级）	良庆区	邕宁区	武鸣区（本级）	高新区	经开区	东盟经开区
茶叶合计	**吨**	**3**	**6**					**320**			**215**
园林水果合计	**吨**	**16766**	**42229**	**97755**	**665319**	**127687**	**129181**	**1867430**		**9444**	**86525**
梨	吨	179	458	35		21	1162	2921		0.20	11
#雪花梨	吨		312								
柑橘类水果	吨	8588	22025	31319	157071	39749	74134	1323123		7565	64192
#柑	吨	8413	18362	29451	148167	28115	68111	1295439		7358	61535
橘	吨	1	1466		52	48				190	
橙	吨		1546	1200	725	10699	1340	8544			
柚	吨	174	643	668	8127	884	4683	19125		18	2656
热带水果	吨	6825	14883	55629	478089	77591	47905	482190		1390	21316
#香蕉	吨	2498	3043	27626	419935	9667	3936	379212		79	14779
菠萝	吨			389		1	155	102			
荔枝	吨	456	1676	1129	2353	8045	6198	2529		559	234
龙眼	吨	2015	3000	6530	1378	5643	7662	28397		632	205
芒果	吨	105	771	1804	2875	7316	4729	5578		0	216
火龙果	吨	1392	3784	10240	16616	38823	14632	49006		98	4815
百香果	吨	157	2006	3899	1337	5648	8972	14233		7	1050
其他蕉	吨	156	450	4012	33595	407	1551	3133		1	
其他热带水果	吨	46	153			2041	70			14	17
其他水果	吨	1173	4863	10772	30159	10325	5980	59196		488	1005
#桃	吨	64	105			113	49	932			
猕猴桃	吨										
葡萄	吨	15	2266	260	265	10	80	5073			529
红枣（按鲜枣计算）	吨		11					17			
柿子（按鲜柿计算）	吨	34	50			25	129	601			
李子	吨	50	80	178		158	209	3454		10	
其他	吨	1010	2351	10334	29894	10019	5513	49119		478	476
食用坚果	**吨**		49	145	131	366	261	951			2
#板栗	吨		9		129		21	925			2
年末实有茶园面积	**公顷**	**12**	**8**					**164**			**9**
#当年采摘面积	公顷	12	8					144			9
年末果园面积	**公顷**	**1208**	**2119**	**3960**	**18758**	**8775**	**8893**	**47837**		**803**	**2813**
#梨 园	公顷	9	20	11		2	45	74		0.03	0.29
柑橘园	公顷	510	943	1294	6079	2054	3343	34779		676	1959
柑 园	公顷	457	726	1182	3929	1421	2875	33966		624	1806
橘 园	公顷	3	97		1580	33				48	
橙 园	公顷		64	56	42	456	75	305		1	4
柚子园	公顷	50	52	56	527	68	370	499		2	150
蕉园	公顷	96	110	615	9359	363	322	8064		5	434
#香蕉园	公顷	85	94	501	7597	348	245	8012		3	434
菠萝园	公顷			12		8	7	1			
荔枝园	公顷	92	138	218	178	2036	1028	119		13	45
龙眼园	公顷	209	238	445	153	687	1146	1112		45	49
芒果园	公顷	39	46	262	267	455	628	219		10	20
桃 园	公顷	3	30			24	13	30			
猕猴桃园	公顷										
葡萄园	公顷	7	116	16	42	2	7	184			73
枣 园	公顷	0.07	5	29	108	2		5		33	
柿子园	公顷	3	5		2	14	37	20			
李子园	公顷	5	11	27	16	22	79	127		1	0.2
火龙果园	公顷	55	173	393	916	1972	913	1500		12	146
百香果园	公顷	23	79	35	52	233	614	339		0.47	34
其他果园	公顷	156	205	602	1587	902	710	1264		8	53

4-14 续表

指标名称	单位	隆安县	马山县	上林县	宾阳县	横州市
茶叶合计	**吨**		**35**	**707**		**4055**
园林水果合计	**吨**	**707815**	**67232**	**264628**	**235021**	**222100**
梨	吨	681	150	44	245	2053
#雪花梨	吨			27		
柑橘类水果	吨	229576	48943	222936	168583	103591
#柑	吨	173918	44983	198844	160352	89478
橘	吨	19889	137	17166		273
橙	吨	17252	1373	1006	512	1938
柚	吨	18517	2084	5069	7710	11775
热带水果	吨	467649	9786	39079	52943	90115
#香蕉	吨	269816	2965	15593	2668	31358
菠萝	吨	206		100		407
荔枝	吨	1091	235	15	376	9723
龙眼	吨	4403	1966	543	890	12967
芒果	吨	1578	1	3008	350	2344
火龙果	吨	185297	1214	15228	41562	14762
百香果	吨	56	1939	2432	5251	7559
其他蕉	吨	4699	686	1546	1661	10320
其他热带水果	吨	503	780	614	184	675
其他水果	吨	9909	8352	2569	13250	26341
#桃	吨	16	221	94	230	538
猕猴桃	吨		8			
葡萄	吨	161	848	1208	4170	5981
红枣（按鲜枣计算）	吨			0	225	525
柿子（按鲜柿计算）	吨	44	937	11	267	6512
李子	吨	203	145	62	408	570
其他	吨	9485	6193	1193	7949	12215
食用坚果	**吨**	13056			381	2021
#板栗	吨	13040				120
年末实有茶园面积	**公顷**	**1**	**52**	**718**		**1164**
#当年采摘面积	公顷		38	677		1114
年末果园面积	**公顷**	**23236**	**3747**	**7373**	**6375**	**14324**
#梨 园	公顷	10	29	14	32	73
柑橘园	公顷	8431	2030	6052	4418	4213
柑 园	公顷	5234	1813	4814	3841	3454
橘 园	公顷	726	30	1016	14	115
橙 园	公顷	286	48	28	122	102
柚子园	公顷	2044	91	155	425	484
蕉园	公顷	8084	367	553	156	1999
#香蕉园	公顷	7859	233	514	110	1202
菠萝园	公顷	63		7		21
荔枝园	公顷	152	48	3	24	2585
龙眼园	公顷	214	284	36	77	1774
芒果园	公顷	124		129	83	229
桃 园	公顷	2	26	21	16	58
猕猴桃园	公顷		0.31			
葡萄园	公顷	7	132	26	156	358
枣 园	公顷		26	5	24	73
柿子园	公顷	0.25	16	0.39	12	265
李子园	公顷	19	16	27	54	103
火龙果园	公顷	4666	144	348	837	478
百香果园	公顷	40	107	72	140	445
其他果园	公顷	1424	521	80	346	1652

4–15 各县（市、区）林业生产情况

（2021 年）

指标名称	单位	兴宁区	青秀区	江南区（本级）	西乡塘区（本级）	良庆区	邕宁区	武鸣区（本级）	高新区	经开区	东盟经开区
营林情况											
造林面积	公顷	3235	425	1133	507	967	1213	1718	33	347	38
四旁（零星）植树	万株	50	60	55	42	50	36	150	10	10	10
未成林及中幼林抚育面积	公顷	18786	2133	3667	1347	4000	2367	4013	167	667	187
育苗面积	公顷	10	37	284	47	7					
全社会竹木采伐运输											
全社会木材采伐运输	万立方米	75	27	19	13	86	41	106	1	36	2
篙竹	万根										
大杂竹	万根	202		1			88				
小杂竹	吨						1705				
主要林产品产量											
油桐籽	吨										
油茶籽	吨	6		103				15			
天然松脂	吨	1252	13810	83	154	5318	3604	14251			
竹笋干	吨	229	600	35			149	645			3
八角	吨	26						1892			
桉叶油	吨										

4-15 续表

指标名称	单位	隆安县	马山县	上林县	宾阳县	横州市
营林情况						
造林面积	公顷	1041	2693	3222	2346	2217
四旁（零星）植树	万株	70	47	91	120	151
未成林及中幼林抚育面积	公顷	2373	3333	4013	4715	6691
育苗面积	公顷	229	11		0.26	21
全社会竹木采伐运输						
全社会木材采伐运输	万立方米	36	50	30	69	104
篙竹	万根	27		1		299
大杂竹	万根	30	193	36	635	738
小杂竹	吨	172	850	508	15600	1102
主要林产品产量						
油桐籽	吨		25		4	213
油茶籽	吨		117	389	62	56
天然松脂	吨	6638	2382	1299	5785	3273
竹笋干	吨	123	152		33	320
八角	吨	31	1763	3102	3	
桉叶油	吨					

4-16 各县（市、区）主要牲畜年末存栏情况

（2021 年）

指标名称	单位	兴宁区	青秀区	江南区（本级）	西乡塘区（本级）	良庆区
畜禽出栏						
猪	万头	3	19	10	65	11
牛	万头		1	1		
山 羊	万头		1			
家 禽	万只	969	1278	318	1150	1508
鸡	万只	820	972	149	887	1119
畜禽存栏						
牛	万头		2	2	1	1
猪	万头	2	8	7	28	6
#能繁殖母猪	万头		1	1	1	1
山 羊	万头		1			
家 禽	万只	290	577	83	437	398
鸡	万只	268	482	55	341	326
其中：肉鸡	万只	228	432	46	306	315
蛋鸡	万只	38	50	10	35	11
畜禽产品产量						
肉类总产量	吨	17513	36566	14946	73142	33818
猪肉	吨	2026	14888	8027	51167	8326
牛肉	吨	126	1202	529	198	499
羊肉	吨	65	100	64		53
禽肉	吨	15257	19712	5301	18985	24599
#鸡	吨	12298	14436	1993	13430	17030
兔肉	吨	4	177	18		40
其他肉产量	吨	15	76	8	478	302
禽蛋	吨	2458	3215	1039	2332	814
鸡蛋	吨	2457	2916	488	2082	638
奶类产量	吨	690		4185	3100	486
蚕茧	吨		1100			7

4-16 续表 1

指标名称	单位	邕宁区	武鸣区（本级）	隆安县	马山县	上林县
畜禽出栏						
猪	万头	26	52	27	46	28
牛	万头	1	2	1	2	1
山 羊	万头		5	2	4	1
家 禽	万只	2669	2351	1002	508	332
鸡	万只	2194	1739	815	340	223
畜禽存栏						
牛	万头	2	8	3	6	2
猪	万头	13	48	27	24	10
#能繁殖母猪	万头	1	4	4	3	1
山 羊	万头		4	4	5	2
家 禽	万只	911	662	480	195	136
鸡	万只	779	530	413	142	103
其中：肉鸡	万只	773	489	367	87	81
蛋鸡	万只	6	18	45	56	21
畜禽产品产量						
肉类总产量	吨	65437	83909	38524	47523	29817
猪肉	吨	20850	40569	21122	36524	22547
牛肉	吨	948	2415	1157	1582	1529
羊肉	吨	56	832	300	700	219
禽肉	吨	42805	38625	15509	8384	5263
#鸡	吨	33690	25723	11434	5685	3245
兔肉	吨	30	48	14	50	18
其他肉产量	吨	16	814		283	172
禽蛋	吨	584	1144	1474	2620	2111
鸡蛋	吨	425	1044	1389	2035	2014
奶类产量	吨	230	255			
蚕茧	吨	6429	2560	586	5423	7820

4-16 续表 2

指标名称	单位	宾阳县	横州市	高新区	经开区	东盟经开区
畜禽出栏						
猪	万头	46	92		2	4
牛	万头	3	3			
山 羊	万头	1	1			
家 禽	万只	2270	2573		147	97
鸡	万只	1722	1801		78	78
畜禽存栏						
牛	万头	6	5			
猪	万头	34	53		1	5
#能繁殖母猪	万头	4	5			1
山 羊	万头	1	1			
家 禽	万只	626	954		52	88
鸡	万只	472	697		30	85
其中：肉鸡	万只	445	669		13	4
蛋鸡	万只	26	17		18	81
畜禽产品产量						
肉类总产量	吨	76256	120231		4226	5407
猪肉	吨	36096	74669		1615	3644
牛肉	吨	2904	2753		24	28
羊肉	吨	173	162		1	3
禽肉	吨	35364	41625		2483	1473
#鸡	吨	24048	26448		1320	1104
兔肉	吨	115				
其他肉产量	吨	351	876		103	
禽蛋	吨	1758	1444		1225	7567
鸡蛋	吨	1485	885		1215	7567
奶类产量	吨		4096			
蚕茧	吨	15213	30297			

4-17 各县（市、区）渔业主要产品产量

（2021 年）

指标名称	计算单位	兴宁区	青秀区	江南区（本级）	西乡塘区（本级）	良庆区
水产品总产量	**吨**	**7411**	**8516**	**13018**	**13253**	**11407**
淡水捕捞	吨		76	136	141	1433
鱼 类	吨		72	121	141	1337
甲壳（虾蟹）类	吨		4	5		27
贝 类	吨			5		62
其他类	吨			5		7
淡水养殖	吨	7411	8440	12882	13112	9974
鱼 类	吨	5167	8030	12505	13054	9571
虾蟹类	吨	16	10	317	27	106
贝 类	吨			29		71
其他类	吨	2228	400	31	31	226

4-17 续表 1

指标名称	计算单位	邕宁区	武鸣区（本级）	隆安县	马山县	上林县
水产品总产量	**吨**	**11920**	**38464**	**13045**	**10911**	**19623**
淡水捕捞	吨	32	326	489	362	839
鱼 类	吨	29	295	339	293	812
甲壳（虾蟹）类	吨	3	30	32	48	14
贝 类	吨			118	21	
其他类	吨		1			13
淡水养殖	吨	11888	38138	12556	10549	18784
鱼 类	吨	11861	37117	11445	10385	18131
虾蟹类	吨	15	159	305	113	309
贝 类	吨		12		35	20
其他类	吨	12	850	806	16	324

4-17 续表 2

指标名称	计算单位	宾阳县	横州市	高新区	经开区	东盟经开区
水产品总产量	**吨**	**34900**	**48949**	**512**	**1350**	**924**
淡水捕捞	吨	1397	4439			
鱼 类	吨	1223	4279			
甲壳（虾蟹）类	吨	70	160			
贝 类	吨	52				
其他类	吨	52				
淡水养殖	吨	33503	44510	512	1350	924
鱼 类	吨	33027	43201	512	1094	924
虾蟹类	吨	228	109			
贝 类	吨	113	708			
其他类	吨	135	492		256	

4-18 各县（市、区）农药、农用塑料薄膜、化肥、农机作业面积

（2021 年）

指标名称	单位	兴宁区	青秀区	江南区（本级）	西乡塘区（本级）	良庆区
农用化肥施用量						
按实物量计算	吨	26417	47193	79746	104621	93837
氮肥	吨	4148	8910	15917	14717	28608
磷肥	吨	2051	6593	10464	24937	16613
钾肥	吨	1291	3527	7893	10251	8649
复合肥	吨	18927	28163	45471	54716	39967
按折纯法计算	吨	11316	19586	32344	33486	32574
氮肥	吨	1887	4142	7272	6683	9346
磷肥	吨	371	1243	1881	4571	3588
钾肥	吨	769	2024	4733	5992	4420
复合肥	吨	8290	12177	18458	16240	15219
农用塑料薄膜使用量	**吨**	**415**	**511**	**451**	**941**	**589**
# 地膜使用量	吨	404	424	451	712	528
地膜覆盖面积	公顷	5455	10719	12067	13416	3986
农药使用量（按实物量计算）	**吨**	**201**	**625**	**760**	**530**	**569**
有效灌溉面积	**公顷**	**5074**	**8158**	**12083**	**21460**	**5561**
农机作业情况						
机耕面积	公顷	25049	34785	56065	37320	38805
机播面积	公顷	6396	18925	23455	12810	10203
机收面积	公顷	12950	19401	21739	17933	20515

指标名称	单位	邕宁区	武鸣区（本级）	隆安县	马山县	上林县
农用化肥施用量						
按实物量计算	吨	101619	330634	126320	37132	67018
氮肥	吨	19683	52381	23592	13006	18306
磷肥	吨	13476	34584	28393	4263	14340
钾肥	吨	7067	49383	18487	3050	8238
复合肥	吨	61393	194286	55847	16813	26133
按折纯法计算	吨	43184	147511	46267	11397	25246
氮肥	吨	9033	24063	10345	3253	7322
磷肥	吨	2426	5947	5144	658	2564
钾肥	吨	4240	30291	10226	1105	4574
复合肥	吨	27485	87209	20552	6381	10785
农用塑料薄膜使用量	**吨**	**677**	**2381**	**658**	**247**	**332**
#地膜使用量	吨	585	1417	335	127	306
地膜覆盖面积	公顷	8848	12515	6248	3149	4784
农药使用量（按实物量计算）	**吨**	**674**	**4728**	**1326**	**297**	**617**
有效灌溉面积	**公顷**	**11167**	**31815**	**14862**	**11776**	**15379**
农机作业情况						
机耕面积	公顷	36790	148828	58995	39518	43725
机播面积	公顷	18079	77075	12712	15891	14337
机收面积	公顷	27596	107830	17409	24124	24703

4-18 续表 2

指标名称	单位	宾阳县	横州市	高新区	经开区	东盟经开区
农用化肥施用量						
按实物量计算	吨	200135	213451	498	15439	14647
氮肥	吨	48282	44743	152	3235	2702
磷肥	吨	35441	32901	65	3397	3385
钾肥	吨	22466	17328	70	1903	604
复合肥	吨	93947	118478	211	6904	7956
按折纯法计算	吨	72343	68451	168	6489	5781
氮肥	吨	20423	12092	63	1479	1229
磷肥	吨	6386	5160	11	695	610
钾肥	吨	12471	8168	30	1135	362
复合肥	吨	33063	43030	64	3181	3580
农用塑料薄膜使用量	**吨**	**1186**	**1663**	**1**	**144**	**69**
#地膜使用量	吨	770	851	1	108	13
地膜覆盖面积	公顷	11569	7877	10	915	120
农药使用量（按实物量计算）	**吨**	**1593**	**1539**	**2**	**112**	**303**
有效灌溉面积	**公顷**	**44780**	**38038**	**90**	**2604**	**1643**
农机作业情况						
机耕面积	公顷	103400	83580		5254	1006
机播面积	公顷	47675	41285		2130	684
机收面积	公顷	77158	54900		2370	1053

五 工业

5-1 全市主要年份工业总产值

（按当年价格计算）

单位：万元

年份	全部工业总产值	轻工业	重工业	规模以上工业总产值	#国有工业	#集体工业
1950	767	704	63	238	37	201
1965	26370	17413	8957	23595	19842	3753
1978	111437	68785	42652	110979	91689	18287
1980	129920	94843	35077	128638	106710	21401
1985	216221	149483	66738	209855	178446	31211
1986	247582	169834	77748	236722	204570	31570
1987	310315	211666	98649	298512	257753	38720
1988	404796	279480	125316	387247	332131	51458
1989	504021	353985	150036	488566	417319	57031
1990	549256	382516	166740	528855	453624	59995
1991	625718	419582	206136	600539	507269	65208
1992	740112	487356	252756	700243	579918	82273
1993	1005613	628765	376848	909065	719657	122451
1994	1341785	812033	529752	1171195	888611	164083
1995	1529236	891430	637806	1303224	918567	231410
1996	1581367	933535	647832	1339026	848099	307245
1997	1696837	1008391	688446	1366220	762253	348946
1998	1824639	1090345	734294	1418302	739942	358305
1999	1870681	1096428	774253	1422855	492613	325646
2000	2417251	1400496	1016755	1485196	486501	177095
2001	2608099	1489715	1118384	1685135	358901	194259
2002	2911858	1579082	1332776	1987028	363601	164196
2003	3341980	1846907	1495073	2418570	556669	117223
2004	4040693	2037693	2003000	3003353	842068	57348
2005	4909198	2559317	2349881	3701812	968474	64551
2006	6392812	3342337	3050475	4954808	1038323	88873
2007	8302142	4293941	4008201	6690667	1303988	96465
2008	10598632	5123335	5475297	8649563	1471132	87492
2009	11757647	6222870	5534777	9816480	1654334	73099
2010	15011824	7440694	7571130	12854044	1700981	54174
2011	20002301	10092932	9909369	17252922	1937849	82630
2012	22827319	11226164	11601155	21093267	2512372	112116
2013	26591777	12068752	14523024	25571348	1942979	137903
2014	29550538	12711226	16839312	28566304	1801199	111823
2015	33238249	13738436	19499813	32370606	2159725	48183
2016	36280744	14717868	21562877	35219998	1683493	52072
2017	37941377	15400515	22540862	37130696	1327571	65904

注：2000年以后为行政区划调整后的数据，其余年份为原南宁口径。2000年以前规模以上工业产值为乡及乡以上工业口径，2001—2010年规模以上工业统计口径为年主营业务收入500万元及以上工业法人单位，2011年以后规模以上工业统计口径为年主营业务收入2000万元以上工业法人单位。

5-2 全市主要年份工业总产值发展速度

单位：%

年 份	全部工业总产值	轻工业	重工业	规模以上工业总产值	#国有工业	#集体工业
1951	180.0	178.3	200.0	160.9	367.6	124.9
1965	142.1	138.4	149.8	142.8	146.6	125.4
1978	108.3	105.6	112.8	108.3	108.3	108.0
1980	113.7	122.9	97.6	113.9	113.2	117.7
1985	120.0	118.4	124.6	117.5	117.0	117.8
1986	108.0	108.7	106.2	107.1	108.5	99.2
1987	117.9	115.9	123.2	116.8	117.0	112.0
1988	116.2	116.7	114.7	115.8	114.3	122.2
1989	108.3	108.3	108.3	109.2	109.0	102.0
1990	107.0	106.5	108.1	108.6	107.9	105.4
1991	111.2	105.0	127.0	109.1	108.0	109.3
1992	117.2	117.9	115.6	117.6	114.8	117.8
1993	118.7	116.2	124.2	111.4	107.4	128.1
1994	117.8	111.3	131.0	120.7	107.2	132.2
1995	116.6	106.5	134.1	106.9	104.7	146.9
1996	101.1	102.4	99.3	101.2	91.5	132.1
1997	110.8	111.9	109.2	105.9	94.7	118.6
1998	109.7	110.1	109.1	106.1	101.3	99.2
1999	107.3	105.6	109.8	104.7	68.0	94.7
2000	106.8	104.4	110.1	106.4	79.0	90.6
2001	107.9	106.4	110.0	113.5	73.8	109.7
2002	111.6	106.0	119.2	117.9	101.3	84.5
2003	114.8	117.0	112.2	121.7	153.1	71.4
2004	120.9	110.3	134.0	124.2	151.3	48.9
2005	121.5	125.6	117.3	123.3	115.0	112.6
2006	130.2	130.6	129.8	133.8	107.2	137.7
2007	129.9	128.5	131.4	135.0	125.6	108.5
2008	127.7	119.3	136.6	129.3	112.8	90.7
2009	110.9	121.5	101.1	113.5	112.5	83.5
2010	127.7	128.4	127.0	130.9	102.8	74.1
2011	133.2	135.7	130.9	134.2	113.9	152.5
2012	114.1	111.2	117.1	122.3	129.6	135.7
2013	116.5	107.5	125.2	121.2	77.3	123.0
2014	111.1	105.3	115.9	111.7	92.7	81.1
2015	112.5	108.1	115.8	113.3	119.9	43.1
2016	109.2	107.1	110.6	108.8	77.9	108.1
2017	104.6	104.6	104.5	105.4	78.9	126.6
2018	105.3			105.2	100.8	102.3
2019	104.3			104.9	108.0	112.9
2020	100.8			101.4	99.1	82.9
2021	111.8			112.6	111.9	107.5

注：2001年以后工业总产值发展速度按当年价格计算，其余年份按可比价计算。

5-3 全市规模以上主要工业产品产量

（2021 年）

产品名称	单位	生产量	产品名称	单位	生产量
大米	吨	454021	中成药	吨	19904
小麦粉	吨		塑料制品	吨	261946
精制食用植物油	吨	21361	硅酸盐水泥熟料	吨	10083003
鲜、冷藏肉	吨	151064	水泥	吨	15551073
成品糖	吨	869424	水泥混凝土电杆	根	454979
饲料	吨	6340086	商品混凝土	立方米	27257288
方便面	吨	6117	砖	万块	10580
乳制品	吨	130755	平板玻璃	重量箱	12686537
液体乳	吨	130755	钢化玻璃	平方米	1243579
罐头	吨	44959	卫生陶瓷制品	件	2427139
冷冻饮品	吨	75305	粗钢	吨	
发酵酒精（折 96 度，商品量）	千升	34848	钢材	吨	800530
饮料酒	千升	269641	铝材	吨	260075
啤酒	千升	269641	起重机	吨	64867
饮料	吨	2000844	铸铁件	吨	
精制茶	吨	28806	锻件	吨	2983
卷烟	万支	3582850	矿山专用设备	吨	32093
纱	吨	25145	小型拖拉机	台	1250
蚕丝	吨	3043	发电机组（发电设备）	千瓦	1600
服装	万件	645	电力电缆	千米	306576
轻革	平方米	192578	变压器	千伏安	
人造板	立方米	9179025	通信及电子网络用电缆	对千米	
家具	件	707332	家用电风扇	台	142333
纸浆（原生浆及废纸浆）	吨	303691	家用吸排油烟机	台	3651
机制纸及纸板(外购原纸加工除外)	吨	304090	表	只	602168
纸制品	吨	565861	电子元件	万只	1030098
合成氨（无水氨）	吨		淀粉及淀粉制品	吨	104890
农用氮、磷、钾化学肥料（折纯）	吨		松香	吨	21303
氮肥（折含氮 100%）	吨		自来水生产量	万立方米	57574
初级形态塑料	吨	14182			
化学药品原药	吨	10943			

5-4 全市规模以上工业企业主要财务状况

（2021 年）

单位：万元

指标名称	单位数（个）	#亏损企业	从业人员平均人数（人）	负债合计
总计	**1323**	**341**	**176638**	**25703283**
#亏损企业	341	341	32133	5113521
国有控股企业	117	24	23241	9662227
按登记注册类型分组				
国有企业	9	3	1618	198652
#中央企业				
地方企业	9	3	1618	198652
集体企业	2		478	185
股份合作企业				
联营企业				
有限责任公司	293	84	48451	845622
#国有独资公司	26	3	3254	71156
其他有限责任公司	267	81	45197	774466
股份有限公司	9	2	5112	203149
私营企业	910	234	80383	793293
其他企业				
港、澳、台商投资企业	53	12	19826	2870258
外商投资企业	47	6	20770	2424010
按轻重工业分				
轻工业	502	148	65048	5705667
重工业	821	193	111590	19997616
按大中小型工业分				
大型企业	13	2	33107	5025574
中型企业	94	11	49310	3886224
小微型企业	1216	328	94221	16791485

单位：万元

指标名称	单位数（个）	# 亏损企业	从业人员平均人数（人）	负债合计
按工业行业大类分	**1323**	**341**	**176638**	**25703283**
煤炭开采和洗选业				
石油和天然气开采业				
黑色金属矿采选业				
有色金属矿采选业	1	1	124	782
非金属矿采选业	18	6	635	139119
开采专业及辅助性活动				
其他采矿业				
农副食品加工业	144	40	16820	2008213
食品制造业	51	16	6338	420052
酒、饮料和精制茶制造业	49	11	4984	288146
烟草制品业	2	1	317	411693
纺织业	27	7	5867	254448
纺织服装、服饰业	9		1832	20850
皮革、毛皮、羽毛及其制品和制鞋业	5	2	2050	22082
木材加工和木、竹、藤、棕、草制品业	185	30	20149	818750
家具制造业	12	3	1137	83779
造纸和纸制品业	47	13	6961	1023205
印刷和记录媒介复制业	23	6	2027	87333
文教、工美、体育和娱乐用品制造业	3	1	194	4335
石油、煤炭及其他燃料加工业	6	1	464	98178
化学原料和化学制品制造业	95	22	7205	995562
医药制造业	46	22	5671	465639
化学纤维制造业				
橡胶和塑料制品业	48	13	4906	158779
非金属矿物制品业	164	47	20328	1644154
黑色金属冶炼和压延加工业	16	8	688	145541
有色金属冶炼和压延加工业	9	2	2802	952865
金属制品业	83	24	5705	437872
通用设备制造业	16	6	2206	170039
专用设备制造业	51	14	6242	1164948
汽车制造业	15	6	3059	351926
铁路、船舶、航空航天和其他运输设备制造业	4	1	543	16957
电气机械和器材制造业	72	16	4618	486294
计算机、通信和其他电子设备制造业	70	15	36477	6106729
仪器仪表制造业	7	2	747	18415
其他制造业	2		440	10977
废弃资源综合利用业	3		346	27201
金属制品、机械和设备修理业	1		28	3037
电力、热力生产和供应业	26	2	1496	5184003
燃气生产和供应业	8	3	1437	378907
水的生产和供应业	5		1795	1302476

单位：万元

指标名称	资产总计	流动资产合计	#存货	#产成品
总计	**37909033**	**20673868**	**3589706**	**1344208**
#亏损企业	6139799	3722872	475373	237241
国有控股企业	14329561	4106815	888181	167341
按登记注册类型分组				
国有企业	199711	26377	1461	791
#中央企业				
地方企业	199711	26377	1461	791
集体企业	1148	1035	422	154
股份合作企业				
联营企业				
有限责任公司	1367713	591639	133707	32089
#国有独资公司	106720	40715	3866	2169
其他有限责任公司	1260993	550924	129841	29921
股份有限公司	278780	57503	3576	2026
私营企业	1117613	799513	140816	74153
其他企业				
港、澳、台商投资企业	4043842	2952499	235864	129479
外商投资企业	4215549	2960701	554026	122608
按轻重工业分				
轻工业	8920834	5391983	1413613	437329
重工业	28988199	15281885	2176093	906879
按大中小型工业分				
大型企业	7150623	3645903	685663	163667
中型企业	6757288	3684058	658801	309187
小微型企业	24001123	13343907	2245243	871354

指标名称	资产总计	流动资产合　计	#存货	#产成品
按工业行业大类分	**37909033**	**20673868**	**3589706**	**1344208**
煤炭开采和洗选业				
石油和天然气开采业				
黑色金属矿采选业				
有色金属矿采选业	2795	752	124	91
非金属矿采选业	186419	126140	4856	4396
开采专业及辅助性活动				
其他采矿业				
农副食品加工业	3021240	1740462	291142	113091
食品制造业	636915	431802	70658	24395
酒、饮料和精制茶制造业	719112	364749	97214	51158
烟草制品业	1201000	847554	418286	8603
纺织业	381666	227827	107532	53859
纺织服装、服饰业	52540	37739	10439	6008
皮革、毛皮、羽毛及其制品和制鞋业	27895	18614	7760	3648
木材加工和木、竹、藤、棕、草制品业	1527968	781851	188609	113239
家具制造业	115306	84223	29350	9323
造纸和纸制品业	1047253	486525	101965	21102
印刷和记录媒介复制业	195563	94098	15939	8206
文教、工美、体育和娱乐用品制造业	6364	5954	3293	1284
石油、煤炭及其他燃料加工业	125104	37815	10171	5675
化学原料和化学制品制造业	1711562	1081077	225291	101359
医药制造业	665059	404137	95177	41098
化学纤维制造业				
橡胶和塑料制品业	279055	191190	68660	31120
非金属矿物制品业	3285763	2037085	234854	101575
黑色金属冶炼和压延加工业	239202	195647	40638	19996
有色金属冶炼和压延加工业	1353527	425681	156907	33572
金属制品业	650045	498904	96517	37836
通用设备制造业	260459	184510	42601	12571
专用设备制造业	1702663	1074724	104327	51122
汽车制造业	973391	536076	51498	23816
铁路、船舶、航空航天和其他运输设备制造业	61929	36018	3721	308
电气机械和器材制造业	721974	597295	114395	68743
计算机、通信和其他电子设备制造业	7320912	6753765	893865	361202
仪器仪表制造业	34293	27328	7406	3895
其他制造业	23705	11091	2398	778
废弃资源综合利用业	46009	37642	1825	972
金属制品、机械和设备修理业	4996	4359	298	298
电力、热力生产和供应业	6946732	900351	65202	13205
燃气生产和供应业	586565	206648	18993	16665
水的生产和供应业	1794054	184238	7798	

单位：万元

指标名称	营业收入	营业成本	营业外收入	营业外支出
总计	**27090978**	**22413799**	**197994**	**51065**
#亏损企业	3209110	3009166	21930	16987
国有控股企业	6396129	3821130	17050	15384
按登记注册类型分组				
国有企业	143521	41019	414	55
#中央企业				
地方企业	143521	41019	414	55
集体企业	1089	932	22	
股份合作企业				
联营企业				
有限责任公司	797979	613962	3823	1664
#国有独资公司	41368	31426	118	87
其他有限责任公司	756612	582536	3705	1577
股份有限公司	52497	39987	118	290
私营企业	987522	892893	13419	2734
其他企业				
港、澳、台商投资企业	2529388	2227878	15272	2583
外商投资企业	4735500	4297983	4754	1053
按轻重工业分				
轻工业	8751863	6830226	46486	16794
重工业	18339115	15583574	151508	34271
按大中小型工业分				
大型企业	5320643	4850189	2223	3287
中型企业	4218138	3520253	113901	25758
小微型企业	17552198	14043357	81870	22020

单位：万元

指标名称	营业收入	营业成本	营业外收入	营业外支出
按工业行业大类分	**27090978**	**22413799**	**197994**	**51065**
煤炭开采和洗选业				
石油和天然气开采业				
黑色金属矿采选业				
有色金属矿采选业	255	223	45	10
非金属矿采选业	94349	73342	183	740
开采专业及辅助性活动				
其他采矿业				
农副食品加工业	3973441	3648443	5947	3686
食品制造业	387253	318108	2021	466
酒、饮料和精制茶制造业	756911	559190	2746	765
烟草制品业	1366278	371305	4466	5458
纺织业	307944	275462	3247	1050
纺织服装、服饰业	56478	46682	322	903
皮革、毛皮、羽毛及其制品和制鞋业	45099	41093	878	55
木材加工和木、竹、藤、棕、草制品业	1798134	1674102	6345	1093
家具制造业	65351	53885	977	397
造纸和纸制品业	642541	592095	1560	827
印刷和记录媒介复制业	121560	96994	645	51
文教、工美、体育和娱乐用品制造业	7100	6166	6	1
石油、煤炭及其他燃料加工业	75235	68004	215	141
化学原料和化学制品制造业	1427152	1255270	5520	1422
医药制造业	321673	199354	17856	2587
化学纤维制造业				
橡胶和塑料制品业	342622	302275	1616	213
非金属矿物制品业	2385275	1856630	8035	5038
黑色金属冶炼和压延加工业	399627	390389	962	173
有色金属冶炼和压延加工业	620957	560405	77746	16219
金属制品业	713680	640812	2674	585
通用设备制造业	157016	119460	775	339
专用设备制造业	744183	614922	3733	3695
汽车制造业	222333	195422	514	556
铁路、船舶、航空航天和其他运输设备制造业	90809	79281	38	365
电气机械和器材制造业	533604	474028	4090	841
计算机、通信和其他电子设备制造业	6862213	6613950	36301	1774
仪器仪表制造业	23166	18572	617	4
其他制造业	10373	8249	190	24
废弃资源综合利用业	26080	20732	399	
金属制品、机械和设备修理业	5744	4818		
电力、热力生产和供应业	1908999	785331	5112	1469
燃气生产和供应业	372632	312498	1668	13
水的生产和供应业	224911	136305	547	107

单位：万元

指标名称	销售费用	管理费用	财务费用	#利息费用
总计	**518110**	**766315**	**268295**	**292912**
#亏损企业	75121	151224	89107	74860
国有控股企业	87745	250030	138582	160167
按登记注册类型分组				
国有企业	342	1664	52	73
#中央企业				
地方企业	342	1664	52	73
集体企业	3	150	-6	
股份合作企业				
联营企业				
有限责任公司	18033	31519	12641	14304
#国有独资公司	715	2474	1127	996
其他有限责任公司	17318	29045	11513	13308
股份有限公司	918	2994	5863	5801
私营企业	18825	29930	7291	7815
其他企业				
港、澳、台商投资企业	70293	48413	4597	4377
外商投资企业	66611	55333	5296	8604
按轻重工业分				
轻工业	273209	320842	87962	104810
重工业	244901	445473	180333	188102
按大中小型工业分				
大型企业	74389	68425	102586	104427
中型企业	107039	158730	41828	56607
小微型企业	336682	539160	123881	131878

单位：万元

指标名称	销售费用	管理费用	财务费用	#利息费用
按工业行业大类分	**518110**	**766315**	**268295**	**292912**
煤炭开采和洗选业				
石油和天然气开采业				
黑色金属矿采选业				
有色金属矿采选业	55	1308	1	12
非金属矿采选业	4634	6625	2301	1611
开采专业及辅助性活动				
其他采矿业				
农副食品加工业	68058	88702	48649	57702
食品制造业	28994	21781	12521	11623
酒、饮料和精制茶制造业	56558	20155	726	2712
烟草制品业	25917	74508	−3934	7960
纺织业	4482	11168	5241	4224
纺织服装、服饰业	634	4574	149	72
皮革、毛皮、羽毛及其制品和制鞋业	173	2313	216	221
木材加工和木、竹、藤、棕、草制品业	24674	30630	14557	12655
家具制造业	6009	4171	587	526
造纸和纸制品业	9700	23915	7806	7114
印刷和记录媒介复制业	2465	11495	128	303
文教、工美、体育和娱乐用品制造业	164	559	8	4
石油、煤炭及其他燃料加工业	524	2238	815	801
化学原料和化学制品制造业	29063	42107	10658	8439
医药制造业	53562	29556	8573	7335
化学纤维制造业				
橡胶和塑料制品业	7190	11596	3397	3249
非金属矿物制品业	89504	99526	13813	13283
黑色金属冶炼和压延加工业	4989	5784	−711	583
有色金属冶炼和压延加工业	10049	14817	36315	36017
金属制品业	10629	30906	6042	3474
通用设备制造业	9052	8073	3258	2616
专用设备制造业	27326	61244	17839	19404
汽车制造业	5026	12873	3172	3665
铁路、船舶、航空航天和其他运输设备制造业	587	3115	82	116
电气机械和器材制造业	10844	21806	4805	3933
计算机、通信和其他电子设备制造业	16337	62383	−2497	8939
仪器仪表制造业	202	3873	80	119
其他制造业	672	1148	7	
废弃资源综合利用业		1769	1293	1012
金属制品、机械和设备修理业	340	447	40	40
电力、热力生产和供应业	369	30918	40972	36432
燃气生产和供应业	2937	6375	3776	3896
水的生产和供应业	6393	13859	27613	32819

单位：万元

指标名称	营业利润	利润总额	亏损企业亏损额
总计	**1116292**	**1259842**	**182578**
#亏损企业	-187522	-182578	182578
国有控股企业	321770	320056	31842
按登记注册类型分组			
国有企业	715	736	104
#中央企业			
地方企业	715	736	104
集体企业	-15	7	
股份合作企业			
联营企业			
有限责任公司	37548	39707	6099
#国有独资公司	5288	5318	240
其他有限责任公司	32260	34389	5859
股份有限公司	3737	3566	1095
私营企业	21287	31973	8232
其他企业			
港、澳、台商投资企业	200200	212889	16673
外商投资企业	283365	287066	10603
按轻重工业分组			
轻工业	380797	410490	84689
重工业	735494	849353	97890
按大中小型工业分			
大型企业	185157	184093	26375
中型企业	370111	458252	28669
小微型企业	561024	617498	127534

单位：万元

指标名称	营业利润	利润总额	亏损企业亏损额
按工业行业大类分	**1116292**	**1259842**	**182578**
煤炭开采和洗选业			
石油和天然气开采业			
黑色金属矿采选业			
有色金属矿采选业	-1338	-1303	1303
非金属矿采选业	2185	1630	2195
开采专业及辅助性活动			
其他采矿业			
农副食品加工业	141133	143394	23334
食品制造业	-1715	-159	14916
酒、饮料和精制茶制造业	107954	109935	1404
烟草制品业	80833	79842	480
纺织业	11041	13238	7942
纺织服装、服饰业	3689	3108	
皮革、毛皮、羽毛及其制品和制鞋业	190	1013	66
木材加工和木、竹、藤、棕、草制品业	54088	59343	4477
家具制造业	-1225	-645	1720
造纸和纸制品业	-5271	-4538	15744
印刷和记录媒介复制业	8964	9558	943
文教、工美、体育和娱乐用品制造业	95	100	61
石油、煤炭及其他燃料加工业	2446	2520	77
化学原料和化学制品制造业	91875	95973	2962
医药制造业	21605	36874	10624
化学纤维制造业			
橡胶和塑料制品业	10706	12108	2550
非金属矿物制品业	268428	271424	31942
黑色金属冶炼和压延加工业	-2266	-1476	2823
有色金属冶炼和压延加工业	-22949	38577	525
金属制品业	11942	14030	7712
通用设备制造业	5216	5653	1832
专用设备制造业	15739	15777	20176
汽车制造业	27725	27682	592
铁路、船舶、航空航天和其他运输设备制造业	3382	3055	88
电气机械和器材制造业	3986	7236	5317
计算机、通信和其他电子设备制造业	139002	173529	12447
仪器仪表制造业	-347	265	118
其他制造业	182	347	
废弃资源综合利用业	2090	2489	
金属制品、机械和设备修理业	85	85	
电力、热力生产和供应业	50634	50897	4943
燃气生产和供应业	47114	48769	3267
水的生产和供应业	39073	39513	

5-5 市区规模以上工业企业主要工业产品产量

（2021 年）

产品名称	单 位	生产量	产品名称	单 位	生产量
大米	吨	203992	蒸压加气混凝土板	立方米	179444
精制食用植物油	吨	21361	硅酸盐水泥熟料	吨	2870416
鲜冷藏冻肉	吨	151064	商品混凝土	立方米	24644554
成品糖	吨	402279	平板玻璃	重量箱	
饲料	吨	3857669	钢化玻璃	平方米	133810
乳制品	吨	130755	单色印刷品	令	999987
液体乳	吨	130755	钢材	吨	474613
罐头	吨	44959	铝材	吨	260075
冷冻饮品	吨	66774	起重机	吨	60653
发酵酒精（折 96 度，商品量）	千升	6	混凝土机械	台	55
饮料酒	千升	269641	铸钢件	吨	
啤酒	千升	269641	小型拖拉机	台	1250
饮料	吨	2000844	矿山专用设备	吨	30707
卷烟	万支	3582850	沥青和改性沥青防水卷材	平方米	36080869
纱	吨	25145	金属冶炼设备	吨	5896
服装	万件	645	环境污染防治专用设备	台（套）	483
人造板	立方米	3696164	改装汽车	辆	37
胶合板	立方米	2140024	变压器	千伏安	
家具	件	646673	发电机组（发电设备）	千瓦	1600
机制纸及纸板（外购原纸加工除外）	吨	9023	通信及电子网络用电缆	对千米	
纸制品	吨	334355	电力电缆	千米	306123
单色印刷品	令	999987	家用电风扇	台	142333
多色印刷品	对开色令	5629549	家用吸排油烟机	台	3651
化学药品原药	吨	10943	电饭锅	个	23173
中成药	吨	19904	光电子器件	万只	28902
香精	吨		表	只	
塑料制品	吨	214826	淀粉及淀粉制品	吨	104890
水泥	吨	8163040	松香	吨	
水泥混凝土电杆	根	220874	自来水生产量	万立方米	54094

5-6 市区规模以上工业企业主要财务状况

（2021 年）

单位：万元

指标名称	单位数（个）	#亏损企业	从业人员平均人数（人）	负债合计
总计	**935**	**258**	**124842**	**21360391**
#亏损企业	258	258	22482	3831860
国有控股企业	88	19	18754	8435099
按登记注册类型分组				
国有企业	5	1	634	194834
#中央企业				
地方企业	5	1	634	194834
集体企业	1		456	154
股份合作企业				
联营企业				
有限责任公司	219	64	34493	663434
#国有独资公司	16	2	1834	28159
其他有限责任公司	203	62	32659	635275
股份有限公司	7	2	4886	191203
私营企业	615	177	46722	629437
其他企业				
港、澳、台商投资企业	45	10	18278	2806993
外商投资企业	43	4	19373	1762772
按轻重工业分				
轻工业	333	107	43161	3746237
重工业	602	151	81681	17614154
按大中小型工业分				
大型企业	12	2	31398	5016291
中型企业	58	6	29656	2258133
小型、微型企业	865	250	63788	14085967

单位：万元

指标名称	单位数（个）	#亏损企业	从业人员平均人数（人）	负债合计
按工业行业大类分	**935**	**258**	**124842**	**21360391**
煤炭开采和洗选业				
石油和天然气开采业				
黑色金属矿采选业				
有色金属矿采选业				
非金属矿采选业	14	5	479	130623
开采专业及辅助性活动				
其他采矿业				
农副食品加工业	90	26	10545	1359374
食品制造业	41	15	5790	388085
酒、饮料和精制茶制造业	21	6	4221	186109
烟草制品业	2	1	317	411693
纺织业	6	3	1878	131071
纺织服装、服饰业	7		1271	18857
皮革、毛皮、羽毛及其制品和制鞋业	2		1433	15070
木材加工和木、竹、藤、棕、草制品业	99	17	7663	376681
家具制造业	11	3	1005	75415
造纸和纸制品业	20	5	2829	120181
印刷和记录媒介复制业	23	6	2027	87333
文教、工美、体育和娱乐用品制造业	2	1	100	351
石油、煤炭及其他燃料加工业	4	1	422	90772
化学原料和化学制品制造业	67	16	4853	793962
医药制造业	42	19	5344	443940
化学纤维制造业				
橡胶和塑料制品业	39	11	3619	144200
非金属矿物制品业	121	37	14255	1188841
黑色金属冶炼和压延加工业	14	7	545	97962
有色金属冶炼和压延加工业	8	2	2777	951171
金属制品业	64	18	3779	295115
通用设备制造业	14	6	2042	162551
专用设备制造业	46	12	5832	1138779
汽车制造业	15	6	3059	351926
铁路、船舶、航空航天和其他运输设备制造业	3		345	13619
电气机械和器材制造业	67	15	3999	457970
计算机、通信和其他电子设备制造业	61	15	29298	5992318
仪器仪表制造业	7	2	747	18415
其他制造业	2		440	10977
废弃资源综合利用业	3		346	27201
金属制品、机械和设备修理业				
电力、热力生产和供应业	11	1	558	4215014
燃气生产和供应业	6	2	1361	366103
水的生产和供应业	3		1663	1298715

单位：万元

指标名称	资产总计	流动资产合　计	#存货	#产成品
总计	**31621239**	**17390787**	**2815361**	**988231**
#亏损企业	4865108	3046945	325282	177400
国有控股企业	12438799	3572558	803785	131555
按登记注册类型分组				
国有企业	195878	24119	764	286
#中央企业				
地方企业	195878	24119	764	286
集体企业	1080	995	393	131
股份合作企业				
联营企业				
有限责任公司	1099986	476741	107620	23172
#国有独资公司	46711	22780	2231	980
其他有限责任公司	1053275	453961	105388	22191
股份有限公司	266834	53990	3530	2025
私营企业	862397	636706	92612	48736
其他企业				
港、澳、台商投资企业	3814883	2889923	226697	126449
外商投资企业	3544614	2575358	539467	118287
按轻重工业分组				
轻工业	6580738	3961840	1031326	264267
重工业	25040502	13428946	1784036	723964
按大中小型工业分				
大型企业	7135148	3633002	683619	163480
中型企业	4512871	2403479	397363	180025
小型、微型企业	19973220	11354305	1734380	644727

指标名称	资产总计	流动资产合　计	#存货	#产成品
按工业行业大类分	**31621239**	**17390787**	**2815361**	**988231**
煤炭开采和洗选业				
石油和天然气开采业				
黑色金属矿采选业				
有色金属矿采选业				
非金属矿采选业	174602	116427	3548	3376
开采专业及辅助性活动				
其他采矿业				
农副食品加工业	2089458	1084249	173793	72752
食品制造业	597912	405773	65973	21271
酒、饮料和精制茶制造业	588057	265021	52001	17997
烟草制品业	1201000	847554	418286	8603
纺织业	218111	111382	38785	21343
纺织服装、服饰业	49715	35310	9799	5374
皮革、毛皮、羽毛及其制品和制鞋业	17833	13095	5792	2979
木材加工和木、竹、藤、棕、草制品业	938642	443626	67649	31143
家具制造业	105655	80226	29024	9217
造纸和纸制品业	195495	102724	28178	10055
印刷和记录媒介复制业	195563	94098	15939	8206
文教、工美、体育和娱乐用品制造业	2132	1933	881	77
石油、煤炭及其他燃料加工业	116286	30340	7388	3527
化学原料和化学制品制造业	1370548	833702	146188	58090
医药制造业	644353	386682	92208	38820
化学纤维制造业				
橡胶和塑料制品业	244645	168770	60093	27202
非金属矿物制品业	2124874	1410967	125753	44785
黑色金属冶炼和压延加工业	124723	108062	35947	17215
有色金属冶炼和压延加工业	1351284	424687	156907	33572
金属制品业	435920	361173	59514	27296
通用设备制造业	243939	174326	36854	9315
专用设备制造业	1662494	1050063	89524	45717
汽车制造业	973391	536076	51498	23816
铁路、船舶、航空航天和其他运输设备制造业	58566	34805	2949	308
电气机械和器材制造业	678604	558334	106699	66605
计算机、通信和其他电子设备制造业	7162600	6657413	856427	344057
仪器仪表制造业	34293	27328	7406	3895
其他制造业	23705	11091	2398	778
废弃资源综合利用业	46009	37642	1825	972
金属制品、机械和设备修理业				
电力、热力生产和供应业	5599459	595971	39463	13204
燃气生产和供应业	571856	200514	19023	16665
水的生产和供应业	1779516	181423	7652	

指标名称	营业收入	营业成本	营业外收入	营业外支出
总计	**21506659**	**17480895**	**179646**	**45721**
#亏损企业	2577862	2402149	16156	14881
国有控股企业	5512657	3129370	15119	14180
按登记注册类型分组				
国有企业	141501	39409	381	34
#中央企业				
地方企业	141501	39409	381	34
集体企业	509	366	22	0.05
股份合作企业				
联营企业				
有限责任公司	603581	445781	3370	1619
#国有独资公司	21870	17883	74	84
其他有限责任公司	581711	427898	3295	1535
股份有限公司	50380	38642	117	215
私营企业	657648	593377	12169	2365
其他企业				
港、澳、台商投资企业	2361392	2114560	14590	2506
外商投资企业	4609078	4190578	4470	885
按轻重工业分				
轻工业	6316138	4594880	38326	14643
重工业	15190521	12886015	141320	31079
按大中小型工业分				
大型企业	5268224	4801297	2208	3271
中型企业	2873511	2419254	108942	24462
小型、微型企业	13364924	10260344	68496	17989

单位：万元

指标名称	营业收入	营业成本	营业外收入	营业外支出
按工业行业大类分	**21506659**	**17480895**	**179646**	**45721**
煤炭开采和洗选业				
石油和天然气开采业				
黑色金属矿采选业				
有色金属矿采选业				
非金属矿采选业	79154	63382	149	693
开采专业及辅助性活动				
其他采矿业				
农副食品加工业	2536591	2323718	3687	3413
食品制造业	364842	299762	1704	446
酒、饮料和精制茶制造业	638430	448883	2107	740
烟草制品业	1366278	371305	4466	5458
纺织业	94492	88667	662	41
纺织服装、服饰业	51696	43298	295	902
皮革、毛皮、羽毛及其制品和制鞋业	36152	32857	792	55
木材加工和木、竹、藤、棕、草制品业	771820	692016	2422	710
家具制造业	54717	44498	970	397
造纸和纸制品业	210264	186796	540	210
印刷和记录媒介复制业	121560	96994	645	51
文教、工美、体育和娱乐用品制造业	4054	3851	6	1
石油、煤炭及其他燃料加工业	65282	58570	141	141
化学原料和化学制品制造业	1038119	910080	4804	1121
医药制造业	311875	191284	17835	2557
化学纤维制造业				
橡胶和塑料制品业	269994	235170	1098	184
非金属矿物制品业	1617852	1328856	5419	3694
黑色金属冶炼和压延加工业	252578	243247	911	88
有色金属冶炼和压延加工业	610487	550279	77723	16219
金属制品业	555033	502465	1616	370
通用设备制造业	145833	109971	755	339
专用设备制造业	686500	567240	3622	3667
汽车制造业	222333	195422	514	556
铁路、船舶、航空航天和其他运输设备制造业	88780	77885	36	365
电气机械和器材制造业	497545	439547	3616	835
计算机、通信和其他电子设备制造业	6667706	6435620	35404	1708
仪器仪表制造业	23166	18572	617	4
其他制造业	10373	8249	190	24
废弃资源综合利用业	26080	20732	399	
金属制品、机械和设备修理业				
电力、热力生产和供应业	1504330	453979	4403	637
燃气生产和供应业	366544	307397	1668	13
水的生产和供应业	216199	130306	435	84

指标名称	销售费用	管理费用	财务费用	#利息费用
总计	**430074**	**619235**	**207319**	**238329**
#亏损企业	60150	121938	79498	67095
国有控股企业	74180	215662	111365	135363
按登记注册类型分组				
国有企业	230	1386	30	52
#中央企业				
地方企业	230	1386	30	52
集体企业	0.48	146	-6	
股份合作企业				
联营企业				
有限责任公司	14546	25664	9228	11213
#国有独资公司	319	1611	329	365
其他有限责任公司	14227	24053	8899	10849
股份有限公司	918	2933	5623	5557
私营企业	14288	22567	4919	5743
其他企业				
港、澳、台商投资企业	64776	43468	3967	4330
外商投资企业	65482	48822	5401	8351
按轻重工业分				
轻工业	238128	259786	67404	86204
重工业	191946	359450	139914	152125
按大中小型工业分				
大型企业	74365	65918	102492	104333
中型企业	84848	110057	26952	40666
小型、微型企业	270861	443260	77874	93331

指标名称	销售费用	管理费用	财务费用	#利息费用
按工业行业大类分	**430074**	**619235**	**207319**	**238329**
煤炭开采和洗选业				
石油和天然气开采业				
黑色金属矿采选业				
有色金属矿采选业				
非金属矿采选业	2445	4883	1743	1612
开采专业及辅助性活动				
其他采矿业				
农副食品加工业	47189	58736	39578	48960
食品制造业	27077	20814	11953	11315
酒、饮料和精制茶制造业	53616	17084	-146	2027
烟草制品业	25917	74508	-3934	7960
纺织业	2594	7675	1908	1561
纺织服装、服饰业	540	3556	145	72
皮革、毛皮、羽毛及其制品和制鞋业	1	1903	70	75
木材加工和木、竹、藤、棕、草制品业	16077	19060	6032	4492
家具制造业	5441	3559	526	465
造纸和纸制品业	5686	9675	2545	2234
印刷和记录媒介复制业	2465	11495	128	303
文教、工美、体育和娱乐用品制造业	3	151	3	
石油、煤炭及其他燃料加工业	443	1963	779	780
化学原料和化学制品制造业	20839	32835	9353	7747
医药制造业	52826	28669	8255	7017
化学纤维制造业				
橡胶和塑料制品业	6326	9726	2993	2895
非金属矿物制品业	61798	68861	10103	9083
黑色金属冶炼和压延加工业	4972	4055	979	546
有色金属冶炼和压延加工业	9999	14774	36315	36017
金属制品业	7694	22783	4212	2054
通用设备制造业	8832	7711	3179	2616
专用设备制造业	26043	59428	17179	18753
汽车制造业	5026	12873	3172	3665
铁路、船舶、航空航天和其他运输设备制造业	409	2570	82	116
电气机械和器材制造业	10689	20978	4657	3781
计算机、通信和其他电子设备制造业	13014	55289	-3584	7957
仪器仪表制造业	202	3873	80	119
其他制造业	672	1148	7	
废弃资源综合利用业		1769	1293	1012
金属制品、机械和设备修理业				
电力、热力生产和供应业	369	18960	16504	16559
燃气生产和供应业	2577	5910	3634	3752
水的生产和供应业	6296	11963	27575	32786

单位：万元

指标名称	营业利润	利润总额	亏损企业亏损额
总计	**826656**	**957202**	**142813**
#亏损企业	−144088	−142813	142813
国有控股企业	210103	207663	29215
按登记注册类型分组			
国有企业	775	784	26
#中央企业			
地方企业	775	784	26
集体企业	−20	2	
股份合作企业			
联营企业			
有限责任公司	26020	27771	4749
#国有独资公司	1568	1559	212
其他有限责任公司	24452	26212	4537
股份有限公司	3310	3212	1095
私营企业	9539	19343	6997
其他企业			
港、澳、台商投资企业	157328	169412	13979
外商投资企业	273087	276672	163
按轻重工业分组			
轻工业	325608	349292	57780
重工业	501048	607911	85033
按大中小型工业分			
大型企业	183297	182235	26375
中型企业	229851	314329	14812
小型、微型企业	413508	460638	101626

指标名称	营业利润	利润总额	亏损企业亏损额
按工业行业大类分	**826656**	**957202**	**142813**
煤炭开采和洗选业			
石油和天然气开采业			
黑色金属矿采选业			
有色金属矿采选业			
非金属矿采选业	2668	2126	1107
开采专业及辅助性活动			
其他采矿业			
农副食品加工业	98480	98755	13770
食品制造业	−1361	−102	14607
酒、饮料和精制茶制造业	107864	109232	701
烟草制品业	80833	79842	480
纺织业	−3306	−2685	7568
纺织服装、服饰业	3448	2840	
皮革、毛皮、羽毛及其制品和制鞋业	230	967	
木材加工和木、竹、藤、棕、草制品业	45949	47662	2715
家具制造业	−1227	−654	1720
造纸和纸制品业	1868	2198	1238
印刷和记录媒介复制业	8964	9558	943
文教、工美、体育和娱乐用品制造业	−42	−37	61
石油、煤炭及其他燃料加工业	2341	2340	77
化学原料和化学制品制造业	71786	75470	2170
医药制造业	21893	37170	10327
化学纤维制造业			
橡胶和塑料制品业	9386	10300	1813
非金属矿物制品业	102007	103731	28178
黑色金属冶炼和压延加工业	−1779	−955	1656
有色金属冶炼和压延加工业	−23198	38306	525
金属制品业	8623	9869	4988
通用设备制造业	4960	5377	1832
专用设备制造业	10381	10336	20117
汽车制造业	27725	27682	592
铁路、船舶、航空航天和其他运输设备制造业	3473	3143	
电气机械和器材制造业	3939	6720	5277
计算机、通信和其他电子设备制造业	134951	168645	12447
仪器仪表制造业	−347	265	118
其他制造业	182	347	
废弃资源综合利用业	2090	2489	
金属制品、机械和设备修理业			
电力、热力生产和供应业	18293	18679	4677
燃气生产和供应业	47101	48756	3110
水的生产和供应业	38481	38833	

5-7 各县（市、区）规模以上工业企业单位数

（2021 年）

单位：个

指标名称	兴宁区	青秀区	江南区	西乡塘区	良庆区	邕宁区
总计	**35**	**31**	**209**	**261**	**76**	**44**
#亏损企业	10	5	48	82	16	18
国有控股企业	7	14	17	21	8	7
按登记注册类型分组						
国有企业		3		1		
#中央企业						
地方企业		3		1		
集体企业		1				
有限责任公司	10	13	55	50	21	19
#国有独资公司	2	4		4	4	1
其他有限责任公司	8	9	55	46	17	18
股份有限公司			3	1		1
私营企业	24	13	125	181	45	22
港、澳、台商投资企业	1	1	9	19	6	1
外商投资企业			17	9	4	1
按轻重工业分						
轻工业	12	17	93	78	34	6
重工业	23	14	116	183	42	38
按大中小型工业分						
大型企业			6	3		1
中型企业	2	2	15	17	4	4
小微型企业	33	29	188	241	72	39

单位：个

指标名称	武鸣区	隆安县	马山县	上林县	宾阳县	横州市
总计	276	68	20	23	122	155
#亏损企业	78	18	3	5	22	35
国有控股企业	11	3	5		9	12
按登记注册类型分组						
国有企业		1			2	1
#中央企业						
地方企业		1			2	1
集体企业						1
有限责任公司	50	13	6	5	31	19
#国有独资公司	1		2		4	4
其他有限责任公司	49	13	4	5	27	15
股份有限公司	1	1	1			
私营企业	205	51	13	18	83	130
港、澳、台商投资企业	8	2			4	2
外商投资企业	12				2	2
按轻重工业分						
轻工业	91	30	5	8	58	68
重工业	185	38	15	15	64	87
按大中小型工业分						
大型企业	1				1	
中型企业	14	5	2	3	17	9
小微型企业	261	63	18	20	104	146

六 运输邮电

6-1 全市主要年份交通邮电情况

年 份	邮电业务总量（万元）	年末电话用户（户）	客运量（万人次）	货运量（万吨）
1950	53	174		8
1965	381	4859		215
1978	420	7691		347
1980	487	9195		313
1985	1211	17277	3907	1055
1986	1384	20423	4615	1268
1987	1709	24171	5795	1428
1988	1990	28145	6234	2703
1989	2311	33663	6338	1915
1990	5219	37131	3908	1863
1991	6854	47878	2625	2226
1992	9807	60333	2896	2589
1993	16745	87174	2545	2908
1994	29695	140004	3835	3457
1995	47626	228940	4545	3341
1996	65478	248387	4959	3413
1997	86853	361554	5457	3450
1998	112896	403001	5026	3470
1999	133877	645717	5130	3293
2000	190253	865319	5149	3291
2001	255793	913508	5266	3371
2002	291117	1543341	5343	3442
2003	191649	2678588	7017	5893
2004	248049	3527773	8451	6791
2005	293587	3658498	9131	7236
2006	689043	4040947	9665	7853
2007	1033495	4408556	10532	9237
2008	1289710	4880161	8066	13044
2009	1459981	5498397	8987	15491
2010	1769876	6043808	10153	19171
2011	829763	7917861	11170	24326
2012	945554	8247169	12036	29783
2013	1009173	8526254	8364	30877
2014	1277064	8305419	8697	33146
2015	1579550	8213790	9185	36282
2016	2415421	8478748	8898	32429
2017	2062507	10096927	9914	35142
2018	4547164	13594994	10212	38382
2019	7813409	13721305	10280	41324
2020	8774174	13536276	7401	36769
2021	4091944	12112705	7595	42929

注：1. 邮电业务总量1950年为1952年不变价，1965年为1957年不变价，1978—1980年为1970年不变价，1985—1989年为1980年不变价，1990—2002年为1990年不变价,2003-2010年为2000年不变价，2011年以后为2010年不变价。2003年以后为行政区划调整后的数据，其余年份为原南宁口径。

2. 年末电话用户数来自中国移动广西有限公司南宁分公司、中国联合网络通信有限公司南宁分公司、铁通公司南宁分公司、中国电信股份有限公司南宁分公司。

3. 邮电业务总量(万元)2021年各通讯公司价格指数不一致，数据与往年差异较大。

4. 2017-2021年全市客运量数据根据《南宁市2021年综合交通运输发展年报》进行修改。

6-2 全市民用运输船舶拥有量

（2021 年）

指标名称	单 位	总 计	#私 人
机动船	艘	1256	71
载客量	客位	599	
净载重量	吨位	1892945	65187
总功率	千瓦	428756	13742
客船	艘	5	
载客量	客位	599	
货船	艘	1251	71
净载重量	吨位	1892945	65187

注：数据由南宁市交通运输局提供。

6-3 全市全社会客货运输量

（2021 年）

指标名称	客运量（万人次）	旅客周转量（万人公里）	货运量（万吨）	货物周转量（万吨公里）
合计	**7595**	**463166**	**42929**	**7850642**
公路运输合计	3636	462914	38098	4330460
水上运输合计	19	252	4607	3520182
铁路发送运输合计	2874		210	
民航运输合计	1085		12	

注：南宁市对外客运量合计数不含水运。

七 固定资产投资

7-1 全市主要年份固定资产投资情况

单位：万元

年 份	全社会固定资产投资额	固定（城镇固定）资产投资额	新增固定资产
1950	312	312	
1965	5578	4577	3476
1978	17731	16886	6772
1980	16704	16078	12713
1985	44590	38447	25868
1986	59292	47569	37857
1987	67975	59092	52193
1988	91450	82364	64369
1989	73920	66787	64217
1990	75907	60046	61328
1991	84364	70739	75259
1992	113593	96412	59784
1993	236508	219395	123995
1994	339036	310598	191587
1995	563515	432100	247895
1996	643874	525891	330844
1997	747843	613987	379500
1998	823561	689875	533250
1999	880793	759931	480493
2000	1131659	878145	776010
2001	1214061	974531	836988
2002	1455615	1223609	807002
2003	1903567	1699199	1367881
2004	2627634	2401050	1776841
2005	3628975	3462384	2382248
2006	4472211	4077515	2410404
2007	5602200	5179195	2967701
2008	6934353	6500237	2786431
2009	10439120	9772424	5410422
2010	14830158	13893035	6761138
2011	20189453	19661255	9556262
2012	25851818	25176100	17714243
2013	24750080	24326855	15048368
2014	29338739	28866773	17754500
2015	34184261	33668913	20128960
2016		38247267	18708978
2017		43079465	25142928

注：1.2000年以后为行政区划调整后的数据，其余年份为原南宁口径。

2.2011 年起以“固定资产投资”口径取代原“城镇固定资产投资”口径。

3.2013 年起，固定资产投资起报点从计划总投资 50 万起报调整为计划总投资 500 万元起报。

4.2016 年起，取消全社会固定资产投资统计。

5.2018 年起，固定资产投资统计方法改变，统计口径发生变化，根据国家要求不公布总量数据，只公布增速，不可用 2017 年总量和 2018 年增速推算 2018 年总量。

7–2 全市固定资产投资

（2021 年）

单位：%

指标名称	固定资产投资增速	国有控股	集体控股	私人控股	港澳台商控股	外商控股	其 他
合计	**3.1**	**8.7**	**–3.2**	**6.7**	**5.7**	**–32.4**	**–72.4**
按隶属关系分							
中央	242.0	252.0			–100.0	152.5	–8.1
地方	16.4	17.4	–26.5	200.1	–62.5	–96.4	–30.3
其他	–13.6	–69.1	2.9	6.1	8.5	–24.1	–76.8
按三次产业分							
第一产业	–26.0	–2.9	–93.3	–20.4		–100.0	–59.9
第二产业	20.2	31.3	–100.0	36.8	120.2	19.0	–74.8
＃工业	21.2	31.3	–100.0	37.0	120.2	19.0	–74.3
第三产业	1.5	5.8	15.3	4.3	–9.6	–42.3	–72.8
批发和零售业	2.8	283.9		15.2	–22.1	–27.7	–63.1
交通运输、仓储和邮政业	47.1	46.0	–90.9	203.0	130.7		–52.9
住宿和餐饮业	–45.5	5.8		10.6		–100.0	–98.1
信息传输、软件和信息技术服务业	–36.7	–40.4		–14.2	–2.0		–38.4
金融业	–18.6	–31.0	47.1				
房地产业	–0.7	8.9	18.6	–0.5	–18.6	–60.0	–34.9
租赁和商务服务业	–22.5	–53.4	–71.0	34.6			78.4
科学研究和技术服务业	–25.9	–20.4		–34.5			
水利、环境和公共设施管理业	–32.1	–36.0	–100.0	419.6		239.4	–93.9
居民服务、修理和其他服务业	196.7	59.7		313.8			
教育	15.7	4.6	–78.6	1113.1			–99.1
卫生和社会工作	–28.5	–23.5		62.0			–97.1
文化、体育和娱乐业	–10.2	–43.7		27.0			–9.6
公共管理、社会保障和社会组织	–20.6	–25.1	118.4				65.1

7-3 全市按行业、注册类型、隶属关系和建设性质分固定资产投资

（2021 年）

单位：%

指标名称	固定资产投资增速	指标名称	固定资产投资增速
本年完成投资	**3.1**	电力、煤气及水的生产和供应业	1.3
投资额按登记注册类型分		建筑业	5.8
内资	**3.2**	第三产业	1.5
国有	14.1	批发和零售业	2.8
集体	22.6	交通运输、仓储和邮政业	47.1
股份合作	47.1	住宿和餐饮业	−45.5
联营	−36.7	信息传输、软件和信息技术服务业	−36.7
有限责任公司	12.7	金融业	−18.6
股份有限公司	−33.4	房地产业	15.5
私营	−26.6	租赁和商务服务业	−22.5
其他	−25.4	科学研究和技术服务业	−25.9
港澳台商投资	**18.7**	水利、环境和公共设施管理业	−32.1
合资经营	3.3	居民服务、修理和其他服务业	196.7
合作经营		教育	15.7
独资	24.5	卫生和社会工作	−28.5
股份有限	−61.5	文化、体育和娱乐业	−10.2
其他	***	公共管理、社会保障和社会组织	−20.6
外商投资	**−20.0**	**投资额按隶属关系分**	
合资经营	37.0	中央	242.0
合作经营	239.4	地（区、市、州、盟）	16.4
独资	−38.2	**其他**	−13.6
股份有限	92.3	**投资额按建设性质分（不含房开）**	
其他	−100.0	新建	13.0
个体经营	**23.3**	扩建	−3.0
个人经营	17.8	改建和技术改造	−8.2
个人合伙	205.1	单纯建造生活设施	−2.4
按国民经济行业分		迁建	−16.4
农、林、牧、渔业	−25.1	恢复	−42.0
采矿业	−27.4	单纯购置	−0.1
制造业	30.0		
# 制糖业	−83.3		

7-4 全市固定资产投资完成情况

（2021 年）

单位：%

指标名称	合 计	国有控股	集体控股	私人控股	港澳台商控股	外商控股	其 他
本年完成投资	3.1	**8.7**	**-3.2**	**6.7**	**5.7**	**-32.4**	**-72.4**
#住宅（不含 500-5000 万元项目）	-0.4	8.7	36.3	-0.5	-23.2	-57.2	-20.6
投资额按构成分							
建筑安装工程	3.8	12.7	-45.7	5.8	0.6	-17.4	-73.1
设备工器具购置	-8.2	-15.7	-68.5	19.1	73.1	48.5	-64.4
其他费用	4.4	7.6	74.9	6.5	6.2	-70.2	-77.1
#土地购置费	2.1	8.0	97.2	4.0	-18.5	-81.4	-85.1
本年新增固定资产	-9.5	-26.3	132.1	32.9	-47.5	-85.4	-87.5
施工项目个数	3.9	-4.3	-39.1	37.6	62.1	35.3	-40.7
#本年新开工	-13.8	-30.6	-83.3	5.4	46.2	60.0	-7.8
本年投产项目个数	-15.5	-24.8	-60.0	-0.9	-30.0	50.0	-16.7
上年末结余资金	10.7	12.7	-57.5	10.1	48.2	-3.7	-99.8
本年资金来源小计	-2.8	27.1	-6.7	-13.7	-33.6	-12.4	-85.0
国家预算内资金	-0.4	0.5	-100.0	48.9			
国内贷款	10.0	99.4	-37.1	-31.0	18.2	112.8	-100.0
债券	5.6	5.6					
利用外资	550.0	-8.7		-66.7			
自筹资金	13.1	35.6	-23.7	17.9	-50.4	25.5	-84.2
其他资金来源	-20.0	-5.1	113.0	-22.8	-41.5	-52.7	-77.9
各项应付款合计	2.6	26.0	421.6	-19.3	55.0	-49.7	-85.0
其中：工程款	-13.4	-1.9	-26.1	-15.1	-21.9	-51.3	-95.1

注：施工、投产项目个数不含房地产开发项目。本年新增固定资产、资金来源不含 500 万—5000 万元项目。

7-5 房地产开发投资

单位：万元

指标名称	全市		市区	
	2021年	2020年	2021年	2020年
本年完成投资	**13599484**	**13782011**	**12723710**	**12928594**
投资额按登记注册类型分				
内资企业	**12974227**	**12968047**	**12098453**	**12114760**
国有企业		119875		118295
其他联营企业				
国有独资公司	914148	828394	914148	828394
其他有限责任公司	9752857	8406415	9585414	8259502
股份有限公司	19950	39968	19950	39968
私营企业	2287272	3573395	1578941	2868601
港澳台投资	**408554**	**451642**	**408554**	**451642**
合资经营	64277	79676	64277	79676
合作经营				
独资	344277	371966	344277	371966
外商投资	**216703**	**359341**	**216703**	**359341**
合资经营	101230	66823	101230	66823
合作经营				
外资企业	115473	268396	115473	268396
其他外商投资		24122		24122
投资额按隶属关系分				
中央	768999	289821	768999	289821
地方	2128210	1791278	2128210	1789698
其他	10702275	11697931	9826501	10846224

7-6 房地产开发投资完成情况

指标名称	单 位	全 市		市 区	
		2021 年	2020 年	2021 年	2020 年
本年完成投资	**万元**	**13599484**	**13782011**	**12723710**	**12928594**
投资额按构成分					
建筑工程	万元	6392001	6462932	5703175	5858447
安装工程	万元	491849	584449	455896	556409
设备工器具购置	万元	57826	71495	52462	66512
其他费用	万元	6657808	6663135	6512177	6447226
#土地购置费	万元	5635387	5779239	5506347	5575886
投资额按工程用途分					
住宅	万元	9751717	9886331	9002927	9101930
办公楼	万元	530474	503299	529888	502994
商业营业用房	万元	844976	957590	779957	924954
其他	万元	2472317	2434791	2410938	2398716
本年新增固定资产	万元	4233083	4496700	3908817	4344141
本年购置土地面积	平方米	1564771	4917455	1408072	4575733
上年末结余资金	万元	7299866	6486333	7100613	
本年实际到位资金	万元	18572977	20706014	17608864	6005829
国内贷款	万元	3090044	3934024	3022702	3766930
利用外资	万元				
自筹资金	万元	5838157	4589667	5557625	4395232
其他资金来源	万元	546358	844450	529114	830476
本年各项应付款合计	万元	7585133	7021582	7366884	6825538
竣工房屋住宅套数合计	套	67440	47782	60163	44617
施工房屋面积	平方米	112465190	107124913	104268954	100280909
#住宅	平方米	73309099	69192148	66733334	63464926
本年新开工房屋面积	平方米	13636672	20795824	11850969	19195558
#住宅	平方米	9394142	13429962	8081981	12134576
竣工房屋面积	平方米	9869721	7999105	8828913	7531798
#住宅	平方米	7122614	5008478	6307694	4633923
竣工房屋价值	万元	3846730	3702230	3573231	3578380
#住宅	万元	2986578	2434493	2752604	2342206
商品房销售面积	平方米	14940807	18375858	13373820	16601374
#住宅	平方米	11255128	14861899	9864972	13207954
商品房待售面积	平方米	3251888	2307260	2476950	1949243
#住宅	平方米	998410	682581	761940	570537
办公楼	平方米	149125	118499	149125	118499
商业营业用房	平方米	690660	470666	443692	339531
其他	平方米	1413693	1035514	1122193	920676
商品房销售额	万元	12402780	15812101	11642824	14965999
#住宅	万元	10084347	13672809	9416206	12881075

7-7 房地产开发经营情况

单位：千元

指标名称	全 市		市 区	
	2021 年	2020 年	2021 年	2020 年
资产总计	1007626787	819375370	986134620	688514362
固定资产累计折旧	3207670	2579439	3098415	1996445
# 本年折旧	486609	423399	461565	334225
负债总计	791455989	698738172	772089593	585897844
所有者权益合计	216170798	120637198	214045027	102616518
# 实收资本合计	108913096	60287911	107283132	48871042
土地转让收入	498220	2864	498220	
商品房屋销售收入	119689712	88168568	115040538	71424483
房屋出租收入	1319572	1089791	1285897	1001450
其他收入	1295272	1207558	1274043	977846
主营业务成本	96945867	69896804	92634499	55119853
主营业务税金及附加	5515732	3783629	5433134	3423526
其他业务利润	305014	249680	278843	212781
销售费用	5159694	4619386	4968325	3907370
管理费用及财务费用	5305504	5090349	5099110	4418288
投资收益及营业外收入	948624	898147	937803	751581
营业外支出	558129	595562	554247	458556
利润总额	13314128	7978381	13090878	7316353

7-8 全市总承包和专业承包建筑业企业生产情况

（2021 年）

指标名称	企业个数（个）	#有工作量的企业个数	建筑业总产值（万元）				
			合 计	建筑工程	#装修装饰	安装工程	其他
总计	**545**	**494**	**26477097**	**24228169**	**567078**	**907264**	**1341664**
#二级以上企业	319	294	24887064	22927687	531298	671078	1288299
国有及国有控股	76	71	17825151	17308089	76104	206076	310986
按登记注册类型分组							
国有企业	8	7	41872	40930	1328	821	121
集体企业	8	7	69046	67510	2321	723	814
有限责任公司	114	100	20181932	18871875	102319	427115	882941
股份有限公司	1	1	4000	4000			
私营企业	414	379	6180247	5243854	461110	478605	457788
按国民经济行业分组							
房屋建筑业	284	255	11570663	10766517	383735	375825	428322
土木工程建筑	151	138	13659615	12544041	23427	304850	810723
建筑安装业	51	48	662698	359291	2852	219679	83728
建筑装饰和其他建筑业	59	53	584121	558320	157065	6910	18891
按企业资质等级分组							
施工总承包	421	382	24921186	22953119	410699	706349	1261718
特级	9	9	13416479	12841284	70574	31813	543382
一级	64	64	6682033	5795341	234876	411068	475624
二级	153	138	3375143	3084369	76256	89611	201164
三级及以下	195	171	1447530	1232125	28993	173857	41548
专业承包	124	112	1555911	1275050	156379	200915	79946
一级	44	39	1119872	1007441	79299	77221	35211
二级	49	44	293536	199251	70293	61365	32919
三级及以下	31	29	142504	68358	6788	62329	11817
按地区分							
兴宁区	51	49	2980233	2913833	66570	59037	7363
青秀区	208	185	5408696	4779728	129599	355773	273195
江南区	36	35	1935523	1801247	19597	53056	81221
西乡塘区	46	43	3992047	3535883	60132	61433	394731
良庆区	59	49	5636445	5207457	166185	159852	269136
邕宁区	14	13	1878324	1573100	47299	121051	184173
武鸣区	7	6	977127	974082	5291	2232	814
隆安县	4	4	34838	34646	3664	191	
马山县	7	6	51526	17085		6558	27882
上林县	18	16	75701	63955	2	11744	3
宾阳县	14	14	251897	251285	2310	24	588
横州市	22	17	109214	88286	10337	10741	10187
高新区	16	15	2067164	2065295		798	1071
经开区	28	27	937318	808324	53088	43076	85918
东盟区	15	15	141045	113964	3003	21699	5383

指标名称	竣工产值（万元）	房屋施工面积（万平方米）	#本年新开工面积	房屋建筑竣工面积（万平方米）	从事建筑业活动的平均人数（万人）	建筑业企业年末人数（万人）
总计	**11569960**	**9625**	**2181**	**2144**	**48**	**44**
#二级以上企业	11208437	9191	2067	2018	44	42
国有及国有控股	8430428	5828	1279	1257	28	28
按登记注册类型分组						
国有企业	9302	2	2	1	0.10	0.10
集体企业	47930	63	23	30	0.18	0.19
有限责任公司	9503815	7204	1570	1540	34	35
股份有限公司					0.01	0.01
私营企业	2008914	2356	586	572	13	9
按国民经济行业分组						
房屋建筑业	5387529	8160	1731	1789	27	27
土木工程建筑	5618109	1191	349	262	19	15
建筑安装业	438305	196	64	92	1	1
建筑装饰和其他建筑业	126017	78	37	1	1	1
按企业资质等级分组						
施工总承包	11264381	9501	2134	2100	45	42
特级	7411678	5666	974	1330	20	23
一级	2735291	2120	530	422	15	11
二级	790874	1282	518	222	7	6
三级及以下	326538	434	113	126	3	2
专业承包	305579	124	46	44	3	2
一级	231908	45	11	39	2	2
二级	38686	79	35	5	1	1
三级及以下	34984				0.23	0.24
按地区分						
兴宁区	722054	813	89	215	5	5
青秀区	2412452	2920	586	705	15	13
江南区	271930	17	8	10	1	1
西乡塘区	2497649	3635	622	723	6	7
良庆区	3209310	1025	556	175	10	8
邕宁区	472315	479	132	61	5	5
武鸣区	40243	123	50	31	1	1
隆安县	32627	29	1	17	0.09	0.07
马山县	35061	19	4	19	0.08	0.08
上林县	25021	12	7	6	0.23	0.15
宾阳县	113544	114	33	65	0.42	0.38
横州市	30316	96	43	15	0.44	0.45
高新区	1124825	239	3	95	3	2
经开区	562973	52	10	4	1	1
东盟区	19641	51	36	1	0.30	0.28

7-9 全市总承包和专业承包建筑业企业财务状况

（2021 年）　　　　单位：万元

指标名称	年初存货	年末资产负债		
		流动资产合　计	#应收工程款	#存 货
总计	**1794328**	**18321626**	**3540088**	**2116258**
#二级以上企业	1610309	17211234	3155393	1955169
国有及国有控股	1184752	12754588	2352093	1388823
按登记注册类型分组				
国有企业	314	17104	4847	514
集体企业	8279	31829	4596	9555
有限责任公司	1328770	13742487	2607388	1528363
股份有限公司		4538	4538	
私营企业	456965	4525668	918720	577825
按国民经济行业分组				
房屋建筑业	925797	8257871	1675386	954967
土木工程建筑	678026	8760598	1526725	935129
建筑安装业	137969	911523	251549	176266
建筑装饰和其他建筑业	52536	391633	86430	49896
按企业资质等级分组				
施工总承包	1662328	17035817	3233279	1981714
特级	781079	6611179	1106076	879169
一级	466116	6322700	936173	625483
二级	264981	3124924	838971	325447
三级及以下	150153	977013	352059	151616
专业承包	132000	1285810	306809	134543
一级	70705	912123	212999	84264
二级	27429	240308	61174	40806
三级及以下	33866	133379	32637	9473
按地区分				
兴宁区	280047	2117651	397839	324673
青秀区	559854	4529641	767890	571369
江南区	83029	827294	187838	90922
西乡塘区	251888	3175569	656583	200155
良庆区	281415	4504532	789941	451149
邕宁区	68028	817636	166744	99639
武鸣区	13162	309784	87439	6637
隆安县	5685	30957	14162	13006
马山县	4409	15894	3011	−277
上林县	86	15921	2237	4168
宾阳县	42612	47468	10145	17898
横州市	14263	75331	24458	20052
高新区	101709	1050628	193363	197552
经开区	62261	669364	214481	90086
东盟区	25880	133958	23940	29228

指标名称	年末资产负债			
	固定资产减值准备	固定资产原价	累计折旧	#本年折旧
总计	**691713**	**73677**	**24308848**	**18613648**
#二级以上企业	642428	64687	23016024	17725707
国有及国有控股	484878	43180	18037792	14119965
按登记注册类型分组				
国有企业	2024	83	22909	13476
集体企业	5254	336	39331	22937
有限责任公司	529467	50676	19165662	14946747
股份有限公司	5	0.4	4595	4307
私营企业	154964	22581	5076351	3626180
按国民经济行业分组				
房屋建筑业	174418	27473	9366309	7676787
土木工程建筑	466183	38659	13499389	9798237
建筑安装业	31458	3437	996906	808948
建筑装饰和其他建筑业	19654	4108	446245	329676
按企业资质等级分组				
施工总承包	617404	62811	22813213	17460300
特级	79946	11628	9022682	7100054
一级	368555	22696	9245800	7057534
二级	127344	20424	3398265	2518529
三级及以下	41558	8063	1146466	784183
专业承包	74309	10866	1495635	1153348
一级	48548	7325	1082847	864675
二级	18035	2614	266431	184916
三级及以下	7727	927	146358	103757
按地区分				
兴宁区	87274	2088	2826825	2216866
青秀区	251116	17807	5002170	3829406
江南区	75233	6213	1039253	822467
西乡塘区	30382	8698	3466627	2890318
良庆区	68878	12022	8036331	6025627
邕宁区	23475	3714	878419	640824
武鸣区	15233	3776	357057	294504
隆安县	2757	40	32335	26437
马山县	10	6	24262	6454
上林县	375	174	48504	36164
宾阳县	568	66	49908	24899
横州市	6764	1143	86304	54872
高新区	50436	7454	1569170	1075540
经开区	73680	8631	738075	556712
东盟区	5533	1845	153610	112559

指标名称	年末资产负债				
	资产合计	负债合计	#流动负债合计	所有者权益合　计	实收资本合　计
总计	**24308848**	**18613648**	**16858068**	**5695200**	**3525837**
#二级以上企业	23016024	17725707	16028735	5290316	3202411
国有及国有控股	18037792	14119965	12735572	3917827	2163909
按登记注册类型分组					
国有企业	22909	13476	13476	9432	6349
集体企业	39331	22937	22693	16394	8185
有限责任公司	19165662	14946747	13509443	4218915	2370807
股份有限公司	4595	4307	4307	288	40
私营企业	5076351	3626180	3308148	1450171	1140457
按国民经济行业分组					
房屋建筑业	9366309	7676787	6928920	1689522	1144595
土木工程建筑	13499389	9798237	8824282	3701151	2151815
建筑安装业	996906	808948	781547	187958	150124
建筑装饰和其他建筑业	446245	329676	323319	116569	79304
按企业资质等级分组					
施工总承包	22813213	17460300	15728528	5352913	3269929
特级	9022682	7100054	6502145	1922627	680201
一级	9245800	7057534	6104711	2188266	1710654
二级	3398265	2518529	2390850	879736	589519
三级及以下	1146466	784183	730823	362283	289555
专业承包	1495635	1153348	1129540	342288	255909
一级	1082847	864675	849702	218172	160640
二级	266431	184916	181329	81515	61397
三级及以下	146358	103757	98510	42601	33872
按地区分					
兴宁区	2826825	2216866	2107005	609958	233995
青秀区	5002170	3829406	3383125	1172764	876632
江南区	1039253	822467	758507	216786	168434
西乡塘区	3466627	2890318	2846861	576309	365673
良庆区	8036331	6025627	5455478	2010704	1213245
邕宁区	878419	640824	623344	237595	139808
武鸣区	357057	294504	285842	62553	54670
隆安县	32335	26437	26429	5898	4068
马山县	24262	6454	5906	17808	12410
上林县	48504	36164	12688	12340	7858
宾阳县	49908	24899	24705	25009	15970
横州市	86304	54872	52090	31432	19035
高新区	1569170	1075540	635484	493630	229622
经开区	738075	556712	531149	181364	157701
东盟区	153610	112559	109456	41051	26717

指标名称	损益及分配				
	营　业 收　入	主营业务 收　　入	主营业务 成　　本	主营业务 税金及附加	应交增值税
总计	**21673057**	**20843516**	**19203893**	**70491**	**355855**
#二级以上企业	20225271	19437466	17915402	62598	323303
国有及国有控股	15886231	15398098	14153022	38816	248459
按登记注册类型分组					
国有企业	20060	20024	17872	113	1025
集体企业	61497	61497	57101	1867	853
有限责任公司	17372867	16830746	15499139	42643	273780
股份有限公司	11860	11860	8574	16	96
私营企业	4206772	3919390	3621208	25852	80100
按国民经济行业分组					
房屋建筑业	8540490	7834086	7476476	34304	134478
土木工程建筑	11759837	11650894	10497078	30832	194378
建筑安装业	822710	818763	754957	3378	15622
建筑装饰和其他建筑业	550019	539773	475382	1977	11376
按企业资质等级分组					
施工总承包	20134011	19335006	17871884	64782	326607
特级	10091552	10067774	9341099	29349	175963
一级	5725821	5079218	4634605	22457	89518
二级	3027487	2916120	2725822	6545	32501
三级及以下	1289152	1271894	1170358	6431	28626
专业承包	1539046	1508511	1332009	5709	29248
一级	1096457	1091824	957233	3634	21372
二级	283955	282530	256644	613	3951
三级及以下	158634	134156	118133	1462	3926
按地区分					
兴宁区	2811513	2799309	2558387	9824	54271
青秀区	4310292	4184086	3929887	14668	81611
江南区	1161948	1157715	1096997	2751	22153
西乡塘区	3467511	3408140	3238220	8735	58573
良庆区	5737532	5689812	5119817	15481	78209
邕宁区	1137342	1132885	1042828	3000	16214
武鸣区	329042	328432	303191	8941	8171
隆安县	13953	13953	12744	52	364
马山县	27817	25451	24514	39	669
上林县	39355	36842	33549	242	1641
宾阳县	142463	142462	131546	2046	2440
横州市	82118	82052	75366	662	2087
高新区	1557523	988364	851887	1844	18713
经开区	757571	756960	696014	1820	9106
东盟区	97078	97055	88947	386	1634

指标名称	损益及分配				
	其他业务利润	销售费用	管理费用	财务费用	#利息支出
总计	**24731**	**17117**	**614420**	**138588**	**123900**
#二级以上企业	23888	8778	541205	131550	119122
国有及国有控股	20781	5722	366159	106069	105803
按登记注册类型分组					
国有企业		0.1	1501	104	29
集体企业		905	3566	-22	2
有限责任公司	21549	6730	414669	109998	107822
股份有限公司		10	637	7	7
私营企业	3182	9472	194047	28501	16040
按国民经济行业分组					
房屋建筑业	4451	3188	214987	45151	29959
土木工程建筑	20019	11344	316241	80072	83087
建筑安装业	265	1319	41661	12013	9854
建筑装饰和其他建筑业	-4	1267	41530	1352	1001
按企业资质等级分组					
施工总承包	24381	13983	511630	133180	119451
特级	14331	946	184827	28278	33015
一级	7781	4221	181132	82543	66744
二级	1574	1327	82488	16040	15429
三级及以下	696	7488	63183	6320	4263
专业承包	350	3134	102790	5408	4450
一级	195	1514	71018	4121	3707
二级	7	770	21740	569	228
三级及以下	147	851	10032	718	515
按地区分					
兴宁区	812	570	66811	9662	15037
青秀区	2787	3313	215047	21230	8831
江南区	2267	760	43015	6804	5884
西乡塘区	1839	1791	79471	9922	12980
良庆区	13720	4698	95148	68827	66471
邕宁区	14	473	35288	2727	1128
武鸣区	139		7137	139	192
隆安县		118	433	32	32
马山县			566	-4	
上林县		118	2122	36	25
宾阳县		1553	5932	472	51
横州市	1488	64	4626	257	265
高新区	1476	606	30696	7865	4905
经开区	189	3054	23287	9186	7853
东盟区		0.3	4843	1434	247

单位：万元

指标名称	损益及分配			应付职工薪酬	境外营业收入
	营业利润	利润总额	所得税费用		
总计	**706851**	**716432**	**107703**	**2342309**	**73223**
#二级以上企业	680016	687752	103306	2232036	73223
国有及国有控股	601335	609979	86852	1845051	73223
按登记注册类型分组					
国有企业	470	170	27	2766	
集体企业	586	620	152	10333	
有限责任公司	633066	641542	93467	2065321	73223
股份有限公司	2631	2583	1	526	
私营企业	70097	71518	14057	263363	
按国民经济行业分组					
房屋建筑业	85666	86747	18438	1442405	
土木工程建筑	599322	607428	84787	768591	73547
建筑安装业	1120	1739	917	93810	-324
建筑装饰和其他建筑业	20742	20519	3561	37503	
按企业资质等级分组					
施工总承包	669774	676373	102954	2183330	73547
特级	336582	339336	47496	1453743	
一级	246462	248718	37589	455080	73547
二级	63730	63107	13994	175928	
三级及以下	23000	25212	3875	98579	
专业承包	37077	40060	4749	158979	-324
一级	32609	35660	3634	127625	
二级	635	930	593	19660	-324
三级及以下	3834	3469	522	11694	
按地区分					
兴宁区	90922	91696	15111	138200	58746
青秀区	56192	63581	10498	618020	
江南区	40188	39175	4213	77381	14801
西乡塘区	57928	58971	11789	842664	
良庆区	327279	327359	46270	251622	-324
邕宁区	34541	34484	5304	171780	
武鸣区	6129	6115	1248	26056	
隆安县	575	575	143	4011	
马山县	596	734	117	3706	
上林县	1023	907	255	5583	
宾阳县	3239	3273	806	16023	
横州市	1529	1362	1065	12615	
高新区	69238	70465	9281	110782	
经开区	15039	15088	1183	59814	
东盟区	2434	2647	420	4053	

7-10 市区固定资产投资

（2021 年）　　　　　　　　　　　　　　　　　单位：%

指标名称	固定资产投资增速	国有控股	集体控股	私人控股	港澳台商控股	外商控股	其 他
合计	**-0.3**	**-1.6**	**-0.7**	**10.1**	**5.4**	**-32.9**	**-78.0**
按隶属关系分							
中央	158.4	166.7			-100.0	152.5	-8.1
地方	11.9	13.1	-21.6	264.3	-44.0	-96.4	-57.1
其他	-12.6	-71.7	4.6	9.4	7.4	-24.6	-80.7
按三次产业分							
第一产业	-4.9	404.3	-100.0	-1.1			-70.5
第二产业	21.1	18.2	-100.0	83.5	137.9	16.6	-87.8
#工业	22.3	18.9	100.0	84.3	137.9	16.6	-87.5
第三产业	-2.6	-4.2	14.6	5.7	-9.6	-42.3	-72.7
批发和零售业	32.2	283.9		138.3	-22.1	-27.7	-58.3
交通运输、仓储和邮政业	14.9	12.1	-90.9	217.8	130.7		-83.1
住宿和餐饮业	-15.6	6.1		362.9		-100.0	-94.0
信息传输、软件和信息技术服务业	-34.1	-38.9		-0.7	-2.0		-36.3
金融业	-18.6	-31.0	47.1				
房地产业	-1.1	7.7	18.6	-0.6	-18.6	-60.0	-54.9
租赁和商务服务业	-7.8	-49.7		95.0			-48.8
科学研究和技术服务业	-7.8	20.4		57.1			
水利、环境和公共设施管理业	-32.7	-38.8		592.1		239.4	-95.0
居民服务、修理和其他服务业	237.5	22.4		445.0			
教育	18.4	5.6	-78.6	4025.9			-99.1
卫生和社会工作	-21.3	-11.5		71.6			-97.0
文化、体育和娱乐业	38.5	-20.0		250.2			-100.0
公共管理、社会保障和社会组织	-1.5	-7.0	118.4				76.2

7-11 市区按行业、注册类型、隶属关系和建设性质分固定资产投资

（2021 年）

单位：%

指标名称	固定资产投资增速
本年完成投资	**-0.3**
投资额按登记注册类型分	
内资	**-0.3**
国有	18.2
集体	89.0
股份合作	47.1
联营	
有限责任公司	5.6
股份有限公司	-40.8
私营	-29.2
其他	-13.6
港澳台商投资	**20.0**
合资经营	3.7
合作经营	
独资	24.7
股份有限	
其他	
外商投资	**-23.7**
合资经营	25.3
合作经营	239.4
独资	-38.8
股份有限	-90.6
其他	-100.0
个体经营	**351.4**
个人经营	301.6
个人合伙	
按国民经济行业分	
农、林、牧、渔业	
采矿业	
制造业	
#制糖业	
电力、煤气及水的生产和供应业	
建筑业	
第三产业	-2.6
批发和零售业	32.2
交通运输、仓储和邮政业	14.9
住宿和餐饮业	-15.6
信息传输、软件和信息技术服务业	-34.1
金融业	-18.6
房地产业	-1.1
租赁和商务服务业	-7.8
科学研究和技术服务业	-7.8
水利、环境和公共设施管理业	-32.7
居民服务、修理和其他服务业	237.5
教育	18.4
卫生和社会工作	-21.3
文化、体育和娱乐业	38.5
公共管理、社会保障和社会组织	-1.5
投资额按隶属关系分	
中央	158.4
地（区、市、州、盟）	11.9
其他	-12.6
投资额按建设性质分（不含房开）	
新建	3.6
扩建	14.5
改建和技术改造	-8.3
单纯建造生活设施	-2.4
迁建	-20.0
恢复	-42.0
单纯购置	-4.1

7-12 各县（市）固定资产投资完成情况

（2021年） 单位：%

指标名称	隆安县	马山县	上林县	宾阳县	横州市
固定资产投资	**-9.6**	**14.4**	**-3.9**	**8.7**	**63.8**
#住宅(不含500-5000万元项目)	-14.8	75.5	-35.6	14.2	-25.4
按构成分					
建筑安装工程	-0.2	34.4	-8.1	1.9	70.0
设备工器具购置	39.6	-7.0	10.1	6.5	12.9
其他费用	-46.2	-50.5	10.1	74.9	76.5
#土地购置费	26.2	-34.2	-32.3	75.6	126.5
本年新增固定资产（不含5000万以下项目）	9.4	534.1	-2.1	127.1	13.4
施工项目个数（不含房地产开发）	11.7	-7.8	6.3	-8.8	-22.6
#本年新开工	51.5	62.5	-6.7	51.3	15.3
本年投产项目个数	110.5	-26.8	-27.5	5.8	-57.7
上年末结余资金	-37.6	-2.8	-57.2	-56.2	26.2
本年资金来源小计	7.5	47.6	-22.6	41.6	96.6
国家预算内资金	898.5	195.2	98.8	-35.2	23.4
国内贷款	178.2	192.4	-7.1	-70.6	1465.3
债券		-100.0	-40.3		
利用外资					
自筹资金	-15.2	15.8	-48.6	104.9	36.6
其他资金来源	-40.8	-18.7	-42.3	42.2	-12.7
本年各项应付款合计	153.2	26.4	1.9	115.5	30.6
其中：工程款	56.5	91.2	-25.5	80	43.7

7-13 各县（市）按行业、注册类型、隶属关系和建设性质分固定资产投资

（2021 年）

单位：%

指标名称	隆安县	马山县	上林县	宾阳县	横州市
本年完成投资	**-9.6**	**14.4**	**-3.9**	**8.7**	**63.8**
投资额按登记注册类型分					
内资	**-8.9**	**14.4**	**-3.9**	**7.8**	**65.2**
国有	-18.0	41.8	25.9	-53.1	10.5
集体			-100.0	-100.0	-100.0
股份合作					
联营					-36.7
有限责任公司	-22.7	-17.5	0.2	42.7	360.8
股份有限公司	459.3		11.5	-31.6	-29.2
私营	-29.8	-19.4	-43.6	-4.0	-38.0
其他	950.0	4.7	-94.4	-8.4	-90.1
港澳台商投资	**-31.8**			**-48.8**	
合资经营	-64.0				
合作经营					
独资	-28.0				
股份有限				-74.9	
其他					
外商投资	**-100.0**			**1576.2**	**48.2**
合资经营					13.3
合作经营					
独资	-100.0				
股份有限				-100.0	
其他					
个体经营				**67.9**	**-48.4**
个人经营				53.4	-45.1
个人合伙					-100.0
按国民经济行业分					
农、林、牧、渔业					
采矿业					
制造业					

单位：%

指标名称	隆安县	马山县	上林县	宾阳县	横州市
#制糖业				-93.0	
电力、煤气及水的生产和供应业					
建筑业					
第三产业	-22.2	29.7	-0.5	14.2	90.6
批发和零售业		-100.0		-70.3	-37.8
交通运输、仓储和邮政业	-23.0	86.0	11.1	73.3	330.2
住宿和餐饮业		-8.1		-83.7	-79.8
信息传输、软件和信息技术服务业		-100.0	-100.0	-73.8	-76.8
金融业					
房地产业	-3.7	-7.8	-32.9	33.5	-19.7
租赁和商务服务业		-91.0		-71.2	-100.0
科学研究和技术服务业				-74.7	
水利、环境和公共设施管理业	-46.3	73.3	46.4	-46.9	-46.7
居民服务、修理和其他服务业		-49.4		146.4	
教育	-52.6	87.1	-39.0	-3.9	-13.4
卫生和社会工作	-76.6	-77.3	-38.1	-42.4	-67.6
文化、体育和娱乐业		-78.8		243.2	-94.7
公共管理、社会保障和社会组织	-100.0	-97.4	-22.9	-45.6	-50.1
投资额按隶属关系分					
中央	-100.0	75.3		44.2	1542.0
地方	26.9	23.4	33.3	18.5	71.4
其他	-28.3	-29.7	-50.9	2.8	-42.4
投资额按建设性质分（不含房开）					
新建	-30.0	-1.1	10.6	17.2	122.1
扩建	-20.7	64.8	-29.2	-45.7	-51.8
改建和技术改造	215.8	307.0	-59.8	-29.3	-46.7
单纯建造生活设施					
迁建	-51.1	-81.0	229.4	246.3	27.4
恢复					
单纯购置		-100.0		-7.9	1368.6

7-14 各县（市）房地产开发投资完成情况

（2021年）

指标名称	单 位	隆安县	马山县	上林县	宾阳县	横州市
本年完成投资	**万元**	**63256**	**43517**	**95153**	**518405**	**155443**
投资额按构成分						
建筑工程	万元	43871	31828	72671	437741	102715
安装工程	万元	589	661	1550	25478	7675
设备工器具购置	万元	241	45	1049	2897	1132
其他费用	万元	18555	10983	19883	52289	43921
#土地购置费	万元	17802	10109	18149	49195	33785
投资额按工程用途分						
住宅	万元	50750	36725	73770	454572	132973
办公楼	万元			581	5	
商业营业用房	万元	10376	1706	7624	38730	6583
其他	万元	2130	5086	13178	25098	15887
本年新增固定资产	万元	36402	4523	34639	130120	118582
本年购置土地面积	平方米	92943		28294	35462	
本年资金来源合计	万元					
上年末结余资金	万元	3756	9409	47809	95570	42709
本年资金来源小计	万元	103565	51203	98125	501105	210115
国内贷款	万元	11000	3000	1230	40312	11800
利用外资	万元					
自筹资金	万元	35361	7321	7254	212784	17812
其他资金来源	万元	143	19	1241	14645	1196
本年各项应付款合计	万元	62233	13485	22372	69743	50416
竣工房屋住宅套数合计	套	259	47	550	2624	3797
施工房屋面积	平方米	774164	762311	1532583	2108234	3018944
#住宅	平方米	563486	643578	1229753	1890104	2248844
本年新开工房屋面积	平方米	381566	59566	475214	223249	646108
#住宅	平方米	254068	51164	352039	182207	472683
竣工房屋面积	平方米	52673	10683	103565	304311	569576
#住宅	平方米	21238	7177	69568	294694	422243
竣工房屋价值	万元	11017	4352	28464	116926	112740
#住宅	万元	4561	3614	19104	113272	93423
商品房销售面积	平方米	186473	99006	217334	660072	404102
#住宅	平方米	163760	96016	191015	568999	370366
商品房待售面积	平方米	118709	3717	124580	165980	361952
#住宅	平方米	33438	211	47666	84643	70512
办公楼	平方米					
商业营业用房	平方米	30190	2850	53318	60147	100463
其他	平方米	55081	656	23596	21190	190977
商品房销售额	万元	86173	43824	99149	315470	215340
#住宅	万元	79021	41547	86601	263431	197541

八 能源购进消费与库存

8-1 全市规模以上工业企业主要能源购进、消费与库存

（2021 年）

指标名称	单 位	购进量合 计	工业生产消费量合 计			年 末库 存
				用于原材料	运输工具消费	
全市						
原煤	吨	5396473	5423256	39258		267480
煤制品	吨	5286	5367			
焦炭	吨					100
天然气	万立方米	15234	14380			71
汽油	吨	1375	1099		1068	10
煤油	吨	14	14			1
柴油	吨	57402	54593		33655	2854
燃料油	吨	2034	1895			182
液化石油气	吨	678	655			1
润滑油	吨	23	24			6
石油焦	吨	138067	130727	584		6678
热力	百万千焦	5076998	5076998			
电力	万千瓦时	551534	780336		6805	
生物燃料	吨标准煤	262473	539648		766	10918
市区						
原煤	吨	958607	954300			88779
煤制品	吨	5286	5367			
焦炭	吨					100
天然气	万立方米	14052	13200			70
汽油	吨	1198	962		937	10
柴油	吨	46585	43966		30120	2218
燃料油	吨	2034	1895			182
液化石油气	吨	518	495			1
石油焦	吨	21195	21177			137
热力	百万千焦	1348314	1348314			
电力	万千瓦时	351404	488856		6198	
生物燃料	吨标准煤	70754	215992		766	1192

8-2 全市规模以上工业企业主要能源按行业消费量

（2021 年）

指标名称	本年消费						
	原煤（吨）	煤制品（吨）	焦炭（吨）	天然气（万立方米）	汽油（吨）	煤油（吨）	柴油（吨）
总计	**5423256**	**5367**		**14380**	**1099**	**14**	**54 593**
按工业行业大类分列							
煤炭开采和洗选业							
石油和天然气开采业							
黑色金属矿采选业							
有色金属矿采选业							
非金属矿采选业					16		6 334
开采专业及辅助性活动							
其他采矿业							
农副食品加工业	51366			1107	90		1 001
食品制造业	960	5367		662	76		378
酒、饮料及精制茶制造业	19962			1117	23		62
烟草制品业				339			
纺织业				54	6		329
纺织服装、服饰业				63			
皮革、毛皮、羽毛及其制品和制鞋业					6		19
木材加工和木、竹、藤、棕、草制品业					38		1 644
家具制造业				8	23		12
造纸和纸制品业	180879			234	5		904
印刷和记录媒介复制业					15		40
文教、工美、体育和娱乐用品制造业					25		
石油、煤炭及其他燃料加工业	476						621
化学原料和化学制品制造业	115572			1391	42		1 730
医药制造业				1181	68		13
化学纤维制造业							
橡胶和塑料制品业	12			36	25		32
非金属矿物制品业	1833689			709	40	14	40 403
黑色金属冶炼和压延加工业				111			71
有色金属冶炼和压延加工业				2957			8
金属制品业				118	266		111
通用设备制造业					20		50
专用设备制造业					119		34
汽车制造业				17	32		66
铁路、船舶、航空航天和其他运输设备制造业					10		5
电气机械和器材制造业				1	28		10
计算机、通信和其他电子设备制造业					15		124
仪器仪表制造业					3		
其他制造业							
废弃资源综合利用业				70	4		41
金属制品、机械和设备修理业							19
电力、热力生产和供应业	3220341			4196	19		425
燃气生产和供应业				11	41		14
水的生产和供应业					46		91

8-2 续表

指标名称	本年消费						
	燃料油（吨）	液化石油气（吨）	石油焦（吨）	热力（百万千焦）	电力（万千瓦时）	生物燃料（吨标准煤）	工业废料（用于燃料）（吨）
总计	**1895**	**655**	**130727**	**5076998**	**780336**	**539648**	**757**
按工业行业大类分列							
煤炭开采和洗选业							
石油和天然气开采业							
黑色金属矿采选业							
有色金属矿采选业					183		
非金属矿采选业					8212		
开采专业及辅助性活动							
其他采矿业							
农副食品加工业		208		523118	61079	296883	
食品制造业	1	156		149495	10891	2936	
酒、饮料及精制茶制造业				363329	22153	857	
烟草制品业					3909		
纺织业					12034	24394	
纺织服装、服饰业					766		
皮革、毛皮、羽毛及其制品和制鞋业					783	191	
木材加工和木、竹、藤、棕、草制品业				1404732	73062	60964	358
家具制造业					760		
造纸和纸制品业				2384298	41643	6235	
印刷和记录媒介复制业					2851		
文教、工美、体育和娱乐用品制造业					186		
石油、煤炭及其他燃料加工业					902		
化学原料和化学制品制造业				49151	22382	12549	
医药制造业				104585	7463	553	
化学纤维制造业							
橡胶和塑料制品业					21581		
非金属矿物制品业	1684	2	130727	98289	167615	493	399
黑色金属冶炼和压延加工业		4			29507		
有色金属冶炼和压延加工业		5			28100		
金属制品业		273			6123	727	
通用设备制造业					1260		
专用设备制造业	211	7			3167	70	
汽车制造业					3309		
铁路、船舶、航空航天和其他运输设备制造业					464		
电气机械和器材制造业					8319	37	
计算机、通信和其他电子设备制造业					35678		
仪器仪表制造业					216		
其他制造业					1257		
废弃资源综合利用业					250		
金属制品、机械和设备修理业					7		
电力、热力生产和供应业					166 445	132759	
燃气生产和供应业					716		
水的生产和供应业					37 068		

8-3 市区规模以上工业企业主要能源按行业消费量

（2021 年）

指标名称	本年消费						
	原煤（吨）	煤制品（吨）	焦炭（吨）	天然气（万立方米）	汽油（吨）	煤油（吨）	柴油（吨）
总计	**954300**	**5367**		**13200**	**962**		**43966**
按工业行业大类分列							
煤炭开采和洗选业							
石油和天然气开采业							
黑色金属矿采选业							
有色金属矿采选业							
非金属矿采选业					16		5038
开采专业及辅助性活动							
其他采矿业							
农副食品加工业	3679			994	89		689
食品制造业	706	5367		650	76		369
酒、饮料及精制茶制造业	150			1117	23		48
烟草制品业				339			
纺织业				54			1
纺织服装、服饰业				63			
皮革、毛皮、羽毛及其制品和制鞋业					6		
木材加工和木、竹、藤、棕、草制品业					11		825
家具制造业				8	23		12
造纸和纸制品业	2067			104	2		22
印刷和记录媒介复制业					15		40
文教、工美、体育和娱乐用品制造业							
石油、煤炭及其他燃料加工业							621
化学原料和化学制品制造业	56446			985	42		1638
医药制造业				1181	68		13
化学纤维制造业							
橡胶和塑料制品业					13		27
非金属矿物制品业	808505			281	40		34223
黑色金属冶炼和压延加工业				111			
有色金属冶炼和压延加工业				2923			8
金属制品业				96	224		65
通用设备制造业					20		50
专用设备制造业					119		33
汽车制造业				17	32		66
铁路、船舶、航空航天和其他运输设备制造业					10		5
电气机械和器材制造业				1	28		9
计算机、通信和其他电子设备制造业					5		
仪器仪表制造业					3		
其他制造业							
废弃资源综合利用业				70	4		41
金属制品、机械和设备修理业							
电力、热力生产和供应业	82747			4196	5		16
燃气生产和供应业				11	41		14
水的生产和供应业					46		91

指标名称	本年消费						
	燃料油（吨）	液化石油气（吨）	石油焦（吨）	热力（百万千焦）	电力（万千瓦时）	生物燃料（吨标准煤）	工业废料（用于燃料）（吨）
总计	**1895**	**495**	**21177**	**1348314**	**488856**	**215992**	**757**
按工业行业大类分列							
煤炭开采和洗选业							
石油和天然气开采业							
黑色金属矿采选业							
有色金属矿采选业							
非金属矿采选业					6853		
开采辅助活动							
其他采矿业							
农副食品加工业		208		393901	32253	153030	
食品制造业	1	156		148615	10259	2163	
酒、饮料和精制茶制造业				363329	20739		
烟草制品业					3909		
纺织业					9286		
纺织服装、服饰业					751		
皮革、毛皮、羽毛及其制品和制鞋业					745		
木材加工和木、竹、藤、棕、草制品业					31311	44781	358
家具制造业					697		
造纸和纸制品业				238621	5250	4904	
印刷业和记录媒介复制 业					2851		
文教、工美、体育和娱乐用品制造业					83		
石油加工、炼焦及核燃料加工业					456		
化学原料和化学制品制造业				31705	12032	8142	
医药制造业				73853	7268	553	
化学纤维制造业							
橡胶和塑料制品业					18077		
非金属矿物制品业	1684		21177	98289	84880	235	399
黑色金属冶炼及压延加工业		4			2829		
有色金属冶炼及压延加工业		5			27920		
金属制品业		115			4857	630	
通用设备制造业					1146		
专用设备制造业	211	7			3025		
汽车制造业					3309		
铁路、船舶、航空航天和其他运输设备制造业					464		
电气机械和器材制造业					7416	37	
计算机、通信和其他电子设备制造业					32187		
仪器仪表制造业					216		
其他制造业					1257		
废弃资源综合利用业					250		
金属制品、机械和设备修理业							
电力、热力生产和供应业					118729	1517	
燃气生产和供应业					716		
水的生产和供应业					36835		

8-4 各县（市）规模以上工业企业主要能源购进、消费与库存

（2021 年）

县（市、区）	单位	购进量合计	工业生产消费量合计	用于原材料	运输工具消费	年末库存
隆安县						
原煤	吨	292240	294351	39258		19858
汽油	吨	1	1			
柴油	吨	1996	1763		95	37
热力	百万千焦	1449754	1449754			
电力	万千瓦时	41559	52079		23	
生物燃料	吨标准煤	143771	149765			8698
马山县						
原煤	吨	121567	121089			2800
汽油	吨	2	2		2	
柴油	吨	705	681		327	30
石油焦	吨	577	584	584		65
电力	万千瓦时	11070	14582			
生物燃料	吨标准煤	606	8509			256
上林县						
原煤	吨	3680	3775			141
柴油	吨	2705	2726		1134	35
液化石油气	吨	2	2			
电力	万千瓦时	2985	3783		7	
生物燃料	吨标准煤	10915	24928			270
宾阳县						
原煤	吨	322522	331291			11668
天然气	万立方米	433	432			
汽油	吨	121	86		80	
柴油	吨	3079	3122		1299	97
石油焦	吨	105268	97903			5922
电力	万千瓦时	49691	70151		118	
生物燃料	吨标准煤	19817	77189			237
横州市						
原煤	吨	3697856	3718450			144234
天然气	万立方米	366	366			
汽油	吨	53	49		49	
柴油	吨	2332	2336		681	437
液化石油气	吨	117	117			
石油焦	吨	11028	11063			554
热力	百万千焦	2278930	2278930			
电力	万千瓦时	94826	150884		459	
生物燃料	吨标准煤	16610	63264			265

8-5 规模以上工业企业综合能耗

（2021 年）

单位：吨标准煤

指标名称	全 市	市 区	隆安县	马山县	上林县	宾阳县	横州市
综合能耗	**4829940**	**1806222**	**391318**	**109495**	**34996**	**492997**	**1994912**
煤炭开采和洗选业							
石油和天然气开采业							
黑色金属矿采选业							
有色金属矿采选业	224		224				
非金属矿采选业	19346	15787			3475		84
开采辅助活动							
其他采矿业							
农副食品加工业	409144	207313	22920	8482	13913	70437	86080
食品制造业	34194	32277	479		660	770	9
酒、饮料和精制茶制造业	63796	51875	7719	2652			1550
烟草制品业	8732	8732					
纺织业	40276	12018	29	67	11312	10786	6064
纺织服装、服饰业	1784	1765				18	
皮革、毛皮、羽毛及其制品和制鞋业	1190	924					265
木材加工和木、竹、藤、棕、草制品业	201440	84637	68309	467	41	21131	26855
家具制造业	1071	994				77	
造纸和纸制品业	246485	21701	4132	21396		58043	141213
印刷业和记录媒介复制 业	3585	3585					
文教、工美、体育和娱乐用品制造业	265	102				163	
石油加工、炼焦及核燃料加工业	2354	1465	377				511
化学原料和化学制品制造业	164016	89551	50678	659	2761	11753	8614
医药制造业	27858	26571	1288				
化学纤维制造业							
橡胶和塑料制品业	27012	22276	2894	70		1038	735
非金属矿物制品业	1710614	754381	181548	71004	2686	309861	391134
黑色金属冶炼及压延加工业	37815	4923	195				32696
有色金属冶炼及压延加工业	72711	72124	587				
金属制品业	10765	8435	112	256	28	764	1169
通用设备制造业	1650	1511	130				10
专用设备制造业	4603	4357	125			96	24
汽车制造业	4413	4413					
铁路、船舶、航空航天和其他运输设备制造业	593	593					
电气机械和器材制造业	10326	9215	57	836		217	2
计算机、通信和其他电子设备制造业	44051	39565	297	683		3505	
仪器仪表制造业	270	270					
其他制造业	1545	1545					
废弃资源综合利用业	1300	1300					
金属制品、机械和设备修理业	36					36	
电力、热力生产和供应业	1629613	275440	49218	2923	119	4015	1297897
燃气生产和供应业	1107	1107					
水的生产和供应业	45756	45470				286	

8-6 规模以上工业企业产值能耗

（2021 年）　　单位：吨标准煤 / 万元

指标名称	全 市	市 区	隆安县	马山县	上林县	宾阳县	横州市
产值能耗	**0.18**	**0.09**	**0.43**	**0.55**	**0.23**	**0.24**	**0.89**
煤炭开采和洗选业							
石油和天然气开采业							
黑色金属矿采选业							
有色金属矿采选业	0.61		0.61				
非金属矿采选业	0.21	0.20			0.26		0.12
开采辅助活动							
其他采矿业							
农副食品加工业	0.12	0.10	0.06	0.57	0.73	0.15	0.19
食品制造业	0.10	0.10	0.06		0.20	0.14	
酒、饮料和精制茶制造业	0.09	0.09	0.49	7.86			0.02
烟草制品业	0.01	0.01					
纺织业	0.12	0.13	0.01	0.01	0.24	0.10	0.10
纺织服装、服饰业	0.03	0.04				0.01	
皮革、毛皮、羽毛及其制品和制鞋业	0.03	0.02					0.14
木材加工和木、竹、藤、棕、草制品业	0.12	0.12	0.50	0.03	0.01	0.07	0.05
家具制造业	0.02	0.02				0.01	
造纸和纸制品业	0.40	0.11	0.08	1.57		0.65	0.57
印刷业和记录媒介复制 业	0.03	0.03					
文教、工美、体育和娱乐用品制造业	0.03	0.02				0.05	
石油加工、炼焦及核燃料加工业	0.04	0.02	0.30				0.15
化学原料和化学制品制造业	0.13	0.10	0.48	0.21	0.12	0.09	0.08
医药制造业	0.09	0.09	0.24				
化学纤维制造业	0.00	0.00	0.00				
橡胶和塑料制品业	0.08	0.09	0.13	0.09		0.03	0.07
非金属矿物制品业	0.72	0.48	1.79	2.20	0.08	0.67	2.10
黑色金属冶炼及压延加工业	0.10	0.02	0.08				0.23
有色金属冶炼及压延加工业	0.12	0.12	0.06				
金属制品业	0.01	0.01	0.02	0.06	0.01	0.01	0.02
通用设备制造业	0.01	0.01	0.01				0.28
专用设备制造业	0.01	0.01	0.04				0.01
汽车制造业	0.02	0.02					
铁路、船舶、航空航天和其他运输设备制造业	0.01	0.01					
电气机械和器材制造业	0.02	0.02	0.02	0.05		0.01	
计算机、通信和其他电子设备制造业	0.01	0.01	0.03	0.02		0.02	
仪器仪表制造业	0.01	0.01					
其他制造业	0.14	0.14					
废弃资源综合利用业	0.06	0.06					
金属制品、机械和设备修理业	0.01					0.01	
电力、热力生产和供应业	0.90	0.20	2.38	0.07	0.05	0.11	4.28
燃气生产和供应业							
水的生产和供应业	0.21	0.22				0.05	

8-7 全社会用电量

（2021年）　　单位：万千瓦时

指标名称	全 市	市 区	横州市	宾阳县	上林县	隆安县	马山县
总计	**2959525**	**1821979**	**293501**	**174848**	**57977**	**128309**	**72926**
全行业用电量	**2053818**	**1228210**	**227951**	**113548**	**29054**	**103715**	**40561**
农林牧渔业	123432	24349	15538	11935	4148	24404	5073
工业	928587	381166	177217	73313	13144	66235	22601
建筑业	75888	42427	9422	4377	1829	905	3935
交通运输、仓储、邮政业	149110	140165	1062	930	274	1047	354
批发和零售业	128139	113247	3805	2829	503	940	1370
住宿和餐饮业	66353	56957	1564	2069	1214	716	907
城乡居民生活用电	**905707**	**593769**	**65550**	**61300**	**28922**	**24594**	**32365**
城镇	590934	492204	15451	24092	9292	8315	9989
乡村	314773	101565	50099	37208	19631	16279	22376

注：本表数据来自于南宁供电局。

九 商业旅游物价

9-1 全市主要年份商品销售总额和社会消费品零售总额、居民消费价格总指数

单位：万元

年 份	商品销售总额	社会消费品零售总额	#批发零售业	#住宿餐饮业	居民消费价格总指数（%）
1950	3760	3331	2698	326	
1965	41791	17034	14651	1008	
1978	50735	34737	28682	1916	
1980	67827	49381	37008	2595	
1985	180035	117249	89369	5129	118.3
1986	192905	124956	90024	5966	105.2
1987	278652	151615	106832	6823	111.1
1988	403478	205927	142668	8656	121.6
1989	506027	237944	173722	10727	119.4
1990	688049	251606	173490	13231	98.0
1991	1183943	306330	209751	17191	104.1
1992	1330612	367574	236449	22925	106.7
1993	1858423	520934	320946	28447	125.1
1994	2778661	667903	423470	39138	124.8
1995	2393263	839856	545805	62980	118.6
1996	2121924	1006556	654329	109594	103.3
1997	2555047	1153593	595818	170827	100.2
1998	2553541	1286387	738214	164742	96.7
1999	2629390	1371382	845114	181460	95.9
2000	4967441	2124265	1902756	213107	100.0
2001	5332548	2313462	2054150	249629	102.8
2002	6160693	2567758	2270643	287402	99.4
2003	7865973	2884483	2559611	318557	100.8
2004	9308593	3191846			104.2
2005	10108931	3658768			101.1
2006	9965245	4206948			102.5
2007	10937511	4988185			104.4
2008	14856054	6202910			108.4
2009	15526320	7209601			98.2
2010	18567715	8684461			102.5
2011	24523398	10241898			105.7
2012	29974127	11883979			102.9
2013	34986886	13587834			102.1
2014	39240173	15180676			101.6
2015	43611658	16733639			101.9
2016	49231802	18465449			101.4
2017	55184950	20533283			102.3
2018	59938683	22342673			102.5
2019	62153291	23277990			
2020	69801335	21803598			
2021	80217549	23641734			

注：2000 年以后为区划调整后的数据，其余年份仍为原南宁口径。2004–2019 年数据根据第四次经济普查对社会消费品零售总额指标作了相应调整。

9-2 全市及各县（市、区）社会消费品零售总额

单位：万元

县（市、区）	2021 年	比上年增长（%）
全市	**23641734**	**8.4**
兴宁区	5553491	14.1
青秀区	5463695	9.8
江南区	3756236	3.9
西乡塘区	4807847	6.5
良庆区	776315	8.3
邕宁区	335390	6.6
武鸣区	451853	7.3
隆安县	129459	4.9
马山县	211762	7.8
上林县	249525	7.6
宾阳县	1067789	6.8
横州市	838372	1.2

9-3 全市限额以上批发业商品购销存总额

（2021 年）

单位：万元

指标名称	企业数（个）	年末从业人员数（人）	购进总额	进 口	年末商品库存额
总计	**985**	**37052**	**67974387**	**1972741**	**2614611**
按批发行业小类分组					
农、林、牧、渔产品批发	29	450	1137452	37692	77148
食品、饮料及烟草制品批发	146	6125	7627520	12236	307844
纺织、服装及家庭用品批发	58	3817	2557605		223054
文化、体育用品及器材批发	25	692	470455		46743
医药及医疗器材批发	110	7692	2775003	16649	225777
矿产品、建材及化工产品批发	461	10388	47349975	1764485	1354364
机械设备、五金产品及电子产品批发	145	6828	2970860	141665	267468
其他批发业	11	1060	3085520	13	112212
按登记注册类型分组					
内资企业	972	35993	62019631	1833472	2458215
国有企业	3	901	728791		40502
集体企业	1	14	13668		140
有限责任公司	199	14138	42063729	1713075	1223457
股份有限公司	6	1092	2374353		129706
私营企业	763	19848	16839092	120398	1064410
港、澳、台商投资企业	3	50	286993	137335	15946
外商投资企业	10	1009	5667763	1934	140450
按企业控股情况分					
国有控股	111	8920	34861190	1697751	1013999
集体控股	4	335	106528		2700
私人控股	857	26629	26202676	120398	1399961
港澳台商控股	5	213	1170035	152659	61683
外商控股	8	955	5633958	1934	136268
按经营形式分组					
独立门店	569	20096	36757054	1209899	1343755
连锁总店（总部）	4	1228	33695		8538
连锁直营店	1	293	63641		30448
连锁加盟店	1	14	28587		34
其他	410	15421	31091410	762841	1231837

单位：万元

指标名称	商品销售总额	批发额		零售额	年末零售营业面积（平方米）
			出口		
总计	**64158028**	**63016206**	**199311**	**1083349**	**689900**
按批发行业小类分组					
农、林、牧、渔产品批发	1178306	1144789	16936	32129	1562
食品、饮料及烟草制品批发	8113471	8059229	3869	54242	35199
纺织、服装及家庭用品批发	2623551	2595771	47663	26160	25933
文化、体育用品及器材批发	500993	500699		294	4342
医药及医疗器材批发	3127199	2916049	146	211150	154413
矿产品、建材及化工产品批发	42371932	41858474	72096	458052	364562
机械设备、五金产品及电子产品批发	3168477	2868115	58602	300303	103769
其他批发业	3074099	3073079		1020	120
按登记注册类型分组					
内资企业	62668317	61534993	182765	1074851	689352
国有企业	1009731	1009731			3100
集体企业	14491	14491			
有限责任公司	42716881	42399156	62795	311098	193577
股份有限公司	1034675	859990		174685	227152
私营企业	17892540	17251626	119970	589069	265523
港、澳、台商投资企业	324102	324102	16546		
外商投资企业	1165609	1157111		8498	548
按企业控股情况分					
国有控股	34236574	33847499	3838	382306	323797
集体控股	117630	117630			120
私人控股	27484410	26740160	136572	692345	365435
港澳台商控股	1189334	1189334	58902		
外商控股	1130080	1121582		8498	548
按经营形式分组					
独立门店	30830877	30262689	63850	513271	207222
连锁总店（总部）	1276228	1114842		161387	217603
连锁直营店	67737	67737			2000
连锁加盟店	29638	29480		158	180
其他	31953548	31541459	135462	408533	262895

9-4 全市限额以上零售业商品购销存总额

（2021 年）

单位：万元

指标名称	企业数（个）	年末从业人员数（人）	购进总额	进 口	年末商品库存总额
总计	**606**	**48329**	**8582343**	**246685**	**786779**
按零售行业小类分组					
综合零售	70	13793	1010411	3	111254
食品、饮料及烟草制品专门零售	51	1145	211320	67	17831
纺织、服装及日用品专门零售	38	2551	97045	256	25549
文化、体育用品及器材专门零售	28	1064	227552		65196
医药及医疗器材专门零售	24	9402	341081		67085
汽车、摩托车、零配件和燃料及其他动力销售	253	14086	5175153	244930	419974
家用电器及电子产品专门零售	98	3670	567804	1376	53161
五金、家具及室内装饰材料专门零售	12	475	32268		5147
货摊、无店铺及其他零售业	32	2143	919709	53	21583
按登记注册类型分组					
内资企业	584	40511	6813026	174131	654829
国有企业	1	49	2115		39
集体企业	1		608		
有限责任公司	181	17533	4038045	121252	316437
股份有限公司	1		648		
私营企业	399	22923	2770473	52879	338354
其他企业	1	6	1136		
港、澳、台商投资企业	12	2610	556082	72554	32663
外商投资企业	10	5208	1213235		99287
按企业控股情况分					
国有控股	48	4819	1832091		124524
集体控股	3	554	134689		6339
私人控股	533	35813	5603575	174131	539086
港澳台商控股	14	2750	562449	72554	33043
外商控股	7	4387	448403		83788
其他	1		1136		
按经营形式分组					
独立门店	475	28968	5129204	245309	564286
连锁总店（总部）	30	9958	1683451		106472
连锁直营店	9	5833	177992		39935
连锁加盟店	2	258	7917		1677
其他	90	3312	1583779	1376	74409
按零售业态分组					
有店铺零售	514	45498	7432623	245581	747331
食杂店	9	64	19812		1544
便利店	6	668	120777		3281
超市	32	2089	84879		16372
大型超市	27	9600	717651	3	72839
仓储会员店	1	6	681		9
百货店	19	2841	214397		24388
专业店	204	17889	3274124	112223	308419
专卖店	200	11756	2952456	133355	315188
家居建材商店	5	133	8054		1547
购物中心	4	307	13219		2713
厂家直销中心	7	145	26573		1032
无店铺零售	92	2831	1149720	1104	39448
电视购物	1	85	2034		201
网上商店	18	855	880598	1	18031
其他	73	1891	267087	1104	21215

单位：万元

指标名称	商品销售总额	批发额	零售额	年末零售营业面积（平方米）
总计	**9578736**	**854720**	**8702836**	**3832328**
按零售行业小类分组				
综合零售	1293693	111352	1182341	1261472
食品、饮料及烟草制品专门零售	256898	73932	182967	42409
纺织、服装及日用品专门零售	178197	3967	174230	94166
文化、体育用品及器材专门零售	259633	47964	211669	32689
医药及医疗器材专门零售	430669	16048	414621	265920
汽车、摩托车、零配件和燃料及其他动力销售	5513738	482233	5010325	1914816
家用电器及电子产品专门零售	620736	74228	546508	161255
五金、家具及室内装饰材料专门零售	35494	6932	28562	27308
货摊、无店铺及其他零售	989677	38064	951613	32293
按登记注册类型分组				
内资企业	7564900	804599	6739121	2530323
国有企业	2310		2310	1500
集体企业	935		935	
有限责任公司	4497599	545266	3931154	1435908
股份有限公司	961		961	
私营企业	3061919	259334	2802585	1092735
其他企业	1177		1177	180
港、澳、台商投资企业	652840	6685	646156	214341
外商投资企业	1360995	43436	1317559	1087664
按企业控股情况分				
国有控股	2152404	439505	1691719	1517562
集体控股	152485		152485	26926
私人控股	6094739	365095	5729644	1872399
港澳台商控股	669597	6685	662912	224453
外商控股	508334	43436	464898	190808
其他	1177		1177	180
按经营形式分组				
独立门店	5746454	303165	5443289	2175205
连锁总店（总部）	1901245	192125	1709120	1223077
连锁直营店	270504	24664	245840	192287
连锁加盟店	9640	1002	8639	3618
其他	1650893	333765	1295948	238141
按零售业态分组				
有店铺零售	8353809	779402	7574407	3779978
食杂店	20497	8921	11577	753
便利店	146405	28089	118316	220541
超市	95418	66	95352	111190
大型超市	771556	108939	662617	631068
仓储会员店	710		710	80
百货店	453027	850	452177	517420
专业店	3623581	488200	3135381	1614228
专卖店	3159132	141603	3017530	629612
家居建材商店	8303	2508	5795	2620
购物中心	45031		45031	43720
厂家直销中心	30148	227	29922	8746
无店铺零售	1224926	75318	1128428	52350
电视购物	3300		3300	
网上商店	926956	36563	890393	14180
其他	294671	38756	234735	38170

9-5 全市限额以上批发和零售业商品销售类值

（2021 年）

单位：万元

指标名称	合 计	批 发	零 售
合　计	**70054093**	**60548725**	**9505368**
粮油、食品类	6752008	5934675	817333
# 粮油类	1727014	1590268	136746
肉禽蛋类	334033	199528	134505
水产品类	26578	11433	15145
蔬菜类	103450	33673	69777
干鲜果品类	547184	457029	90156
饮料类	307780	225366	82414
烟酒类	1364269	1151434	212836
服装、鞋帽、针纺织品类	395790	68640	327149
服装类	283634	43617	240018
鞋帽类	83540	22892	60648
针纺织品类	28616	2132	26483
化妆品类	271877	174482	97396
金银珠宝类	66177	7290	58887
日用品类	504634	256415	248219
# 可穿戴智能设备	579	34	546
五金、电料类	41374	34356	7018
体育、娱乐用品类	163381	9141	154240
# 照相器材类	19888	8311	11576
书报杂志类	401551	285638	115913
电子出版物及音像制品类	17011	890	16121
家用电器和音像器材类	2473455	1598937	874518
# 能效等级为 1 级和 2 级的商品	851990	493857	358133
# 智能家用电器和音像器材	241674	131807	109867
中西药品类	2908717	2482825	425891
# 西药类	2256305	1921426	334880
中草药及中成药类	313868	246165	67703
文化办公用品类	575658	368720	206938
# 计算机及其配套产品	335836	178824	157012
家具类	32559	13419	19140
通讯器材类	617602	364596	253007
# 智能手机	510846	299940	210906
煤炭及制品类	3496659	3496659	
木材及制品类	250880	250880	
石油及制品类	4934919	3332215	1602704
化工材料及制品类	2036086	2036086	
# 化肥类	448750	448750	
金属材料类	28043285	28043285	
建筑及装潢材料类	2005422	1979730	25692
机电产品及设备类	1068378	1048105	20273
# 农机类	135466	135466	
汽车类	4874365	1076557	3797808
# 新能源汽车	690230	333160	357070
种子饲料类	912135	912135	
棉麻类	10333	10333	
其他类	5527788	5385915	141873

9-6 全市限额以上批发和零售业商品购销存数量

（2021 年）

指标名称	计量单位	购进量	销售量	年末库存量
大米（稻米）	千克	98452428	101188797	5956285
白面（小麦面）	千克	6505630	6346992	675376
杂粮	千克	175056467	178751960	3227804
食用植物油	千克	155032627	148569203	15556224
猪肉	千克	36126639	35241905	486350
牛肉	千克	3068858	2104638	742127
羊肉	千克	225973	217380	41287
禽肉	千克	9467262	9431458	257237
鲜蛋	千克	11533874	11341299	510228
彩色电视机	台	384146	385256	10185
家用电冰箱	台	557698	555794	18332
房间空调器	台	3566178	3665707	219288
电脑（微型计算机）	台	387702	393107	33357
汽车	辆	219463	222215	30935
#轿车	辆	122023	122691	21675
钢材	吨	17126051	17151290	812617
铜	吨	334774	334607	167
铝	吨	6915632	6923981	68567
水泥	吨	21040074	21084162	201999
化学肥料	吨	1957784	1814277	216584
化学农药	吨	29477	30385	4037

9-7 全市限额以上批发业法人企业财务状况

（2021 年）

单位：万元

指标名称	企业数（个）	年初存货	流动资产合计			固定资产原价
				# 应收账款	# 存 货	
总计	**985**	**2340312**	**20988922**	**4906631**	**2524521**	**1117259**
按批发行业小类分组						
农、林、牧、渔产品批发	29	66466	250202	42853	56539	43046
食品、饮料及烟草制品批发	146	239890	3527257	457917	293989	185395
纺织、服装及家庭用品批发	58	164752	1303310	218714	179060	27953
文化、体育用品及器材批发	25	54614	554910	71586	59181	21485
医药及医疗器材批发	110	227370	1893487	1127270	251092	105055
矿产品、建材及化工产品批发	461	1062989	10783895	2264627	1218686	505258
机械设备、五金产品及电子产品批发	145	427144	2083061	655488	352583	93704
其他批发业	11	97087	592801	68178	113390	135364
按登记注册类型分组						
内资企业	972	2229210	20383106	4757891	2409307	1003467
国有企业	3	23278	213240	472	35930	51865
集体企业	1	764	1178		1150	138
有限责任公司	199	1111195	11684370	2726329	1123008	560911
股份有限公司	6	84922	502688	34114	114250	58317
私营企业	763	1009050	7981631	1996977	1134970	332237
港、澳、台商投资企业	3	10841	170492	125331	11195	240
外商投资企业	10	100261	435325	23410	104018	113552
按控股情况分组						
国有控股	111	900981	9703013	1896860	914082	597345
集体控股	4	2642	25276	2352	3513	377
私人控股	857	1314869	10564128	2795985	1453999	406539
港澳台商控股	5	26962	341181	188263	52620	2723
外商控股	8	94858	355324	23172	100307	110276
其他						
按经营形式分组						
独立门店	569	1371355	10130993	2311344	1383912	576800
连锁总店（总部）	4	27867	31596	4897	17598	127121
连锁直营店	1	1823	12647	549	2298	180
连锁加盟店	1	78	22483	84	18	2
其他	410	939189	10791203	2589758	1120695	413155

9-7 续表 1

单位：万元

指标名称	累计折旧	本年折旧	在建工程	资产总计	流动负债合计	应付账款
总计	**433213**	**61259**	**301154**	**27651792**	**18409013**	**1578075**
按批发行业小类分组						
农、林、牧、渔产品批发	13074	2118	2171	364475	253562	59330
食品、饮料及烟草制品批发	89485	8730	5323	4577271	3348764	436217
纺织、服装及家庭用品批发	10170	1382		1333119	1216452	219263
文化、体育用品及器材批发	10072	765	1632	804079	481730	151423
医药及医疗器材批发	46145	9074	37233	2097872	1581122	525462
矿产品、建材及化工产品批发	170273	21394	219598	15360701	8749847	-1134550
机械设备、五金产品及电子产品批发	49435	10945	3645	2289433	1888397	711110
其他批发业	44559	6851	31553	824841	889140	609821
按登记注册类型分组						
内资企业	381131	59266	210495	26586480	17355113	3678933
国有企业	30886	2185	22	259960	47927	22931
集体企业				1316	1637	1603
有限责任公司	178541	26653	107333	16577836	10386941	2137765
股份有限公司	32022	2606	18825	779076	-626304	78195
私营企业	139682	27822	84314	8968293	7544911	1438439
港、澳、台商投资企业	157	22		171480	143618	142552
外商投资企业	51925	1971	90660	893832	910283	-2243410
按控股情况分组						
国有控股	211749	25803	107969	14394056	7370171	1444795
集体控股	118	30		25556	22583	10037
私人控股	170150	33415	102526	12157087	9861181	2152995
港澳台商控股	1531	190		369485	309426	213765
外商控股	49665	1822	90660	705607	845653	-2243517
其他						
按经营形式分组						
独立门店	202435	35525	229464	13065932	8803602	345186
连锁总店（总部）	59713	2024		267644	225103	-479929
连锁直营店	153	33		12796	10682	4923
连锁加盟店	2	2		22781	21145	16092
其他	170910	23675	71690	14282639	9348482	1691803

单位：万元

指标名称	负债合计	所有者权益合计	实收资本	个人资本
总计	**20022530**	**6569918**	**5168045**	**358001**
按批发行业小类分组				
农、林、牧、渔产品批发	269790	92042	395475	9535
食品、饮料及烟草制品批发	3568540	1008731	486500	39889
纺织、服装及家庭用品批发	1226748	106371	56247	10398
文化、体育用品及器材批发	488440	315640	154811	23097
医药及医疗器材批发	1610313	487560	274662	61352
矿产品、建材及化工产品批发	9983925	4320256	3425898	163925
机械设备、五金产品及电子产品批发	1965617	323636	340716	40403
其他批发业	909158	−84317	33735	9403
按登记注册类型分组				
内资企业	18892653	6634484	4502562	334874
国有企业	48134	211827	3278	
集体企业	1637	−321	182	
有限责任公司	11860900	4716756	3520558	11341
股份有限公司	−618418	559094	−72151	20
私营企业	7600399	1147129	1050695	323514
港、澳、台商投资企业	143618	27862	25731	1480
外商投资企业	986260	−92428	639752	21647
按控股情况分组				
国有控股	8773822	4781835	2838648	1180
集体控股	22583	2973	1432	200
私人控股	9994832	1941311	1662629	355141
港澳台商控股	309674	59812	49231	1480
外商控股	921620	−216013	616105	
按经营形式分组				
独立门店	9549479	2460245	2552940	236651
连锁总店（总部）	287489	−19845	−200509	1022
连锁直营店	10682	2115	900	
连锁加盟店	21145	1636	100	
其他	10153737	4125767	2814614	120327

单位：万元

指标名称	营业收入		营业成本	税金及附加
		主营业务收入		
总计	**57024114**	**56750970**	**55160917**	**231620**
按批发行业小类分组				
农、林、牧、渔产品批发	1100353	1098214	1070795	1614
食品、饮料及烟草制品批发	7253380	7204936	6823611	128261
纺织、服装及家庭用品批发	2116265	2108039	2020190	2418
文化、体育用品及器材批发	479642	478255	442609	663
医药及医疗器材批发	2804632	2791079	2483565	7217
矿产品、建材及化工产品批发	37567310	37406655	36710685	58917
机械设备、五金产品及电子产品批发	2980018	2941423	2822238	4757
其他批发业	2722515	2722368	2787225	27774
按登记注册类型分组				
内资企业	55636806	55389656	53798995	230165
国有企业	897887	897799	632337	121861
集体企业	13347	13347	13078	4
有限责任公司	37620085	37469966	36874856	82166
股份有限公司	964933	952616	872962	1802
私营企业	16140554	16055927	15405762	24332
港、澳、台商投资企业	288720	284927	283835	262
外商投资企业	1098588	1076387	1078087	1194
按控股情况分组				
国有控股	30000417	29873602	29203387	194428
集体控股	106727	106716	96720	142
私人控股	24795225	24674939	23776080	34887
港澳台商控股	1054673	1050768	1037286	1024
外商控股	1067072	1044945	1047444	1140
按经营形式分组				
独立门店	27413758	27298646	26527289	40056
连锁总店（总部）	1187702	1154327	1138176	1492
连锁直营店	67683	59616	53330	152
连锁加盟店	26510	26510	25567	37
其他	28328461	28211870	27416554	189884

单位：万元

指标名称	其他业务利润	销售费用	管理费用	研发费用	财务费用	
						# 利息收入
总计	**66457**	**776050**	**502394**	**6845**	**258544**	**72760**
按批发行业小类分组						
农、林、牧、渔产品批发	99	11364	7844		4119	1089
食品、饮料及烟草制品批发	19993	91638	94041	243	23792	17772
纺织、服装及家庭用品批发	2827	55114	26142	173	2150	−6126
文化、体育用品及器材批发	332	15024	15378		−2799	6119
医药及医疗器材批发	9368	132212	88302	346	21796	2105
矿产品、建材及化工产品批发	25608	304092	194280	3523	171834	50109
机械设备、五金产品及电子产品批发	8230	159891	64668	2302	35832	1458
其他批发业		6716	11739	258	1820	233
按登记注册类型分组						
内资企业	60019	741931	477121	6796	251764	72398
国有企业	206	10905	36597	35	−5139	5158
集体企业		83	16			
有限责任公司	39801	293315	196759	4018	213759	47494
股份有限公司	245	31184	8656	425	−6603	8755
私营企业	19767	406443	235093	2319	49748	10991
港、澳、台商投资企业	−1	1146	750		735	99
外商投资企业	6440	32973	24524	49	6044	263
按控股情况分组						
国有控股	31203	189864	185271	3140	165582	56876
集体控股		8098	719		4	0
私人控股	28863	539118	291244	3656	86660	15248
港澳台商控股	−6	6606	2303		2075	428
外商控股	6397	32364	22858	49	4224	208
按经营形式分组						
独立门店	21072	345553	245861	3605	107555	19166
连锁总店（总部）	8693	40023	5806		3430	172
连锁直营店		7182	3486		−70	
连锁加盟店		221	248		1	
其他	36692	383070	246994	3239	147627	53422

9-7 续表 5 单位：万元

指标名称	#利息费用	投资收益	营业利润	营业外收入
总计	**269504**	**261839**	**302720**	**86964**
按批发行业小类分组				
农、林、牧、渔产品批发	4584	−480	1558	244
食品、饮料及烟草制品批发	30705	33212	70159	11783
纺织、服装及家庭用品批发	5893	3571	11586	772
文化、体育用品及器材批发	1390	5651	13721	148
医药及医疗器材批发	16252	3194	60389	3062
矿产品、建材及化工产品批发	203720	196799	292365	37708
机械设备、五金产品及电子产品批发	4980	19893	−94313	6711
其他批发业	1979		−52745	26536
按登记注册类型分组				
内资企业	265449	218733	303617	85182
国有企业	13	3127	105037	228
集体企业			167	
有限责任公司	224949	182697	119357	59693
股份有限公司	2138	6218	62569	1856
私营企业	38350	26691	16488	23405
港、澳、台商投资企业	6	5	2224	57
外商投资企业	4049	43101	−3121	1725
按控股情况分组				
国有控股	211921	178078	237065	58041
集体控股	0		1042	13
私人控股	52379	45135	63870	27125
港澳台商控股	1164	5	5261	65
外商控股	4040	38621	−4517	1720
按经营形式分组				
独立门店	100410	109262	177351	18594
连锁总店（总部）	3246	−13	−2177	1422
连锁直营店	−76		3604	319
连锁加盟店			436	11
其他	165923	152590	123506	66618

单位：万元

指标名称	利润总额	所得税费用	应付职工薪酬	应交增值税
总计	**342803**	**118211**	**412234**	**564520**
按批发行业小类分组				
农、林、牧、渔产品批发	1808	318	5381	2666
食品、饮料及烟草制品批发	78968	33856	91306	48460
纺织、服装及家庭用品批发	11970	2096	23730	10153
文化、体育用品及器材批发	12336	638	11999	1323
医药及医疗器材批发	59757	11247	65256	44740
矿产品、建材及化工产品批发	306921	66762	146827	203195
机械设备、五金产品及电子产品批发	−99540	1835	59003	40790
其他批发业	−29416	1458	8732	213194
按登记注册类型分组				
内资企业	348214	98763	390663	559500
国有企业	105220	27226	39420	34525
集体企业	167		0.4	
有限责任公司	154824	58357	185423	341152
股份有限公司	63091	1343	20114	−5800
私营企业	24913	11837	145706	189623
港、澳、台商投资企业	2215	150	716	299
外商投资企业	−7627	19297	20855	4720
按控股情况分组				
国有控股	271585	76325	182873	331932
集体控股	1050	342	2685	664
私人控股	73933	21622	204344	226698
港澳台商控股	5259	642	2661	727
外商控股	−9025	19279	19670	4500
按经营形式分组				
独立门店	162529	56509	188678	233822
连锁总店（总部）	−3397	28	16089	8351
连锁直营店	3923	981	3059	1079
连锁加盟店	444	111	128	110
其他	179305	60583	204280	321159

9-8 全市限额以上零售业法人企业财务状况

（2021 年）

单位：万元

指标名称	企业数（个）	年初存货	流动资产合计	# 应收账款	# 存货	固定资产原价
总计	**606**	**717222**	**3217417**	**416540**	**771906**	**675312**
按零售行业小类分组						
综合零售	70	111727	532371	47914	105406	243530
食品、饮料及烟草制品专门零售	51	18990	96558	27006	18225	8828
纺织、服装及日用品专门零售	38	27257	62268	14137	27665	6947
文化、体育用品及器材专门零售	28	60414	143762	17718	58782	36427
医药及医疗器材专门零售	24	64506	155660	39628	69811	20092
汽车、摩托车、零配件和燃料及其他动力销售	253	365475	1429908	82579	407188	255447
家用电器及电子产品专门零售	98	52493	667958	176172	57982	12887
五金、家具及室内装饰材料专门零售	12	2072	22726	5710	4587	75770
货摊、无店铺及其他零售业	32	14289	106206	5678	22260	15384
按登记注册类型分组						
内资企业	584	591873	2778978	394245	640236	402935
国有企业	1	55	1153	225	34	735
集体企业	1	111	653	516		179
有限责任公司	181	256536	1597932	208798	307840	202133
股份有限公司	1	27	1116	109	27	263
私营企业	399	335146	1177921	184416	332335	199622
其他企业	1		203	182		3
港、澳、台商投资企业	12	29873	173787	9812	39266	37641
外商投资企业	10	95476	264652	12483	92405	234736
按控股情况分组						
国有控股	48	70698	440488	46416	114232	188895
集体控股	3	117	27895	4814	8155	7854
私人控股	533	532074	2427489	348471	530076	321957
港澳台商控股	14	30663	183700	12368	39654	42418
外商控股	7	83670	137641	4290	79789	114184
其他	1		203	182		3
按经营形式分组						
独立门店	475	534744	2050217	188487	549473	526908
连锁总店（总部）	30	81252	728732	148036	106634	97936
连锁直营店	9	37255	91705	11388	43395	20569
连锁加盟店	2	955	2145	188	1491	7
其他	90	63017	344617	68443	70915	29893
按零售业态分组						
有店铺零售	514	687831	2954809	354606	730911	651966
食杂店	9	3291	3634	258	1571	185
便利店	6	5245	27381	1010	4320	8178
超市	32	14381	27123	4961	16272	8510
大型超市	27	79428	237313	6625	69197	90138
仓储会员店	1		104		9	
百货店	19	25170	256396	21028	26885	141370
专业店	204	233812	1331924	216854	295861	233648
专卖店	200	319991	1026552	80298	312015	162011
家居建材商店	5	1152	5433	2610	1110	182
购物中心	4	3153	28530	19068	2376	7104
厂家直销中心	7	2208	10420	1894	1295	640
无店铺零售	92	29391	262608	61935	40996	23346
电视购物	1	263	456	35	185	489
网上商店	18	10881	91865	2109	18222	6142
其他	73	18247	170287	59790	22589	16715

单位：万元

指标名称	累计折旧		在建工程	资产总计	流动负债合计	
		本年折旧				应付账款
总计	**272491**	**40936**	**13184**	**4467848**	**2797187**	**808867**
按零售行业小类分组						
综合零售	111446	10177	1228	1034848	531563	195496
食品、饮料及烟草制品专门零售	2980	869	5	110554	56565	19529
纺织、服装及日用品专门零售	4143	636	262	82628	70031	35368
文化、体育用品及器材专门零售	16490	3160	795	177851	124050	36989
医药及医疗器材专门零售	10388	1753	253	274772	138048	74071
汽车、摩托车、零配件和燃料及其他动力销售	112007	20090	9571	1808052	1119632	153618
家用电器及电子产品专门零售	7137	1163	810	717934	591013	275046
五金、家具及室内装饰材料专门零售	1867	1731	12	122060	93203	3848
货摊、无店铺及其他零售业	6033	1356	248	139149	73082	14904
按登记注册类型分组						
内资企业	186665	28139	11427	3655365	2416147	746225
国有企业	622	17		1266	961	51
集体企业	171	1		660	141	
有限责任公司	97167	14420	6728	2101960	1350954	468886
股份有限公司	250	0.2		1128	5599	
私营企业	88451	13702	4698	1550147	1058454	277250
其他企业	3	0		204	38	38
港、澳、台商投资企业	23238	2441	1471	215281	69891	10394
外商投资企业	62588	10356	286	597202	311150	52248
按控股情况分组						
国有控股	69327	8487	4434	707301	355807	101903
集体控股	4286	515		38157	15018	4574
私人控股	152417	21924	7000	3133953	2127371	661645
港澳台商控股	24828	2903	1474	228604	75877	10688
外商控股	21631	7108	277	359629	223076	30020
其他	3			204	38	38
按经营形式分组						
独立门店	206085	31001	9879	2811623	1718116	337617
连锁总店（总部）	43385	5160	2472	1020972	688085	356726
连锁直营店	10920	2162	661	192078	103520	35907
连锁加盟店	4	2		2148	977	766
其他	12096	2611	174	441027	286490	77851
按零售业态分组						
有店铺零售	263325	38426	13043	4155687	2617479	748961
食杂店	101	44		3827	499	265
便利店	2825	576	59	36350	14633	2095
超市	6313	466	50	39990	18033	5940
大型超市	47762	5034	419	583297	299003	113189
仓储会员店				104	10	1
百货店	56737	4718	844	401556	181338	52559
专业店	72302	13097	8692	1821896	1240934	408071
专卖店	74676	14127	2811	1213966	820479	141355
家居建材商店	122	46	12	5519	4490	1462
购物中心	2273	238	157	38329	33019	23368
厂家直销中心	214	81		10854	5042	655
无店铺零售	9166	2510	141	312161	179708	59906
电视购物	365	10		591	510	183
网上商店	2074	986	98	116376	63915	15748
其他	6727	1514	43	195194	115284	43976

单位：万元

指标名称	负债合计	所有者权益合计	实收资本	个人资本
总计	**3142852**	**1316784**	**897267**	**281737**
按零售行业小类分组				
综合零售	721374	312510	139370	5867
食品、饮料及烟草制品专门零售	64263	45345	24080	2555
纺织、服装及日用品专门零售	84726	-2098	10303	910
文化、体育用品及器材专门零售	124026	53825	11540	1674
医药及医疗器材专门零售	201986	72786	265383	203565
汽车、摩托车、零配件和燃料及其他动力销售	1149742	652751	311528	34717
家用电器及电子产品专门零售	625434	92418	73808	27727
五金、家具及室内装饰材料专门零售	93258	28802	41053	2500
货摊、无店铺及其他零售业	78044	60445	20202	2222
按登记注册类型分组				
内资企业	2669606	977547	752307	280907
国有企业	961	305	467	
集体企业				
有限责任公司	1553163	548265	276759	10024
股份有限公司				
私营企业	1115445	428811	474982	270883
其他企业	38	166	100	
港、澳、台商投资企业	84680	130601	21654	830
外商投资企业	388566	208636	123306	
按控股情况分组				
国有控股	381003	325170	168621	580
集体控股	21063	16433	3000	
私人控股	2353873	773657	645052	280327
港澳台商控股	89742	138862	24154	830
外商控股	297133	62495	56341	
其他	38	166	100	
按经营形式分组				
独立门店	1868200	937228	475251	55455
连锁总店（总部）	797810	223161	285155	204595
连锁直营店	167362	23587	43627	8
连锁加盟店	1910	238	655	
其他	307570	132569	92580	21679
按零售业态分组				
有店铺零售	2954237	1193238	824818	256594
食杂店	966	2804	2270	840
便利店	9135	26087	12800	
超市	26179	13974	12567	1400
大型超市	469396	113901	67420	4940
仓储会员店	10	94	100	100
百货店	208883	192672	63783	907
专业店	1340690	476546	472671	222650
专卖店	851784	359653	187205	22637
家居建材商店	4490	1028	1057	800
购物中心	35519	2809	1840	120
厂家直销中心	7184	3670	3105	2200
无店铺零售	188615	123546	72449	25143
电视购物	510	81	392	192
网上商店	66703	49673	19610	4400
其他	121402	73792	52446	20551

指标名称	营业收入		营业成本	税金及附加
		主营业务收入		
总计	**8739031**	**8527116**	**7783972**	**26333**
按零售行业小类分组				
综合零售	1164022	1090828	939203	4995
食品、饮料及烟草制品专门零售	237926	235879	198168	603
纺织、服装及日用品专门零售	160889	160175	115147	501
文化、体育用品及器材专门零售	244604	242528	210364	560
医药及医疗器材专门零售	410130	397260	297596	948
汽车、摩托车、零配件和燃料及其他动力销售	5015668	4911905	4635505	15978
家用电器及电子产品专门零售	579640	571423	519093	791
五金、家具及室内装饰材料专门零售	33955	31757	26926	493
货摊、无店铺及其他零售业	892198	885361	841971	1463
按登记注册类型分组				
内资企业	7004861	6840311	6269443	18520
国有企业	2140	2140	1669	27
集体企业	881		645	3
有限责任公司	4114627	4038512	3724067	11989
股份有限公司	995		724	6
私营企业	2885042	2798482	2541202	6496
其他企业	1177	1177	1136	
港、澳、台商投资企业	594726	581410	511626	4056
外商投资企业	1139444	1105395	1002904	3757
按控股情况分组				
国有控股	1859177	1822670	1671859	5313
集体控股	141936	136747	120181	2915
私人控股	5652259	5507464	5079465	12320
港澳台商控股	610924	596901	523731	4090
外商控股	473559	462158	387600	1694
其他	1177	1177	1136	
按经营形式分组				
独立门店	5260310	5120467	4657571	19089
连锁总店（总部）	1697004	1650664	1517416	2609
连锁直营店	261780	249151	184069	658
连锁加盟店	8531	8531	6051	19
其他	1511406	1498303	1418866	3958
按零售业态分组				
有店铺零售	7612597	7407763	6736256	24468
食杂店	20026	18795	19197	10
便利店	130140	124635	106282	363
超市	91094	85300	73827	186
大型超市	739252	693083	606086	1496
仓储会员店	707	707	680	
百货店	352689	337830	270839	3344
专业店	3292812	3221973	2949805	6066
专卖店	2904433	2850948	2641422	12602
家居建材商店	7602	7602	6146	121
购物中心	45609	39909	35675	165
厂家直销中心	28234	26982	26297	114
无店铺零售	1126433	1119353	1047717	1865
电视购物	3022	2920	1789	15
网上商店	832235	826353	799192	1287
其他	291176	290080	246737	563

单位：万元

指标名称	其他业务利润	销售费用	管理费用	研发费用	财务费用	#利息收入
总计	**62720**	**584023**	**224743**	**5183**	**35889**	**4570**
按零售行业小类分组						
综合零售	31432	176485	49636	0.1	13408	713
食品、饮料及烟草制品专门零售	13	17513	8000		281	187
纺织、服装及日用品专门零售	548	39616	6503		850	5
文化、体育用品及器材专门零售	1471	18594	12008		68	172
医药及医疗器材专门零售	2590	79705	24820		3977	112
汽车、摩托车、零配件和燃料及其他动力销售	25541	179222	80803	3	12316	3104
家用电器及电子产品专门零售	938	30733	22301	3405	4058	34
五金、家具及室内装饰材料专门零售		5159	8650	35	705	11
货摊、无店铺及其他零售业	188	36996	12022	1740	228	233
按登记注册类型分组						
内资企业	48410	456734	184509	5183	29720	3516
国有企业		101	356		0.4	
集体企业		223	93		0.1	
有限责任公司	24544	261843	67217	318	18842	1253
股份有限公司		329	154		163	0.2
私营企业	23865	194238	116657	4865	10714	2264
其他企业			33			
港、澳、台商投资企业	4981	50801	12558		339	851
外商投资企业	9329	76487	27677		5831	203
按控股情况分组						
国有控股	9282	82399	30943		6202	686
集体控股	1537	7251	3559		238	21
私人控股	40977	378265	158761	5183	24455	2937
港澳台商控股	4986	53479	13197		449	890
外商控股	5938	62628	18251		4545	36
其他			33			
按经营形式分组						
独立门店	41695	362404	153586	3229	22421	3776
连锁总店（总部）	20447	108600	37974		7103	224
连锁直营店	537	62516	9499		3121	98
连锁加盟店	13	2348	73		9	−0.1
其他	27	48155	23611	1954	3235	472
按零售业态分组						
有店铺零售	62172	533816	200779	859	34529	4130
食杂店		182	631		1	−0.1
便利店		10954	3107		613	242
超市	163	13217	6562		282	−2
大型超市	27830	112194	26464		11127	−27
仓储会员店		3	22			
百货店	3974	54005	18576	0.1	1879	723
专业店	14226	195628	79404	820	12751	103
专卖店	15879	136725	63689	3	7604	3081
家居建材商店		167	794	35	15	10
购物中心		9209	892		190	0.4
厂家直销中心	101	1532	640		67	2
无店铺零售	548	50206	23964	4324	1360	440
电视购物	91	904	263		45	14
网上商店	41	27094	7799	1777	157	227
其他	416	22208	15902	2548	1158	199

单位：万元

指标名称	#利息费用	投资收益	营业利润	营业外收入
总计	**22575**	**3475**	**87511**	**17906**
按零售行业小类分组				
综合零售	7557	-6104	-20690	3769
食品、饮料及烟草制品专门零售	379	-2	13697	324
纺织、服装及日用品专门零售	489		-2035	228
文化、体育用品及器材专门零售	105	1692	5186	323
医药及医疗器材专门零售	3181	19	3514	1177
汽车、摩托车、零配件和燃料及其他动力销售	8772	5011	107494	8941
家用电器及电子产品专门零售	1236	302	-11168	1374
五金、家具及室内装饰材料专门零售	688	361	-7884	221
货摊、无店铺及其他零售业	169	2197	-602	1549
按登记注册类型分组				
内资企业	19064	1540	43700	15219
国有企业			14	6
集体企业			-83	
有限责任公司	11740	3174	41493	9699
股份有限公司	155		-382	1
私营企业	7169	-1635	2650	5514
其他企业			8	
港、澳、台商投资企业	472	35	16771	699
外商投资企业	3039	1901	27040	1988
按控股情况分组				
国有控股	5015	856	66237	5446
集体控股	254	161	8204	24
私人控股	14952	748	-5590	10062
港澳台商控股	476	35	17410	769
外商控股	1878	1676	1243	1604
其他			8	
按经营形式分组				
独立门店	14783	8628	55050	13130
连锁总店（总部）	2094	-3403	20038	2006
连锁直营店	3056	-2514	-567	785
连锁加盟店	9		45	13
其他	2633	764	12945	1971
按零售业态分组				
有店铺零售	21475	559	87268	15902
食杂店	1		66	15
便利店	155		9072	26
超市	126	44	-4039	260
大型超市	5976	-6089	-23173	2918
仓储会员店			1	
百货店	1387	-59	9231	626
专业店	7829	1300	43513	3874
专卖店	5792	5002	53023	8116
家居建材商店	5	361	372	9
购物中心	183		-533	2
厂家直销中心	22		-264	57
无店铺零售	1100	2917	243	2004
电视购物	1		7	12
网上商店	162	2187	-3001	1484
其他	937	730	3237	508

单位：万元

指标名称	利润总额	所得税费用	应付职工薪酬	应交增值税
总计	**98678**	**35088**	**300596**	**100681**
按零售行业小类分组				
综合零售	−20485	2848	65583	14227
食品、饮料及烟草制品专门零售	13933	3273	5705	3424
纺织、服装及日用品专门零售	−1898	266	11709	2548
文化、体育用品及器材专门零售	5363	35	10591	1108
医药及医疗器材专门零售	5167	891	50710	7679
汽车、摩托车、零配件和燃料及其他动力销售	114071	27042	114844	50811
家用电器及电子产品专门零售	−10697	290	25431	4498
五金、家具及室内装饰材料专门零售	−7698	66	3227	579
货摊、无店铺及其他零售业	922	378	12797	15808
按登记注册类型分组				
内资企业	52569	21978	249675	78532
国有企业	19	0.4	213	133
集体企业	−83			14
有限责任公司	47750	17547	122156	38417
股份有限公司	−381			−5
私营企业	5257	4430	127278	39973
其他企业	8	0	29	
港、澳、台商投资企业	17279	3982	18011	7164
外商投资企业	28830	9128	32910	14986
按控股情况分组				
国有控股	69507	16814	41645	20104
集体控股	8134	1262	4578	2225
私人控股	390	9932	206734	63615
港澳台商控股	17959	4115	19228	7408
外商控股	2680	2965	28382	7329
其他	8		29	
按经营形式分组				
独立门店	63054	19343	195506	71271
连锁总店（总部）	21045	9901	55913	14605
连锁直营店	−53	2739	24494	2898
连锁加盟店	58		762	148
其他	14574	3106	23922	11759
按零售业态分组				
有店铺零售	97230	34338	277844	82602
食杂店	81	2	273	162
便利店	9071	2367	6575	2729
超市	−4163	−687	6986	917
大型超市	−23306	2451	46631	6650
仓储会员店	1		20	4
百货店	9674	1411	11902	6931
专业店	47034	13936	117590	33427
专卖店	59215	14810	84736	31062
家居建材商店	368	45	504	366
购物中心	−535	2	1961	198
厂家直销中心	−209	1	668	157
无店铺零售	1447	750	22752	18079
电视购物	10		665	107
网上商店	−1498	11	8956	14786
其他	2936	739	13131	3186

9-9 全市限额以上住宿业经营情况

（2021 年）

指标名称	企业数（个）	从业人员期末人数（人）	客房数（间）	床位数（个）	餐位数（位）	年末餐饮营业面积（平方米）
总计	**235**	**15256**	**50557**	**74181**	**58630**	**554747**
按住宿行业小类分组						
旅游饭店	94	10697	21082	32791	47127	344894
一般旅馆	140	4532	29262	41042	10503	208424
其他住宿业	1	27	213	348	1000	1429
按登记注册类型分组						
内资企业	226	12964	47999	70463	49096	526514
国有企业	2	540	395	592	1150	5848
集体企业	1	35	202	386	50	1800
有限责任公司	47	4813	9454	15108	17787	119889
私营企业	176	7576	37948	54377	30109	398977
港、澳、台商投资企业	7	1884	2008	2948	6652	19692
外商投资企业	2	408	550	770	2882	8541
按控股情况分组						
国有控股	20	3925	4734	8162	14530	53585
集体控股	1	35	202	386	50	1800
私人控股	207	9130	43278	62210	35016	471429
港澳台商控股	5	1758	1793	2653	6152	19392
外商控股	2	408	550	770	2882	8541
按经营形式分组						
独立门店	171	13161	32008	48983	54050	431884
连锁直营店	18	286	11266	14807	224	10550
连锁加盟店	36	1087	5392	7597	1549	88631
其他	10	722	1891	2794	2807	23682

9-9 续表

指标名称	营业额（万元）				
		客房收入	餐费收入	商品销售收入	其他收入
总计	**317337**	**192004**	**77387**	**11605**	**36340**
按住宿行业小类分组					
旅游饭店	211559	103776	67032	10534	30217
一般旅馆	104930	87556	10341	1071	5962
其他住宿业	848	672	15	0.3	161
按登记注册类型分组					
内资企业	269518	172185	55891	9656	31787
国有企业	5383	4283	1083	17	0.2
集体企业	699	376	80		243
有限责任公司	97815	44754	26314	7219	19528
私营企业	165623	122772	28415	2421	12015
港、澳、台商投资企业	38476	15475	17716	1555	3729
外商投资企业	9342	4344	3780	394	824
按控股情况分组					
国有控股	70611	24057	22255	6943	17356
集体控股	699	376	80		243
私人控股	201189	148974	34375	2742	15099
港澳台商控股	35496	14253	16898	1526	2818
外商控股	9342	4344	3780	394	824
按经营形式分组					
独立门店	266953	148263	73415	11367	33908
连锁直营店	10101	9183	18	72	828
连锁加盟店	25877	24388	852	26	611
其他	14406	10170	3103	140	993

9-10 全市限额以上餐饮业经营情况

（2021 年）

指标名称	企业数（个）	从业人员期末人数（人）	客房数（间）	床位数（个）	餐位数（位）	年末餐饮营业面积（平方米）
总计	**182**	**21849**	**856**	**1330**	**140234**	**486512**
按餐饮行业小类分组						
正餐服务	158	11599	856	1330	106097	392840
快餐服务	9	8718			29363	69903
饮料及冷饮服务	7	554			1889	7295
餐饮配送及外卖送餐服务	5	406			11068	
其他餐饮业	3	572			2885	5406
按登记注册类型分组						
内资企业	179	16082	856	1330	123801	437539
集体企业	1	41			300	500
有限责任公司	37	3844	585	965	34168	119369
私营企业	141	12197	271	365	89333	317670
港、澳、台商投资企业	2	191			586	3738
外商投资企业	1	5576			15847	45235
按控股情况分组						
国有控股	2	1332	255	383	10362	41825
集体控股	2	186			700	1966
私人控股	176	14707	601	947	112819	394438
港澳台商控股	1	48			506	3048
外商控股	1	5576			15847	45235
按经营形式分组						
独立门店	148	10838	856	1330	98858	370870
连锁总店（总部）	8	8768			27269	72475
连锁直营店	8	1215			6795	14456
连锁加盟店	9	146			1466	1809
其他	9	882			5846	26902

9-10 续表

指标名称	营业额（万元）	客房收入	餐费收入	商品销售收入	其他收入
总计	**459657**	**3604**	**415774**	**17920**	**22358**
按餐饮行业小类分组					
正餐服务	256774	3604	222641	16302	14226
快餐服务	154912		151403	134	3376
饮料及冷饮服务	21568		19802	357	1409
餐饮配送及外卖送餐服务	10596		8116	1128	1353
其他餐饮业	15806		13812		1994
按登记注册类型分组					
内资企业	364380	3604	324251	16924	19601
集体企业	499		499		
有限责任公司	93405	2608	79641	5303	5853
私营企业	270476	996	244111	11621	13748
港、澳、台商投资企业	5094		4097	996	
外商投资企业	90183		87426		2757
按控股情况分组					
国有控股	25277	1426	19095	3965	791
集体控股	4855		4148		707
私人控股	338301	2179	304064	13955	18103
港澳台商控股	1042		1042		
外商控股	90183		87426		2757
按经营形式分组					
独立门店	235637	3604	205837	14590	11606
连锁总店（总部）	167750		161424	339	5987
连锁直营店	34990		31120	1030	2839
连锁加盟店	3810		3810		
其他	17470		13584	1961	1925

9-11 全市限额以上住宿业法人企业财务状况

（2021 年）

单位：万元

指标名称	法人企业数（个）	年初存货	流动资产合计	#应收账款	#存货	固定资产原价
总计	**235**	**15934**	**432985**	**27555**	**14830**	**782452**
按行业小类分组						
旅游饭店	94	13364	321086	16239	13453	645899
一般旅馆	140	2569	111756	11330	1375	135985
其他住宿业	1	2	144	-14	2	568
按登记注册类型分组						
内资企业	226	8720	344697	22138	7877	458125
国有企业	2	418	17661	69	423	105488
集体企业	1	4	220		36	1785
有限责任公司	47	3153	102401	8550	3207	242518
私营企业	176	5146	224415	13520	4211	108334
港、澳、台商投资企业	7	7173	85450	5091	6893	265394
外商投资企业	2	41	2839	326	60	58933
按控股情况分组						
国有控股	20	1750	79538	3996	1965	318854
集体控股	1	4	220		36	1785
私人控股	207	7056	269072	18382	5947	157697
港澳台商控股	5	7083	81317	4851	6822	245183
外商控股	2	41	2839	326	60	58933
按经营形式分组						
独立门店	171	14308	375434	23283	14206	712328
连锁直营店	18	69	9339	293	71	4095
连锁加盟店	36	1183	24648	3071	364	11515
其他	10	375	23565	908	189	54513

指标名称	累计折旧		在建工程	资产总计	流动负债合计	
		本年折旧				应付账款
总计	**402276**	**76307**	**24010**	**1174267**	**522509**	**62717**
按行业小类分组						
旅游饭店	336123	65144	17032	922144	370764	44579
一般旅馆	65658	11137	6978	250751	150428	16872
其他住宿业	495	26	1372	1317	1267	
按登记注册类型分组						
内资企业	242787	52812	23642	880163	466613	56530
国有企业	63558	33254	2117	61975	1512	457
集体企业	1132	54	909	86		
有限责任公司	109120	9571	12502	449662	155892	19970
私营企业	68977	9933	9023	367617	309124	36104
港、澳、台商投资企业	146211	22076	368	227094	53158	6187
外商投资企业	13278	1420	67010	2738		
按控股情况分组						
国有控股	148480	39025	12909	443815	111643	12916
集体控股	1132	54	909	86		
私人控股	110392	13974	11101	443804	358226	44180
港澳台商控股	128993	21835	218729	49818	5622	
外商控股	13278	1420	67010	2738		
按经营形式分组						
独立门店	358856	67343	19586	1047195	438339	52639
连锁直营店	3090	271	14625	6907	559	
连锁加盟店	6890	4302	4273	50589	44883	6545
其他	33440	4391	151	61858	32381	2975

单位：万元

指标名称	负债合计	所有者权益合计		
			实收资本	个人资本
总计	**789604**	**405887**	**964567**	**25057**
按行业小类分组				
旅游饭店	588215	359952	231339	15800
一般旅馆	199595	46357	733198	9257
其他住宿业	1794	−421	30	
按登记注册类型分组				
内资企业	628391	247261	917012	23667
国有企业	4625	57350	2179	
集体企业	86	823	723	
有限责任公司	213644	236018	141867	9048
私营企业	410035	−46930	772244	14619
港、澳、台商投资企业	158476	94354	47555	1390
外商投资企业	2738	64273		
按控股情况分组				
国有控股	178644	290906	129056	660
集体控股	86	823	723	
私人控股	484269	−44977	801142	23007
港澳台商控股	123867	94862	33646	1390
外商控股	2738	64273		
按经营形式分组				
独立门店	681394	388802	943659	22391
连锁直营店	9978	2871	2274	95
连锁加盟店	60059	−9470	13097	2070
其他	38173	23685	5537	500

单位：万元

指标名称	营业收入		营业成本	税金及附加
		主营业务收入		
总计	**307436**	**288565**	**121027**	**4161**
按行业小类分组				
旅游饭店	206216	193922	74177	3551
一般旅馆	100414	93838	46834	609
其他住宿业	806	806	15	1
按登记注册类型分组				
内资企业	257084	239525	107293	2467
国有企业	5073	5073	1012	5
集体企业	699	699	41	3
有限责任公司	93026	84723	42148	1904
私营企业	158287	149031	64093	555
港、澳、台商投资企业	41417	40105	9620	1362
外商投资企业	8935	8935	4114	332
按控股情况分组				
国有控股	67230	59397	34071	1648
集体控股	699	699	41	3
私人控股	191968	181741	75250	1125
港澳台商控股	38605	37794	7550	1054
外商控股	8935	8935	4114	332
按经营形式分组				
独立门店	259041	242251	103184	3693
连锁直营店	9435	8328	2514	26
连锁加盟店	25084	24889	11079	66
其他	13876	13097	4251	376

单位：万元

指标名称	其他业务利润	销售费用	管理费用	研发费用	财务费用	利息收入
总计	**6324**	**119315**	**121738**		**9428**	**860**
按行业小类分组						
旅游饭店	3484	88336	77092		7136	791
一般旅馆	2840	30314	44387		2292	69
其他住宿业		665	259		1	0.4
按登记注册类型分组						
内资企业	5972	104969	96709		6126	828
国有企业		4420	3552		−47	−50
集体企业		507	247		3	1
有限责任公司	1728	34674	34829		921	660
私营企业	4244	65368	58081		5250	218
港、澳、台商投资企业	352	13564	20223		3308	26
外商投资企业		782	4806		−6	6
按控股情况分组						
国有控股	1615	24711	25485		99	588
集体控股		507	247		3	1
私人控股	4394	79974	71246		6288	264
港澳台商控股	315	13341	19954		3045	2
外商控股		782	4806		−6	6
按经营形式分组						
独立门店	3491	101225	92457		7760	831
连锁直营店	1226	6441	934		106	28
连锁加盟店	591	4234	19707		1242	1
其他	1016	7415	8640		320	

单位：万元

指标名称	#利息费用	投资收益	营业利润	营业外收入
总计	**6615**	**-379**	**-57538**	**4036**
按行业小类分组				
旅游饭店	5458	463	-36423	3376
一般旅馆	1157	-842	-20980	659
其他住宿业			-135	2
按登记注册类型分组				
内资企业	3711	-411	-48537	3425
国有企业	3		-3868	30
集体企业			-102	4
有限责任公司	1058	436	-13839	1916
私营企业	2650	-847	-30728	1475
港、澳、台商投资企业	2904		-7943	611
外商投资企业		32	-1058	
按控股情况分组				
国有控股	482	410	-11006	1166
集体控股			-102	4
私人控股	3468	-821	-37634	2318
港澳台商控股	2664		-7739	547
外商控股		32	-1058	
按经营形式分组				
独立门店	6223	139	-41418	3236
连锁直营店	20	12	-558	40
连锁加盟店	340	-530	-8681	96
其他	32		-6881	665

9-11 续表 6

单位：万元

指标名称	利润总额	所得税费用	应付职工薪酬	应交增值税
总计	**-58594**	**865**	**87923**	**6962**
按行业小类分组				
旅游饭店	-37960	654	64754	5770
一般旅馆	-20500	211	23067	1177
其他住宿业	-134		101	16
按登记注册类型分组				
内资企业	-50019	811	72156	5898
国有企业	-5669		2748	310
集体企业	-98		398	25
有限责任公司	-12766	749	32777	2751
私营企业	-31487	63	36234	2814
港、澳、台商投资企业	-7517	52	12708	1030
外商投资企业	-1058	1	3058	34
按控股情况分组				
国有控股	-12066	732	27766	3028
集体控股	-98		398	25
私人控股	-38027	80	44602	2921
港澳台商控股	-7347	52	12099	955
外商控股	-1058	1	3058	34
按经营形式分组				
独立门店	-41523	733	77612	6628
连锁直营店	-526	12	1279	192
连锁加盟店	-9744	1	4710	238
其他	-6801	119	4321	-95

9-12 全市限额以上餐饮业法人企业财务状况

（2021年）

单位：万元

指标名称	法人企业数（个）	年初存货	流动资产合计	#应收账款	#存货	固定资产原价
总计	**182**	**8979**	**153318**	**16767**	**11271**	**95616**
按行业小类分组						
正餐服务	158	7002	117949	14092	8789	56242
快餐服务	9	1725	14795	1213	2205	36764
饮料及冷饮服务	7	128	5280	367	130	854
餐饮配送及外卖送餐服务	5	78	8989	803	99	649
其他餐饮业	3	46	6305	293	48	1108
按登记注册类型分组						
内资企业	179	8026	141206	16362	10350	79573
集体企业	1	0.1	203	2	9	96
有限责任公司	37	2144	46177	2904	2477	39303
私营企业	141	5882	94826	13456	7864	40174
港、澳、台商投资企业	2	194	8998	305	19	540
外商投资企业	1	759	3115	100	902	15504
按控股情况分组						
国有控股	2	409	5533	737	507	2085
集体控股	2	40	1200	12	37	354
私人控股	176	7771	143469	15917	9825	77326
港澳台商控股	1		1			348
外商控股	1	759	3115	100	902	15504
按经营形式分组						
独立门店	148	5961	95349	12775	7449	55409
连锁总店（总部）	8	1630	25156	1179	2837	35468
连锁直营店	8	598	18297	948	388	2493
连锁加盟店	9	41	1662	6	108	351
其他	9	750	12853	1858	489	1895

单位：万元

指标名称	累计折旧		在建工程	资产总计	流动负债合计	
		本年折旧				应付账款
总计	**37967**	**6320**	**6893**	**291890**	**204214**	**35596**
按行业小类分组						
正餐服务	19730	3329	4487	187172	148981	25584
快餐服务	16765	2209	2368	74484	35038	5796
饮料及冷饮服务	329	143	6	7435	5051	1308
餐饮配送及外卖送餐服务	300	163		11664	9594	2813
其他餐饮业	844	476	33	11136	5550	96
按登记注册类型分组						
内资企业	30580	4815	4541	240491	187583	33275
集体企业	91	0.4		208	9	6
有限责任公司	10764	2009	1559	96440	72803	10826
私营企业	19725	2806	2982	143843	114771	22443
港、澳、台商投资企业	253	61		10562	524	187
外商投资企业	7134	1444	2352	40838	16108	2133
按控股情况分组						
国有控股	970	85		8806	10728	2793
集体控股	270	68		1564	1121	72
私人控股	29437	4723	4541	240491	176258	30599
港澳台商控股	156	0.1		192		
外商控股	7134	1444	2352	40838	16108	2133
按经营形式分组						
独立门店	19667	3254	4097	158707	136679	23598
连锁总店（总部）	15556	2217	2368	87810	44460	6921
连锁直营店	1762	664	33	26211	9780	1756
连锁加盟店	214	71		1827	1523	381
其他	769	115	395	17336	11773	2939

单位：万元

指标名称	负债合计	所有者权益合计	实收资本	
				个人资本
总计	**234204**	**59467**	**550854**	**740**
按行业小类分组				
正餐服务	162435	26518	538099	306
快餐服务	50994	23490	7990	55
饮料及冷饮服务	5631	1804	553	153
餐饮配送及外卖送餐服务	9594	2070	974	201
其他餐饮业	5550	5586	3239	26
按登记注册类型分组				
内资企业	204662	37610	547813	740
集体企业	9	199		
有限责任公司	73752	22995	17372	252
私营企业	130901	14416	530442	489
港、澳、台商投资企业	553	10009	806	
外商投资企业	28989	11849	2235	
按控股情况分组				
国有控股	10755	-1949	3520	
集体控股	1121	443	100	
私人控股	193339	48933	545000	740
港澳台商控股	1	191		
外商控股	28989	11849	2235	
按经营形式分组				
独立门店	149306	11181	534592	634
连锁总店（总部）	60454	27355	9335	
连锁直营店	9809	16402	4526	30
连锁加盟店	1523	305	86	26
其他	13112	4224	2315	51

9-12 续表 3

单位：万元

指标名称	营业收入	主营业务收入	营业成本	税金及附加
总计	**440289**	**430771**	**240057**	**643**
按行业小类分组				
正餐服务	248895	242873	145635	525
快餐服务	145537	143317	69727	82
饮料及冷饮服务	20420	19746	10734	8
餐饮配送及外卖送餐服务	10494	10144	7881	19
其他餐饮业	14943	14692	6080	9
按登记注册类型分组				
内资企业	351078	343781	192721	581
集体企业	471	471		0.3
有限责任公司	89753	87774	46744	138
私营企业	260855	255536	145977	443
港、澳、台商投资企业	4898	4898	2242	5
外商投资企业	84313	82092	45095	57
按控股情况分组				
国有控股	24596	24588	11211	24
集体控股	4580	3913	1112	2
私人控股	325763	319141	181986	561
港澳台商控股	1037	1037	654	0.2
外商控股	84313	82092	45095	57
按经营形式分组				
独立门店	227549	221919	138141	458
连锁总店（总部）	157642	155372	73064	71
连锁直营店	33166	32228	14513	29
连锁加盟店	3754	3754	1652	1
其他	18178	17498	12688	84

单位：万元

指标名称	其他业务利润	销售费用	管理费用	研发费用	财务费用	利息收入
总计	**1470**	**143276**	**45928**	**27**	**6280**	**87**
按行业小类分组						
正餐服务	1235	78303	29840	27	4627	−64
快餐服务	3	51876	11036		1419	90
饮料及冷饮服务	106	6448	1913		19	10
餐饮配送及外卖送餐服务		1326	1078		167	2
其他餐饮业	126	5323	2061		49	50
按登记注册类型分组						
内资企业	1470	121086	38118	27	5132	−27
集体企业			54		1	1
有限责任公司	580	35685	8373		883	−37
私营企业	891	85401	29691	27	4248	10
港、澳、台商投资企业		2195	914		319	25
外商投资企业		19996	6896		830	89
按控股情况分组						
国有控股	8	10058	3111		121	11
集体控股	100	2973	54		5	2
私人控股	1363	110249	35401	27	5324	−15
港澳台商控股		1	466		0	
外商控股		19996	6896		830	89
按经营形式分组						
独立门店	1235	69064	26194	27	1693	−87
连锁总店（总部）		57716	12354		3899	96
连锁直营店	232	13707	3864		401	75
连锁加盟店		339	1039		4	
其他	3	2449	2477		283	3

单位：万元

指标名称		投资收益	营业利润	营业外收入
	#利息费用			
总计	**3048**	**-361**	**6635**	**3340**
按行业小类分组				
正餐服务	1303	-361	-7333	1252
快餐服务	1501		11534	1690
饮料及冷饮服务	7		1449	46
餐饮配送及外卖送餐服务	158		45	327
其他餐饮业	79		940	27
按登记注册类型分组				
内资企业	2134	-361	-4136	3271
集体企业			-11	0.2
有限责任公司	851	10	-1177	690
私营企业	1284	-371	-2948	2581
港、澳、台商投资企业			-801	32
外商投资企业	914		11573	38
按控股情况分组				
国有控股	125		161	197
集体控股	6		106	1
私人控股	2004	-361	-5120	3088
港澳台商控股			-83	16
外商控股	914		11573	38
按经营形式分组				
独立门店	1292	-462	-7802	1115
连锁总店（总部）	1501	-6	13101	1625
连锁直营店	86		644	133
连锁加盟店	4		393	9
其他	165	106	300	457

9-12 续表 6

单位：万元

指标名称	利润总额	所得税费用	应付职工薪酬	应交增值税
总计	**9015**	**3853**	**96013**	**4618**
按行业小类分组				
正餐服务	−6678	574	57942	3754
快餐服务	12928	2910	28296	273
饮料及冷饮服务	1447	131	4243	359
餐饮配送及外卖送餐服务	359	4	1122	217
其他餐饮业	959	235	4410	16
按登记注册类型分组				
内资企业	−1730	1015	78582	4613
集体企业	−11	0.1	175	28
有限责任公司	−724	495	24082	742
私营企业	−995	520	54325	3843
港、澳、台商投资企业	−801		1144	5
外商投资企业	11546	2839	16286	
按控股情况分组				
国有控股	335	237	9316	185
集体控股	107	1	1358	157
私人控股	−2905	777	68789	4275
港澳台商控股	−68		263	
外商控股	11546	2839	16286	
按经营形式分组				
独立门店	−7124	529	51973	3300
连锁总店（总部）	14375	2922	31325	95
连锁直营店	627	357	7849	609
连锁加盟店	402	2	814	32
其他	735	44	4052	582

9–13 全市亿元以上商品交易市场基本情况

（2021 年）

指标名称	市场数（个）	总摊位数（个）	年末出租摊位数（个）	营业面积（平方米）	成交额（万元）
总 计	**22**	**22253**	**18672**	**1525068**	**4571511**
按市场类别分组					
综合市场	5	6128	5329	481993	1474325
综合贸易市场	5	6128	5329	481993	1474325
农产品综合市场	4	5304	4566	468993	1449102
其他综合市场	1	824	763	13000	25223
专业市场	17	16125	13343	1043075	3097186
生产资料市场	5	1911	967	137631	735506
农用生产资料市场	2	715	475	52000	179000
建材市场	1	108	108	20000	14506
金属材料市场	1	588	184	35631	532000
机械设备市场	1	500	200	30000	10000
农产品市场	3	7078	6525	481110	1867205
肉禽蛋市场	1	4698	4698	64490	626205
蔬菜市场	1	2000	1470	370000	1160000
干鲜果品市场	1	380	357	46620	81000
食品、饮料及烟酒市场	2	230	230	12500	69865
食品饮料市场	1	112	112	6000	29594
茶叶市场	1	118	118	6500	40271
纺织、服装、鞋帽市场	3	4322	3293	52630	105955
服装市场	3	4322	3293	52630	105955
电器、通讯器材、电子设备市场	1	780	621	20678	58138
计算机及辅助设备市场	1	780	621	20678	58138
家具、五金及装饰材料市场	3	1804	1707	338526	260517
家具市场	1	610	609	148526	203635
装饰材料市场	1	794	698	140000	26882
五金材料市场	1	400	400	50000	30000
按营业状态分组					
常年营业	21	22141	18560	1519068	4541917
季节性营业	1	112	112	6000	29594
按经营方式分组					
以批发为主	12	9160	7382	1075744	3472495
以零售为主	10	13093	11290	449324	1099016
按经营环境分组					
露天式	2	968	541	82251	613000
封闭式	13	13049	11224	570824	1309680
其他	7	8236	6907	871993	2648831

9-14 各县（市、区）限额以上批发和零售业商品销售类值

（2021 年）

单位：万元

指标名称	兴宁区	青秀区	江南区	西乡塘区	良庆区	邕宁区
合计	**3859376**	**21269909**	**8281441**	**16249589**	**17117593**	**2024175**
粮油、食品类	108856	3774251	747163	596614	941554	428935
#粮油类	66926	559548	135503	151917	679605	114624
肉禽蛋类	7317	57833	46239	130912	42682	1722
水产品类	370	7959	6118	2643	5018	322
蔬菜类	3202	28509	27661	19052	6997	1023
干鲜果品类	3177	250197	212526	45919	5133	1584
饮料类	10049	26198	16967	31455	30612	1174
烟酒类	7077	238891	22527	1074393	8544	6028
服装、鞋帽、针纺织品类	165510	158186	44756	19911	2276	320
服装类	123456	113236	35017	9531	660	65
鞋帽类	36054	33834	7100	4800	696	22
针纺织品类	5999	11115	2639	5580	920	233
化妆品类	57084	22957	1422	185807	1491	232
金银珠宝类	39354	22713	1850	2259		
日用品类	62955	304872	63701	38242	10415	4379
# 可穿戴智能设备	1	86	141		72	
五金、电料类	1972	16698	7597	2375	1086	81
体育、娱乐用品类	13560	24093	122957	1849	204	105
# 照相器材类	2828	17024			25	
书报杂志类	8080	306446	82	63772	37	31
电子出版物及音像制品类	14828	1831	56	0.3	262	
家用电器和音像器材类	685081	1587865	137668	24784	12335	1165
# 能效等级为 1 级和 2 级的商品	326288	420562	86300	2713	11569	763
# 智能家用电器和音像器材	92296	142698	2540	218	519	401
中西药品类	232193	91323	1913816	439590	118758	81335
# 西药类	207944	37520	1523199	360881	110120	
中草药及中成药类	24249	5937	226366	39440	2802	15
文化办公用品类	91554	365200	11631	54344	49328	103
其中：计算机及其配套产品	58396	224770	1657	2326	47248	
家具类	2221	13229	1565	2761	8865	
通讯器材类	164685	324655	6103	61657	58008	
# 智能手机	156972	287347	5767	259	58008	
煤炭及制品类	69420	2338617	513408	47256	489240	31155
木材及制品类	6653	23202			115963	6161
石油及制品类	155133	1636901	234185	2182492	673576	6616
化工材料及制品类	8680	719732	336323	488515	273202	21684
# 化肥类	8680	25102	81264	259523	18937	9948
金属材料类	973476	7305480	795331	8521356	9449124	992722
建筑及装潢材料类	265186	509423	14183	542640	551348	16513
机电产品及设备类	16278	78097	411811	95775	40090	330035
# 农机类		608	47463			86848
汽车类	651945	592803	1862890	1610635	87670	41312
# 新能源汽车	16888	454057	125289	90471	140	1649
种子饲料类		355183	304880	20292	175642	46899
棉麻类		10333				
其他类	47549	420730	708568	140815	4015966	7191

9-14 续表 单位：万元

指标名称	武鸣区	隆安县	马山县	上林县	宾阳县	横州市
合计	**328452.6**	**143456**	**31464**	**22445**	**308123**	**418070**
粮油、食品类	49211	7110	4161	13646	48326	32182
#粮油类	4189	206	857	3428	8039	2173
肉禽蛋类	9459	1255	1680	5832	24975	4126
水产品类	2216	26	142	463	546	756
蔬菜类	7335	361	535	2909	4246	1622
干鲜果品类	19498		544	955	5433	2219
饮料类	1421	870	3226	358	6412	179038
烟酒类	1378	517	310	351	3645	610
服装、鞋帽、针纺织品类	809	158	103	172	2130	1460
服装类	203	15	33	71	753	595
鞋帽类	142	24	32	45	457	335
针纺织品类	465	119	38	56	920	531
化妆品类	586	777	128	51	1294	48
金银珠宝类						
日用品类	4188	1617	630	604	8721	4310
#可穿戴智能设备	16		255	2	2	6
五金、电料类	8600		50		2847	68
体育、娱乐用品类	59		11	21	476	46
#照相器材类			11			
书报杂志类	4949	1674	3151	2836	4420	6073
电子出版物及音像制品类	11					23
家用电器和音像器材类	14092		1523	1067	7023	855
#能效等级为1级和2级的商品	685		891	750	1153	316
#智能家用电器和音像器材	952		592	116	1033	310
中西药品类					23775	7926
#西药类					9184	7458
中草药及中成药类					14591	468
文化办公用品类	2775	22	63	62	548	29
其中：计算机及其配套产品	1202		63		175	
家具类	21		191		3631	75
通讯器材类						2494
#智能手机						2494
煤炭及制品类	7249		314			
木材及制品类		81300	7333		185	10083
石油及制品类	5011	952	5083		22130	12841
化工材料及制品类	87017	47063	439		51431	
#化肥类	6093	32770			6435	
金属材料类					5797	
建筑及装潢材料类	33138			603	62510	9876
机电产品及设备类	92975				1610	1708
#农机类						547
汽车类	238	1313	4441	2403	14798	3916
#新能源汽车		221		636	269	611
种子饲料类				271		8968
棉麻类						
其他类	14724	84	306		36415	135441

9-15 各县（市、区）限额以上批发和零售业法人企业财务状况

（2021 年）　　单位：万元

指标名称	兴宁区	青秀区	江南区	西乡塘区	良庆区	邕宁区
法人企业数（个）	109	602	278	214	198	26
年初存货	183210	1004307	780293	490764	386735	84704
流动资产合计	1177352	10364794	3477709	3458658	3849695	1430691
#应收账款	251954	1785721	1280733	993430	661357	262326
存货	192777	1188134	711123	500330	468523	85673
固定资产原价	235557	508603	441253	351559	133433	87492
累计折旧	100301	195357	187447	167270	23855	17541
#本年折旧	11266	29882	34825	13563	7196	2822
在建工程	13652	134595	36649	84788	3183	38929
资产总计	1541215	13116544	4445537	4544114	5402937	2575020
流动负债合计	1024876	9227638	3252960	2621751	3345164	1328996
#应付账款	205741	50245	1437847	99801	301216	133133
负债合计	1060540	9773509	3534311	2846894	3866210	1663232
所有者权益合计	479803	2293510	898385	1697069	1536415	909144
#实收资本	292764	1866240	1152077	668475	1393814	643178
#个人资本	38005	206829	265264	46663	54924	8513
营业收入	3539115	20638750	7640613	14922475	16130981	1863544
#主营业务收入	3499796	20500545	7522867	14814329	16066031	1854658
营业成本	3273604	19835751	6985945	14109628	16021494	1782557
税金及附加	8728	26577	19925	141277	52491	6485
其他业务利润	9143	46593	33807	35591	1517	1322
销售费用	95025	464599	381754	234801	88870	46072
管理费用	58538	267629	153153	133142	65413	30210
研发费用	12	4227	2465	3073	2053	162
财务费用	18278	89330	43201	42604	57009	36896
#利息收入	1124	19212	4812	19021	12480	19604
利息费用	12128	95215	35632	18649	74555	53423
投资收益	2950	202937	10251	22485	18407	7798
营业利润	-487	155795	51485	277493	-119846	12201
营业外收入	8640	28545	11394	6621	47967	990
利润总额	6624	157901	43583	280914	-74008	12661
所得税费用	5606	47202	16411	74195	5108	2575
应付职工薪酬	48983	228245	179237	154962	48116	29850
本年应交增值税	25690	122894	61738	118949	305537	7304

单位：万元

指标名称	武鸣区	隆安县	马山县	上林县	宾阳县	横州市
法人企业数（个）	51	11	11	9	57	25
年初存货	104800	3090	4457	495	9238	5442
流动资产合计	228721	83150	15118	7721	77669	35062
#应收账款	54391	8450	2896	3665	13342	4908
存货	109797	6538	4295	1430	12204	15605
固定资产原价	9617	2385	2385	1057	12296	6936
累计折旧	4156	1229	947	389	4819	2393
#本年折旧	942	152	114	60	823	550
在建工程	1165	55	350		194	779
资产总计	250126	84847	17480	8621	87839	45361
流动负债合计	214895	78765	11701	6515	62859	30081
#应付账款	125901	6498	2945	3668	11572	8377
负债合计	221353	79221	12646	6537	69143	31786
所有者权益合计	27951	5625	4835	2084	18531	13349
#实收资本	13839	1793	1905	804	15415	15008
#个人资本	4634	616	520		5813	7957
营业收入	394220	126002	31011	18263	265478	192693
#主营业务收入	391941	125954	30705	18203	264577	188480
营业成本	336792	121128	27947	16659	250881	182505
税金及附加	523	112	17	20	429	1371
其他业务利润	208		61	203	733	
销售费用	33283	2068	1961	396	6998	4247
管理费用	9064	1284	608	820	4565	2714
研发费用				36		
财务费用	4984	151	85	11	783	1102
#利息收入	27	4	5	0.3	1025	18
利息费用	86	49	76	9	1259	1000
投资收益	102	8	4	372		
营业利润	8722	1607	477	242	1789	754
营业外收入	285	18	9	64	260	77
利润总额	8720	1618	461	299	1966	742
所得税费用	1804	163	12	6	95	123
应付职工薪酬	12727	1037	1394	816	4594	2869
本年应交增值税	8599	242	90	98	1481	12579

9-16 各县（市、区）限额以上住宿和餐饮业经营情况

（2021年）

指标名称	兴宁区	青秀区	江南区	西乡塘区	良庆区	邕宁区
企业数（个）	35	244	43	49	16	4
从业人员期末人数（人）	6069	22539	2359	3210	1769	344
营业额（万元）	130329	471153	49892	77791	26545	8160
客房收入（万元）	16835	122660	19375	20549	9393	1542
餐费收入（万元）	90040	300193	28334	46302	15512	5633
商品销售收入（万元）	7186	14772	141	7076	251	45
其他收入（万元）	16268	33528	2042	3864	1390	941
客房数（间）	14124	23461	4667	5324	1966	300
床位数（个）	19432	35169	6990	8280	2861	452
餐位数（位）	28735	100183	12378	38081	9010	1974
年末餐饮营业面积（平方米）	149397	417221	136479	237881	33875	9295

9-16 续表

指标名称	武鸣区	隆安县	马山县	上林县	宾阳县	横州市
企业数（个）	8	1		4	7	6
从业人员期末人数（人）	211	5		118	244	237
营业额（万元）	5321	302		2209	2809	2483
客房收入（万元）	2016	290		914	1076	959
餐费收入（万元）	3117			1221	1551	1258
商品销售收入（万元）	36			12		7
其他收入（万元）	152	12		62	181	258
客房数（间）	592	83		299	282	315
床位数（个）	914	119		491	384	419
餐位数（位）	1759			1740	3364	1640
年末餐饮营业面积（平方米）	17162	5185		9544	14950	10270

注：马山县无独立核算限额以上住宿和餐饮企业，故本表无数据。

9-17 各县（市、区）限额以上住宿和餐饮业法人企业财务状况

（2021 年）

单位：万元

指标名称	兴宁区	青秀区	江南区	西乡塘区	良庆区	邕宁区
法人企业数（个）	35	244	43	49	16	4
年初存货	1730	18753	1102	1467	555	47
流动资产合计	72496	392448	28317	43123	39190	2502
应收账款	6571	26554	2354	5625	2035	99
存货	2387	17901	1506	1230	601	125
固定资产原价	141067	630389	48990	18332	4239	510
累计折旧	69349	324382	24398	10939	2793	245
# 本年折旧	3948	70431	5067	1209	543	78
在建工程	11332	14480	2038	1387	144	
资产总计	333913	884991	69719	66865	62607	3113
流动负债合计	90182	453696	50862	61378	38401	2573
# 应付账款	15341	56092	8087	10414	4660	335
负债合计	158927	621781	77182	73966	58928	2573
所有者权益合计	200722	260083	−7464	−6705	3679	540
# 实收资本	65209	1396784	23823	11975	11379	252
# 个人资本	3011	17918	239	4387		100
营业收入	125157	451409	48032	77235	25371	7777
# 主营业务收入	118110	433750	47601	75568	24591	7109
营业成本	65174	210447	23112	37968	11665	2910
税金及附加	1393	2846	160	214	60	4
其他业务利润	1546	4710	732	127	579	101
销售费用	50936	154120	18715	24695	9365	3407
管理费用	16881	107474	13878	15027	7801	1463
研发费用		27				
财务费用	1319	11034	384	682	1850	5
# 利息收入	573	428	38	102	5	2
利息费用	1222	6547	178	507	836	6
投资收益	414	−1315	15	114		32
营业利润	−3537	−32513	−6576	−1598	−4994	124
营业外收入	3188	2811	339	706	194	12
利润总额	−1401	−31982	−8635	−1170	−4826	136
所得税费用	713	3701	40	233	5	2
应付职工薪酬	30418	113915	11050	15415	8301	2168
应交增值税	2533	6830	158	853	752	137

单位：万元

指标名称	武鸣区	隆安县	马山县	上林县	宾阳县	横州市
法人企业数（个）	8	1		4	7	6
年初存货	350	1		50	842	18
流动资产合计	2440	68		2958	2392	371
应收账款	316	10		382	296	79
存货	347	6		37	1942	21
固定资产原价	33019	9		138	603	772
累计折旧	7370	8		19	185	554
#本年折旧	1235	1		15	53	48
在建工程	1521					
资产总计	36234	70		3298	3982	1366
流动负债合计	23108	101		1928	2613	1882
#应付账款	2962	9		203	225	−14
负债合计	23627	101		2132	2708	1882
所有者权益合计	12607	−31		1165	1275	−516
#实收资本	4171	50		800	620	359
#个人资本	56	50			6	31
营业收入	5274	294		2120	2717	2339
#主营业务收入	5241	294		2061	2687	2325
营业成本	5626	223		802	1700	1456
税金及附加	66	0.1		1	53	7
其他业务利润						
销售费用	329	23		429	176	396
管理费用	1110	45		823	731	435
研发费用						
财务费用	415	0.4		4	12	3
#利息收入	1				0.3	2
利息费用	359			0.4	4	4
投资收益						
营业利润	−1960	2		70	27	52
营业外收入	36	10		14	6	60
利润总额	−1925	12		82	33	97
所得税费用	1			1	21	2
应付职工薪酬	742	12		553	615	748
应交增值税	216	2		22	38	40

注：马山县无独立核算限额以上住宿和餐饮企业，故本表无数据。

9-18 国际旅游收入

（2021 年）

单位：万美元

指标名称	合 计	指标名称	合 计
合计	**155.83**	长途交通费	42.23
商品性收入	38.35	市内交通费	5.15
商品销售收入	27.59	邮政电讯费	3.28
饮食销售收入	10.76	景区游览	8.41
劳务性收入	117.48	文化娱乐费	7.96
宿费	13.08	其他	37.37

9-19 接待过夜国际旅游人数

（2021 年）

指标名称	人数（人）	人天数（人天）	指标名称	人数（人）	人天数（人天）
合计	**8854**	**10900**	日本	297	
港澳同胞	3733	4729	韩国	191	
台湾同胞	1072	1381	美国	481	
外国人	4049	4790	加拿大	306	
#东盟	1401		英国	104	
印度尼西亚	406		法国	97	
马来西亚	208		德国	162	
菲律宾	3		意大利	125	
新加坡	178		澳大利亚	128	
泰国	280		新西兰	65	
越南	257				
缅甸	30				
文莱	2				
柬埔寨	1				
老挝	36				

9-20 星级宾馆酒店接待能力

指标名称	单 位	2021年	2020年
星级宾馆酒店数	个	36	50
五星级	个	2	2
四星级	个	14	14
三星级	个	20	32
二星级	个		2
客房总数	间	6920	8754
床位总数	张	11400	14790

注：本表数据来源于南宁市文化广电和旅游局。

十 服务业、科技

10-1 全市规模以上服务业企业财务状况

（2021 年）　　单位：万元

指 标	单位数（个）	资产总计	负债总计	所有者权益总计	营业收入	营业成本
总计	**903**	**138997979**	**73293641**	**65704338**	**15423608**	**13132340**
按行业类型分						
交通运输、仓储和邮政业	100	95430434	47629140	47801294	6550306	6306632
信息传输、软件和信息技术服务业	112	6956265	4272867	2683398	3398629	2857989
房地产业	105	15118132	8458112	6660020	704428	401618
租赁和商务服务业	242	15775651	10037587	5738064	2132407	1694188
科学研究和技术服务业	187	2156898	1186948	969950	1801427	1291577
水利、环境和公共设施管理业	17	1737291	734627	1002664	135599	99820
居民服务、修理和其他服务业	35	105817	74041	31776	99823	59225
教育	8	17152	11182	5970	30481	15352
卫生和社会工作	23	134075	117770	16306	130006	85027
文化、体育和娱乐业	74	1566264	771369	794895	440502	320913
按登记注册类型分						
内资企业	**881**	**137158048**	**71990594**	**65167454**	**14840239**	**12617604**
国有企业	11	143541	70286	73255	105459	75243
集体企业	4	18960	11563	7398	10261	2077
股份合作企业	1	1087	793	294	4759	5032
有限责任公司	376	126928905	65943210	60985696	9885969	8784790
股份有限公司	12	6270304	3559391	2710913	1770230	1447185
私营企业	476	3791193	2401737	1389456	3063056	2303276
其他企业	**1**	**4058**	**3616**	**442**	**506**	**2**
港、澳、台商投资企业	9	442186	231401	210785	182645	168658
合资经营企业（港或澳、台资）	4	89908	66625	23283	17404	45664
港、澳、台商独资经营企业	**5**	**352278**	**164776**	**187502**	**165241**	**122995**
外商投资企业	13	1397744	1071646	326098	400724	346078
中外合资经营企业	3	88227	69934	18293	13606	8098
中外合作经营企业	1	966455	545667	420788	46982	1373
外资企业	8	186271	389203	-202932	296656	305213
外商投资股份有限公司	1	156791	66843	89948	43481	31395
按所有制分类						
公有制企业	242	130597867	67718021	62879847	8802949	7914966
非公有制企业	661	8400112	5575621	2824491	6620660	5217374

单位：万元

指 标	销售费用	管理费用	财务费用	利润总额	期末用工人数（人）
总计	**405679**	**1314546**	**1039808**	**540926**	**338308**
按行业类型分					
交通运输、仓储和邮政业	41990	344808	578588	−193231	116477
信息传输、软件和信息技术服务业	169133	250769	−5434	37329	40225
房地产业	26438	125219	214507	135459	36384
租赁和商务服务业	64021	202645	235517	300431	88770
科学研究和技术服务业	34818	254070	1053	164724	36595
水利、环境和公共设施管理业	5062	16929	8431	19916	3787
居民服务、修理和其他服务业	13352	14951	1297	10806	4763
教育	4045	10273	85	−1656	901
卫生和社会工作	16172	25996	1118	−1281	3944
文化、体育和娱乐业	30648	68887	4646	68430	6462
按登记注册类型分					
内资企业	**387480**	**1278811**	**1011233**	**523563**	**332340**
国有企业	1956	21991	−290	6092	2904
集体企业	5463	2363	−276	321	724
股份合作企业	66	279	0	−624	68
有限责任公司	167242	744747	922229	291104	187633
股份有限公司	98540	133050	76923	23852	39554
私营企业	114213	376327	12647	202369	101427
其他企业		**55**	**0**	**449**	**30**
港、澳、台商投资企业	14615	9611	1954	21549	3039
合资经营企业（港或澳、台资）	676	1624	1037	6991	2301
港、澳、台商独资经营企业	**13939**	**7987**	**917**	**14558**	**738**
外商投资企业	3584	26124	26621	−4186	2929
中外合资经营企业	1260	3253	−32	1065	608
中外合作经营企业		2373	22286	17008	138
外资企业	2292	17669	629	−28013	2078
外商投资股份有限公司	32	2829	3739	5754	105
按所有制分类					
公有制企业	152284	703751	988608	43344	135371
非公有制企业	253395	610795	51200	497582	202937

10-2 全市研究与试验发展（R&D）经费情况

指标名称	单位	2021 年	2020 年	增速（%）
R&D 经费内部支出	万元	573101	501122	14.4
其中				
基础研究支出	万元	91695	69022	32.8
应用研究支出	万元	102894	112145	−8.2
试验发展支出	万元	378512	319955	18.3
其中				
日常性支出	万元	521200	420794	23.9
资产性支出	万元	51901	80328	−35.4
其中				
企业资金	万元	330177	219304	50.6
政府资金	万元	195168	246049	−20.7
境外资金	万元	5	2	147.6
其他资金	万元	47750	35767	33.5
R&D 人员合计	人	40573	32937	23.2
R&D 人员折合全时当量合计	人年	20560	17025	20.8

10-3 规模以上工业企业科技研发活动情况

指标名称	单位	2021 年	2020 年	增速（%）
单位个数	个	1324	1154	14.7
有 R&D 活动	个	361	212	70.3
R&D 人员合计	人	9745	5336	82.6
# 研究人员	人	2964	1493	98.5
R&D 人员折合全时当量合计	人年	5606	3088	81.5
R&D 经费内部支出	万元	188374	114499	64.5
# 基础研究支出	万元		166	-100.0
# 应用研究支出	万元	9048	2462	267.5
# 试验发展支出	万元	179326	111871	60.3
科技机构数	个	193	129	49.6
机构人员	人	6878	3631	89.4
# 博士毕业	人	120	83	44.6
# 硕士毕业	人	605	364	66.2
专利申请数	件	2897	1086	166.8
# 发明专利	件	1559	375	315.7
发表科技论文	篇	1061	352	201.4
新产品销售收入	万元	2841509	2035200	39.6

注：规模以上工业企业科技研发活动数据包含按在地统计原则统计的自治区直管、南宁市直管企业。

10-4 规模以上非工业企业科技研发活动情况

指标名称	单位	2021 年	2020 年	增速（%）
单位个数	个	867	758	14.4
有 R&D 活动	个	108	66	63.6
R&D 人员合计	人	5956	4785	24.5
# 研究人员	人	2322	2264	2.6
R&D 人员折合全时当量合计	人年	3451	3120	10.6
R&D 经费内部支出	万元	132739	93567	41.9
# 基础研究支出	万元	678	405	67.2
# 应用研究支出	万元	7618	3209	137.4
# 试验发展支出	万元	124443	89952	38.3
科技机构数	个	54	47	14.9
机构人员	人	4734	3012	57.2
# 博士毕业	人	43	49	−12.2
# 硕士毕业	人	628	648	−3.1
专利申请数	件	1042	725	43.7
# 发明专利	件	435	304	43.1
发表科技论文	篇	181	667	−72.9

注：规模以上非工业企业范围：特、一级总承包，一级专业承包建筑业企业法人单位；规模以上交通运输、仓储和邮政业，信息传输、软件和信息技术服务业，租赁和商务服务业，科学研究和技术服务业，水利、环境和公共设施管理业，卫生和社会工作，文化、体育和娱乐业等企业法人单位。

十一 财政金融保险

11-1 全市主要年份财政、金融

单位：万元

年 份	财政收入	#一般公共预算收入	一般公共预算支出	金融机构存款余额	#住户存款余额	金融机构贷款余额
1950	394	394	190	1364	21	34
1965	4479	4479	2116	39443	1426	18356
1978	20102	20102	7074	110660	5735	59521
1980	23682	23682	7410	110309	10358	71873
1985	35447	35447	17967	212380	43646	167691
1986	38873	38873	26745	226697	61348	222735
1987	44078	44078	28971	262623	82535	270298
1988	51071	51071	40532	260827	100160	297861
1989	57352	57352	39426	328250	138715	287226
1990	63930	63930	47677	464879	197821	346755
1991	70051	70051	48397	552636	258819	383694
1992	73459	73459	48401	685440	341946	444498
1993	106465	106465	66850	1077025	515981	657827
1994	150232	73492	85826	1537665	802162	880566
1995	171074	91236	94609	2063550	1123696	1107552
1996	190465	103583	105844	2724968	1439865	1385499
1997	215806	116778	119471	3014072	1618159	1731336
1998	245249	131583	139884	4461444	2001576	3460657
1999	270113	149700	172851	5268177	2190918	4262816
2000	364639	216484	290667	6834187	2938619	4779409
2001	452926	291860	348556	7424543	3329511	5260807
2002	525342	312805	452615	8547872	3916029	7701981
2003	610594	362435	524981	9434021	4514961	9597681
2004	746328	432526	621191	10909576	5157925	12087669
2005	1002186	451954	735508	12636347	5982307	13816546
2006	1203609	566191	930781	15853616	6814522	16625434
2007	1508393	701510	1180007	18715101	7147919	19223502
2008	1911682	928812	1660830	23204808	8886542	23166252
2009	2313664	1204628	2035519	32313624	11161975	32781209
2010	3008775	1560958	2612785	40214534	13758853	41423040
2011	3635192	1862928	3018491	47281399	15810297	48450689
2012	4219938	2297183	3765096	56271788	18638024	55012783
2013	4736644	2562467	4172858	64835258	21566911	61158787
2014	5265905	2748518	4657759	70644876	23217437	70914611
2015	5724781	2970501	5267231	82577730	27003678	82286621
2016	6138706	3127921	5869793	89017247	29245457	94237920
2017	6879808	3321500	6463707	93675341	31766881	104704409
2018	7532002	3589560	6979853	100931251	35428272	120521342
2019	8006867	3709285	7891986	107183153	39603083	139643528
2020	7960879	3722520	8227910	114982547	44153458	158688371
2021	8288440	3917711	7775953	119964815	48787971	176605924

注：2000年以后为行政区划调整后的数据，其余年份为原南宁口径。

11-2 全市财政收入

（2021 年）

单位：万元

指标名称	收 入	指标名称	收 入
财政收入	**8288440**	车船税	73683
上划中央收入	3528701	耕地占用税	33830
#上划所得税收入	1289404	契税	459308
上划自治区税收收入	841999	烟叶税	
一般公共预算收入	3917711	环境保护税	2683
增值税	731451	其他税收收入	-70
企业所得税	478728	专项收入	276775
个人所得税	118770	行政事业性收费收入	178622
资源税	13812	罚没收入	103752
城市维护建设税	275753	国有资本经营收入	5221
房产税	183049	国有资源（资产）有偿使用收入	512656
印花税	107187	捐赠收入	148
城镇土地使用税	42697	政府住房基金收入	16778
土地增值税	258603	其他收入	44275

11-3 全市财政支出

（2021 年）

单位：万元

指标名称	支 出	指标名称	支 出
本年支出合计	**7775953**	交通运输	272969
一般公共服务	665850	资源勘探信息等	274606
国防	9238	商业服务业等事务	71822
公共安全	443057	金融支出	76312
教育	1540349	自然资源海洋气象等	52355
科学技术	136939	住房保障	300975
文化旅游体育与传媒	116601	粮油物资储备管理事务	7488
社会保障和就业	1045878	灾害防治及应急管理	43271
卫生健康支出	910044	其他支出	2317
节能环保	176832	债务付息	211890
城乡社区事务	648808	债务发行费用	811
农林水	767541		

11-4 市区财政收入

（2021 年）

单位：万元

指标名称	收 入	指标名称	收 入
财政收入	**7311929**	车船税	66960
上划中央收入	3145911	耕地占用税	27155
#上划所得税收入	1112668	契税	437697
上划自治区税收收入	741289	烟叶税	
一般公共预算收入	3465116	环境保护税	1303
增值税	597826	其他税收收入	1029
企业所得税	417789	专项收入	252831
个人所得税	101431	行政事业性收费收入	148538
资源税	7863	罚没收入	84892
城市维护建设税	247778	国有资本经营收入	4653
房产税	157454	国有资源（资产）有偿使用收入	485730
印花税	87459	捐赠收入	31
城镇土地使用税	37217	政府住房基金收入	11648
土地增值税	252181	其他收入	35651

11-5 市区财政支出

（2021 年）

单位：万元

指标名称	支 出	指标名称	支 出
本年支出合计	**5435835**	交通运输	200411
一般公共服务	459831	资源勘探信息等	222523
国防	7669	商业服务业等事务	49723
公共安全	350862	金融支出	55364
教育	1041263	自然资源海洋气象等	34509
科学技术	71302	住房保障	220962
文化旅游体育与传媒	100879	粮油物资储备管理事务	5890
社会保障和就业	670208	灾害防治及应急管理	35454
卫生健康支出	714892	其他支出	1973
节能环保	140498	债务付息	182768
城乡社区事务	544890	债务发行费用	702
农林水	323262		

11-6 各县（市、区）财政收入

（2021 年）

单位：万元

指标名称	武鸣区	隆安县	马山县	上林县	宾阳县	横州市
财政收入	**202261**	**57147**	**39065**	**56129**	**157208**	**181166**
上划中央收入	61935	17857	12642	15555	54105	69969
#上划所得税收入	26885	5608	3754	4927	21524	25630
上划自治区收入	17833	5988	4298	5321	16652	21300
上划地市税收收入	345					
一般公共预算收入	121173	33302	22125	35253	86451	89897
增值税	21958	7400	5329	6341	19625	27695
企业所得税	11007	1896	1168	1691	8053	10507
个人所得税	1940	693	559	620	1985	1590
资源税	4051	1081	76	1247	1444	2101
城市维护建设税	4124	888	888	964	3283	4956
房产税	2021	911	366	620	2719	3143
印花税	1448	885	279	321	2149	1990
城镇土地使用税	1676	1033	390	414	1510	2133
土地增值税	16827	2064	427	1936	−268	2263
车船税	4353	716	798	1007	2076	2126
耕地占用税	2411	1384	518	1625	1301	1847
契税	11704	3460	1121	2910	7094	7026
烟叶税						
环境保护税	424	223	30	249	317	531
其他税收收入						
专项收入	6287	1884	1420	1366	4862	6995
行政事业性收费收入	15696	4195	3480	4020	10729	6814
罚没收入	6498	1676	1951	4684	4951	2562
国有资本经营收入						568
国有资源（资产）有偿使用收入	6366	1879	2210	3557	4767	4833
捐赠收入	3				117	
政府住房基金收入	1564	1015	1037	1226	1852	
其他收入	815	19	78	455	7855	217

注：武鸣区数据不包含广西东盟经济开发区。

11-6 续表

单位：万元

指标名称	兴宁区	青秀区	江南区	西乡塘区	良庆区	邕宁区
财政收入	**388806**	**1890333**	**272929**	**412295**	**994588**	**170386**
上划中央收入	165419	883765	112230	172622	444471	64481
#上划所得税收入	83923	394117	50023	77943	223770	38373
上划自治区收入	46201	298467	30232	46313	122266	11252
上划地市税收收入	83875	321260	57433	73069	210413	40800
一般公共预算收入	89818	363490	70025	116374	207346	52258
增值税	24462	75092	19567	31113	62456	9154
企业所得税	16289	67241	9085	12579	47107	8069
个人所得税	3658	24482	2245	5508	6116	1267
资源税	308	3	418	2995	5	80
城市维护建设税	6412	38561	5027	6937	21292	3005
房产税	7003	30937	3325	5413	9612	2622
印花税	6036	32172	6041	5891	16903	2601
城镇土地使用税	563	1404	570	712	727	245
土地增值税	5246	18792	3191	1491	11688	2088
车船税						
耕地占用税	305	606	388	414	496	983
契税						
烟叶税						
环境保护税						
其他税收收入	45	431	-4	-4		
专项收入	4778	27203	3755	5803	11419	2049
行政事业性收费收入	2717	28264	3139	12139	3934	5057
罚没收入	6365	11198	9095	8745	6777	10239
国有资本经营收入						
国有资源（资产）有偿使用收入	5594	6873	4177	6073	8775	4700
捐赠收入				28		
政府住房基金收入						
其他收入	37	231	6	10537	39	99

注：江南区数据不含南宁国家经济技术开发区，西乡塘区数据不含南宁高新技术产业开发区。

11-7 各县（市、区）财政支出

（2021 年）

单位：万元

指标名称	武鸣区	隆安县	马山县	上林县	宾阳县	横州市
本年支出合计	**467686**	**326168**	**407223**	**350887**	**424015**	**561517**
一般公共服务	56108	37136	26865	33358	27805	55177
国防	380	342	286	388	449	58
公共安全	17589	11132	14418	14110	21103	21073
教育	120357	57170	70888	77694	107176	144528
科学技术	2034	120	393	217	755	5698
文化体育与传媒	4741	3151	3218	4158	2316	2053
社会保障和就业	79224	47831	66874	52181	98503	98020
医疗卫生	34219	20479	20051	24645	39496	78532
节能环保	5776	1625	4699	5578	1693	18659
城乡社区事务	37454	25205	14196	8911	17005	22734
农林水事务	69580	91425	139372	89873	54236	67766
交通运输	6754	6719	19994	16551	12034	17260
资源勘探电力信息等事务	1247	3356	5195	378	6173	10820
商业服务业等事务	736	1868	1015	652	842	1980
金融支出	2597	2224	1119	1484	4173	4121
自然资源海洋气象等	5638	2902	4227	3135	2806	4283
住房保障	10796	6429	7964	11047	18017	2315
粮油物资储备管理事务	415	340	707	214	232	105
灾害防治及应急管理	2078	1084	1358	2562	1696	582
其他支出	1	228	7	30		
债务付息	9918	5389	4356	3701	7475	5739
债务发行费用	44	13	21	20	30	14

注：武鸣区数据不含广西东盟经济开发区。

单位：万元

指标名称	兴宁区	青秀区	江南区	西乡塘区	良庆区	邕宁区
本年支出合计	**198285**	**500186**	**230474**	**327826**	**327847**	**293121**
一般公共服务	17867	56302	16658	20849	35145	26629
国防	228		273	260	537	385
公共安全	14184	53875	15088	20927	20702	13179
教育	50517	126128	54221	80838	82905	68888
科学技术	772	1340	2464	1552	4826	2607
文化体育与传媒	1968	4101	1398	978	3128	2188
社会保障和就业	28891	57012	40575	71513	39317	54199
医疗卫生	18539	36337	21045	42605	25373	25436
节能环保	155	856	1487	317	1585	12434
城乡社区事务	20976	69431	17338	27580	29894	17204
农林水事务	15348	40269	21037	33532	33405	35521
交通运输	13701	1288	1794	1888	1300	2087
资源勘探电力信息等事务	445	9721	14131	1246	13408	10317
商业服务业等事务	36	1330	708	779	2425	469
金融支出	1904	13741	2371	2376	3441	1372
自然资源海洋气象等	245	2769	458	1782	663	431
住房保障	12029	23789	18088	17550	26470	15687
粮油物资储备管理事务		5	164		243	147
灾害防治及应急管理	458	1427	1132	1194	1779	1096
其他支出		251		14	21	1298
债务付息支出	8	214	43	46	1280	1547
债务发行费用支出	14		1			

注：江南区数据不含南宁国家经济技术开发区，西乡塘区数据不含南宁高新技术产业开发区。

11-8 全社会金融机构存款余额

（2021 年）　　单位：万元

指标名称	存 款	指标名称	存 款
各项存款合计	**119964815**	# 活期存款	19345840
（一）境内存款	**119715435**	定期及其他存款	21417544
1. 住户存款	48787971	3. 财政性存款	1554784
# 活期存款	24929879	4. 机关团体存款	20016732
定期及其他存款	23858092	5. 非银行业金融机构存款	8592565
2. 非金融企业存款	40763384	**（二）境外存款**	**249380**

11-9 全社会金融机构贷款余额

（2021 年）　　单位：万元

指标名称	贷 款	指标名称	贷 款
各项贷款合计	**176605924**	2. 非金融企业及机关团体贷款	121721337
（一）境内贷款	**176133891**	（1）短期贷款	21519303
1. 住户贷款	54412554	（2）中长期贷款	93226867
（1）短期贷款	5280512	（3）票据融资	6535779
# 消费贷款	2995410	（4）融资租赁	381760
经营贷款	2285102	（5）各项垫款	57628
（2）中长期贷款	49132042	3. 非银行业金融机构贷款	
消费贷款	44527092	**（二）境外贷款**	**472032**
经营贷款	4604950		

11-10 市区金融机构存款余额

（2021年）

单位：万元

指标名称	存 款	指标名称	存 款
各项存款合计	**108997171**	# 活期存款	18731685
（一）境内存款	**108749820**	定期及其他存款	21148710
1. 住户存款	39791949	3. 财政性存款	1426942
# 活期存款	19936049	4. 机关团体存款	19057977
定期及其他存款	19855900	5. 非银行业金融机构存款	8592556
2. 非金融企业存款	39880395	**（二）境外存款**	**247352**

11-11 市区金融机构贷款余额

（2021年）

单位：万元

指标名称	贷 款	指标名称	贷 款
各项贷款合计	**168589901**	2. 非金融企业及机关团体贷款	118639056
（一）境内贷款	**168118004**	（1）短期贷款	20602597
1. 住户贷款	49478949	（2）中长期贷款	91408845
（1）短期贷款	4387741	（3）票据融资	6188226
# 消费贷款	2661403	（4）融资租赁	381760
经营贷款	1726339	（5）各项垫款	57628
（2）中长期贷款	45091207	3. 非银行业金融机构贷款	
消费贷款	42004540	**（二）境外贷款**	**471897**
经营贷款	3086668		

11-12 各县（市）金融机构存款余额

（2021年）　　　　单位：万元

指标名称	隆安县	马山县	上林县	宾阳县	横州市
各项存款合计	**1574446**	**1154649**	**1398467**	**3025952**	**3814129**
（一）境内存款	**1574372**	**1154609**	**1398397**	**3025371**	**3812867**
1. 住户存款	1195954	923750	1143944	2515406	3216968
（1）活期存款	699487	529303	658727	1433703	1672610
（2）定期及其他存款	496467	394447	485217	1081703	1544358
2. 非金融企业存款	219711	76867	112592	248760	225058
（1）活期存款	119038	59641	103273	158906	173296
（2）定期及其他存款	100673	17226	9319	89854	51762
3. 财政性存款	18532	20248	5784	5063	78213
4. 机关团体存款	140174	133743	136077	256138	292623
5. 非银行业金融机构存款				5	4
（二）境外存款	**74**	**40**	**70**	**581**	**1263**

11-13 各县（市）金融机构贷款余额

（2021年）

单位：万元

指标名称	隆安县	马山县	上林县	宾阳县	横州市
各项贷款合计	**1186842**	**910615**	**1100531**	**2352190**	**2465845**
（一）境内贷款	**1186805**	**910589**	**1100531**	**2352134**	**2465828**
1. 住户贷款	564027	482909	716340	1544459	1625870
（1）短期贷款	172973	88675	160202	200842	270080
消费贷款	39051	47519	64323	102942	80172
经营贷款	133922	41155	95878	97900	189908
（2）中长期贷款	391054	394234	556139	1343618	1355790
消费贷款	249807	218297	343235	908525	802688
经营贷款	141247	175937	212903	435093	553102
2. 非金融企业及机关团体贷款	622777	427681	384191	807674	839959
（1）短期贷款	235249	71511	109885	233064	266997
（2）中长期贷款	373528	291591	199139	481019	472745
（3）票据融资	14000	64579	75166	93591	100216
（4）融资租赁					
（5）各项垫款					
3. 非银行业金融机构贷款					
（二）境外贷款	38	**26**		56	16

11–14 保险业务情况

（2021 年）

单位：万元

指标名称	全 市	市 区
保费收入合计	**2688132**	**2509306**
各项赔款及给付合计	**865528**	**809379**
财产保险业务		
保费收入	**1001457**	**923434**
# 财产保险	**879918**	**810762**
其中：财产险	34334	33564
机动车辆险	523491	487773
责任险	78397	75840
工程险	42656	42566
货运险	5053	4901
其他险种	177264	145191
各项赔款及给付	**610275**	**567949**
# 财产保险	487607	449879
意外险	63265	61113
健康险	42789	41074
人身保险业务		
保费收入	**1686674**	**1585872**
# 寿险	1238498	1163011
意外险	58908	55313
健康险	389268	367547
各项赔款及给付	**255252**	**241429**
# 寿险	133623	124046
意外险	11690	11062
健康险	109939	106321

11-15 各县（市）保险业务情况

（2021 年）

单位：万元

指标名称	隆安县	马山县	上林县	宾阳县	横州市
保费收入合计	**21222**	**19042**	**26053**	**50792**	**61718**
各项赔款及给付合计	**8097**	**7614**	**8063**	**15280**	**17095**
财产保险业务					
保费收入	**10769**	**11153**	**13659**	**20471**	**21973**
# 财产保险	**9640**	**9813**	**12233**	**18147**	**19324**
其中：财产险	203	95	98	177	197
机动车辆险	3909	4195	5390	11688	10537
责任险	583	253	335	796	590
工程险	21	0	4	61	3
货运险	13	11	6	85	37
其他险种	5114	5650	6812	6006	8492
各项赔款及给付	**6514**	**6442**	**6651**	**10578**	**12141**
# 财产保险	6022	5961	5887	9363	10495
意外险	145	262	172	426	1147
健康险	288	203	493	329	402
人身保险业务					
保费收入	**10453**	**7889**	**12394**	**30322**	**39745**
# 寿险	8335	6062	9609	22309	29171
意外险	304	385	601	1152	1153
健康险	1814	1442	2184	6860	9421
各项赔款及给付	**1582**	**1171**	**1412**	**4702**	**4954**
# 寿险	1112	668	1000	3228	3568
意外险	53	142	31	201	201
健康险	417	361	382	1273	1186

十二 广西及省会城市主要统计指标

12-1 广西主要年份国民经济主要统计指标

指标名称	单位	2017 年	2018 年	2019 年	2020 年	2021 年
地区生产总值	亿元	17790.68	19627.81	21237.14	22120.87	24740.86
第一产业	亿元	2878.3	3021.09	3389.67	3645.92	4015.51
第二产业	亿元	6138.25	6692.87	7046.43	7046.84	8187.9
# 工业	亿元	4680.06	5101.92	5246.57	5172.76	6074.49
第三产业	亿元	8774.13	9913.85	10801.04	11428.11	12537.45
地区生产总值指数	%	107.1	106.8	106.0	103.7	107.5
第一产业	%	104.2	105.5	105.6	105.4	108.2
第二产业	%	104.1	103.8	105.5	102.1	106.7
# 工业	%	104.0	104.2	104.0	101.2	108.1
第三产业	%	110.3	109.3	106.4	104.1	107.7
社会消费品零售总额	亿元	7037.98	7663.52	8200.87	7831.01	8538.50
全社会固定资产投资	亿元	20499.11				
指数	%	112.4	110.2	109.2	103.7	107.7
地方财政收入	亿元	2604.32	2790.32	2969.22	2800.61	3027.89
指数	%	106.1	107.1	106.4	94.3	108.1
城镇居民人均可支配收入	元	30502	32436	34745	35859	38530
指数	%	107.7	106.3	107.1	103.2	107.4
农村居民人均可支配收入	元	11325	12435	13676	14815	16363
指数	%	109.3	109.8	110.0	108.3	110.4
居民消费价格指数（城市）	%	101.6	102.3	103.7	102.8	100.9

注：1.地区生产总值、农林牧渔业总产值、工业总产值绝对值按当年价计算，指数按可比价计算（以上年为100）。
2.2018 年起，公布固定资产投资数据。根据国家要求不公布总量数据，只公布增速。

12-2 各省会城市年末总人口

单位：万人

城市名称	2017年	2018年	位次	2019年	位次	2020年	位次	2021年	位次
南　宁	**715.33**	**725.41**	**16**	**734.48**	**15**	**875.25**	**15**	**883.28**	**15**
昆　明	678.30	685.00	17	695.00	16	846.3	16	850.2	16
成　都	1604.50	1633.00	1	1658.10	1	2094.7	1	2119.2	1
贵　阳	480.2★	488.19	19	497.14	18	598.85	19	610.23	19
西　安	905.68★	1000.37	7	1020.35	8	1296	3	1316.30	4
兰　州	372.96	375.36	21	379.09	20	437.18	21	438.43	21
乌鲁木齐	350.40	350.58	22	355.20	21	405.4	22	407	22
呼和浩特	311.50	312.60	23	313.7	22	345.42	23	349.56	23
银　川	222.54	225.06	26	229.31	25	286.17	25	288.20	25
西　宁	235.50	237.10	24	238.71	23	246.96	26	247.56	26
拉　萨	68.86	70.83	27	72.07	26	86.79	27		
广　州	1449.84	1490.44	2	1530.59	2	1874.03	2	1881.06	2
福　州	766.00	774.00	13	780.00	14	832	17	842	17
杭　州	946.80	980.60	8	1036.00	6	1196.5	6	1220.4	6
南　京	833.50	843.62	9	850.00	10	931.97	11	942.34	11
海　口	227.21	230.23	25	232.79	24	287.34	24	290.8	24
沈　阳	829.40	831.60	10	832.20	12	907.3	13	911.8	13
哈尔滨	1092.90	1085.80	5	1076.30	4	1001	9	988.5	9
长　春	748.9★	751.30	14	753.8★		906.69	14	908.72	14
石家庄	1087.99	1095.16	4	1039.42	5	1116.79	7	1120.47	7
太　原	437.97	442.14	20	446.19	19	531.85	20	539.10	20
合　肥	796.50	808.70	12	818.90	13	937	10	946.5	10
南　昌	546.35	554.55	18	560.06	17	625.58	18	643.75	18
济　南	732.12	746.04	15	890.87	9	924.36	12	933.60	12
郑　州	988.10	1013.60	6	1035.20	7	1261.70	4	1274.20	5
武　汉	1089.29	1108.10	3	1121.20	3	1244.77	5	1364.89	3
长　沙	791.81	815.47	11	839.45	11	1006.08	8	1023.93	8

注：1. 带“★”统计口径为户籍人口(不参与排位），其余为常住人口。

2. 因2017年各市人口统计口径不统一，故不进行排位。

3. 2020年南宁市常住人口数据根据第七次全国人口普查修订数进行相应修订。

12-3 各省会城市地区生产总值

单位：亿元

城市名称	2017年	位次	2018年比2017年增长（%）	位次	2019年	位次	2020年	位次	2021年	位次
南　宁	**4118.83**	**18**	**5.4**	**24**	**4506.56**	**18**	**4726.34**	**18**	**5120.94**	**19**
昆　明	4857.64	17	8.4	9	6475.88	12	6733.79	12	7222.50	13
成　都	13889.39	2	8.0	12	17012.65	2	17716.68	2	19916.98	2
贵　阳	3537.96	19	9.9	1	4039.60	19	4311.65	19	4711.04	20
西　安	7469.85	8	8.2	10	9321.19	11	10020.39	10	10688.28	11
兰　州	2523.54	23	6.5	22	2837.36	22	2886.74	22	3231.29	22
乌鲁木齐	2743.82	21	7.6	15	3413.26	21	3337.32	21	3691.57	21
呼和浩特	2743.72	22	3.9	27	2791.46	23	2800.68	23	3121.43	23
银　川	1803.17	24	7.2	19	6.6★		1964.37	24	2262.95	24
西　宁	1284.91	26	9.0	4	7.5★		1372.98	26	1548.79	26
拉　萨	479.25	27	9.3	2	617.88	25	678.16	27	741.84	27
广　州	21503.15	1	6.2	23	23628.60	1	25019.11	1	28231.97	1
福　州	7104.02	11	8.6	6	9392.30	10	10020.02	11	11324.48	10
杭　州	12556.16	4	6.7	21	15373.00	4	16106.00	3	18109.00	3
南　京	11715.1	5	8.0	12	14030.15	5	14817.95	5	16355.32	5
海　口	1390.48	25	7.6	15	1671.93	24	1791.58	25	2057.06	25
沈　阳	5865	15	5.4	24	6470.30	13	6571.56	14	7249.68	12
哈尔滨	6355	14	5.1	26	5249.40	17	5183.80	17	5351.70	17
长　春	6530	12	7.2	19	5904.10	14	6638.03	13	7103.12	14
石家庄	6460.9	13	7.4	17	5809.90	15	5935.10	15	6490.30	16
太　原	3382.18	20	9.2	3	4028.51	20	4153.25	20	5121.61	18
合　肥	7213.45	9	8.5	7	9409.40	9	10045.72	9	11412.80	9
南　昌	5003.19	16	8.9	5	5596.18	16	5745.51	16	6650.53	15
济　南	7201.96	10	7.4	17	9443.40	8	10140.90	8	11432.20	8
郑　州	9130.2	7	8.1	11	11589.70	6	12003.04	7	12691.02	7
武　汉	13410.34	3	8.0	12	16223.21	3	15616.06	4	17716.76	4
长　沙	10535.51	6	8.5	7	11574.22	7	12142.52	6	13270.70	6

注：1.因2018年各市GDP总量不公布使用，故用增速代替。

2.2019年带“★”为增速（不参与排位），单位为“%”。

12-4 各省会城市第一产业增加值

单位：亿元

城市名称	2017 年	位次	2018 年比 2017 年增长（%）	位次	2019 年	位次	2020 年	位次	2021 年	位次
南　宁	**404.18**	**6**	**4.3**	**5**	**507.27**	**4**	**534.36**	**4**	**606.76**	**3**
昆　明	210.13	16	6.3	2	270.29	15	312.35	13	333.12	11
成　都	500.9	3	3.6	8	612.18	1	655.17	1	582.79	4
贵　阳	147.33	19	6.6	1	161.34	18	178.31	18	193.44	18
西　安	281.12	11	3.3	10	279.13	14	312.75	12	308.82	14
兰　州	61.47	22	6.0	3	51.68	22	57.43	23	62.52	23
乌鲁木齐	29.62	26	2.2	19	27.69	24	27.05	26	28.10	26
呼和浩特	107.74	20	2.1	21	114.21	20	126.46	20	137.14	20
银　川	61.38	23	3.6	8	2.0*		75.72	22	83.83	22
西　宁	41.80	24	4.2	7	4.2*		57.17	24	58.93	24
拉　萨	17.54	27	3.0	15	20.10	25	22.54	27	24.75	27
广　州	233.49	15	2.5	17	251.37	16	288.08	16	306.41	15
福　州	519.49	2	4.3	5	526.47	3	560.70	3	637.03	1
杭　州	311.67	10	1.8	23	326.00	10	326.00	11	333.00	12
南　京	263.01	14	0.6	26	289.82	12	296.80	15	303.94	16
海　口	63.72	21	4.5	4	71.18	21	79.88	21	85.43	21
沈　阳	268.20	13	3.2	11	284.00	13	303.58	14	326.34	13
哈尔滨	688.80	1	−0.1	27	569.50	2	615.80	2	628.20	2
长　春	315.10	9	1.7	24	348.10	8	533.82	5	523.74	5
石家庄	480.50	4	3.2	11	449.50	5	498.60	6	504.80	6
太　原	40.82	25	0.7	25	42.48	23	32.24	25	44.80	25
合　肥	272.75	12	2.2	19	291.90	11	332.32	10	351.05	10
南　昌	192.13	17	3.2	11	212.89	17	235.28	17	238.31	17
济　南	317.40	8	2.5	17	343.10	9	361.70	9	408.80	9
郑　州	158.60	18	2.1	21	140.90	19	156.87	19	181.69	19
武　汉	408.20	5	2.9	16	378.99	6	402.18	8	444.21	7
长　沙	379.45	7	3.2	11	359.69	7	423.46	7	425.56	8

注：1.因2018年各市GDP总量不公布使用，故用增速代替。

2.2019 年带“*”为增速（不参与排位），单位为“%”。

12-5 各省会城市第二产业增加值

单位：亿元

城市名称	2017 年	位次	2018 年比 2017 年增长（%）	位次	2019 年	位次	2020 年	位次	2021 年	位次
南　宁	**1599.5**	**18**	**2.2**	**27**	**1044.97**	**20**	**1084.32**	**20**	**1198.76**	**20**
昆　明	1865.97	16	10.0	3	2078.75	15	2102.93	15	2287.71	15
成　都	5998.2	2	7.0	13	5244.62	3	5418.50	3	6114.34	3
贵　阳	1375.18	19	7.9	10	1496.67	18	1552.59	17	1681.34	18
西　安	2596.08	13	8.5	6	3167.44	11	3328.27	11	3585.20	11
兰　州	881.74	22	4.9	23	945.38	21	933.42	21	1113.91	21
乌鲁木齐	827.63	23	5.4	21	906.14	22	907.89	22	1039.76	23
呼和浩特	755.75	24	2.4	26	823.84	23	815.73	24	1052.57	22
银　川	908.6	21	5.5	20	6.1*		832.62	23	1028.32	24
西　宁	556.44	25	8.8	5	6.1*		418.72	25	518.22	25
拉　萨	189.38	27	17.4	1	236.14	25	290.44	26	278.08	27
广　州	6015.29	1	5.4	21	6454.00	1	6590.39	1	7722.67	1
福　州	2962.94	10	8.4	8	3830.99	8	3840.77	8	4289.80	8
杭　州	4387.19	6	5.8	17	4875.00	5	4821.00	5	5489.00	5
南　京	4454.87	5	6.5	15	5040.86	4	5214.35	4	5902.65	4
海　口	252.22	26	6.0	16	276.00	24	269.56	27	346.75	26
沈　阳	2261.4	15	5.7	18	2178.60	14	2160.41	14	2570.32	14
哈尔滨	1820.7	17	2.7	25	1127.30	19	1144.50	19	1239.20	19
长　春	3175.2	9	7.3	12	2495.40	13	2758.12	12	2960.47	13
石家庄	2913.9	11	4.8	24	1831.70	16	1745.50	16	2107.10	17
太　原	1271.42	20	10.3	2	1518.64	17	1504.19	18	2113.09	16
合　肥	3643.08	8	9.5	4	3415.30	9	3579.51	9	4171.21	9
南　昌	2666.1	12	8.5	6	2653.82	12	2676.89	13	3218.10	12
济　南	2569.22	14	7.8	11	3265.20	10	3530.70	10	3964.10	10
郑　州	4247.5	7	8.1	9	4617.00	6	4759.54	6	5039.29	7
武　汉	5861.35	3	5.7	18	5988.88	2	5557.47	2	6208.34	2
长　沙	4998.26	4	6.8	14	4439.32	7	4739.27	7	5251.30	6

注：1.因2018年各市GDP总量不公布使用，故用增速代替。
2.2019 年带“*”为增速（不参与排位），单位为“%”。

12-6 各省会城市第三产业增加值

单位：亿元

城市名称	2017年	位次	2018年比2017年增长（%）	位次	2019年	位次	2020年	位次	2021年	位次
南　宁	**2115.15**	**18**	**7.8**	**17**	**2954.32**	**17**	**3107.67**	**17**	**3315.42**	**17**
昆　明	2781.54	16	7.3	23	4126.84	12	4318.51	12	4601.67	12
成　都	7390.30	3	9.0	10	11155.86	2	11643.00	2	13219.85	2
贵　阳	2015.45	20	11.3	1	2381.59	21	2580.75	20	2836.25	20
西　安	4592.65	8	8.3	13	5874.62	8	6379.37	8	6794.26	10
兰　州	1580.34	23	7.4	22	1840.30	23	1895.90	22	2054.86	22
乌鲁木齐	1886.56	21	8.6	12	2479.43	19	2402.38	21	2623.71	21
呼和浩特	1880.23	22	4.6	26	1853.41	22	1858.49	23	1931.71	23
银　川	833.18	25	9.2	7	6.5*		1056.03	25	1150.81	25
西　宁	686.67	26	9.4	6	9.3*		897.09	26	971.64	26
拉　萨	272.33	27	4.6	26	361.64	25	365.27	27	439.31	27
广　州	15254.37	1	6.6	24	16923.23	1	18140.64	1	20202.89	1
福　州	3621.60	11	9.2	7	5034.84	11	5618.55	11	6397.66	11
杭　州	7857.30	2	7.5	19	10172.00	3	10959.00	3	12287.00	3
南　京	6997.22	5	9.1	9	8699.47	5	9306.80	5	10148.73	5
海　口	1074.54	24	8.1	15	1324.75	24	1442.14	24	1624.88	24
沈　阳	3335.40	12	5.4	25	4007.60	13	4107.57	13	4353.02	13
哈尔滨	3845.50	10	7.5	19	3552.60	14	3423.50	15	3484.30	16
长　春	3039.70	15	7.8	17	3060.60	16	3346.09	16	3618.90	15
石家庄	3066.40	14	10.2	3	3528.70	15	3691.00	14	3878.40	14
太　原	2069.94	19	8.8	11	2467.39	20	2616.82	19	2963.72	19
合　肥	3297.62	13	8.0	16	5702.20	10	6133.89	10	6890.54	9
南　昌	2144.96	17	10.1	4	2729.47	18	2833.35	18	3194.11	18
济　南	4315.34	9	7.5	19	5835.10	9	6248.60	9	7059.40	8
郑　州	4724.10	7	8.3	13	6831.80	6	7086.63	6	7470.04	7
武　汉	7140.79	4	10.1	4	9855.34	4	9656.41	4	11064.21	4
长　沙	5157.80	6	10.7	2	6775.21	7	6979.79	7	7593.85	6

注：1.因2018年各市GDP总量不公布使用，故用增速代替。
2.2019 年带“*”为增速（不参与排位），单位为“%”。

12-7 各省会城市人均地区生产总值

单位：元

城市名称	2017年	位次	2018年	位次	2019年	位次	2020年	位次	2021年	位次
南　宁	**57948**	**25**	**55901**	**25**	**61738**	**22**	**54669**	**22**	**58241**	**23**
昆　明	71906	19	76387	20	93853	12	80586	13	85146	15
成　都	86911	13	94782	12	103386	9	85679	10	94622	12
贵　阳	74493	18	78449	18	81995	17	72246	18	77919	20
西　安	78346	15	85114	16	92256	13	79181	14	83689	16
兰　州	67882	21	73042	22	75217	20	66680	20	73807	21
乌鲁木齐	78306	16	88441	14	94813	11	81900	11	90800	13
呼和浩特	110561	6	93200	13	89138	15	81656	12	89828	14
银　川	81656	14	84964	17			69283	19	78794	18
西　宁	54800	26	54400	27						
拉　萨			76700	19	86750	16				
广　州	150678	1	155491	1	156427	2	135047	2	150366	2
福　州	93290	8	102037	6	120879	5	121015	5	135298	4
杭　州	134607	4	102037	6	152465	3	16207	25	149857	3
南　京	141103	2	152886	2	165681	1	159322	1	174520	1
海　口	61583	23	66042	23	72218	21	63309	21	70999	22
沈　阳	70722	20	75766	21	77777	19	72936	17	79706	17
哈尔滨	66301	22	57837	24	55175	23	51113	24	53517	25
长　春	86931	12	95663	11	78456	18	77634	16	78166	19
石家庄	59645	24	55723	26	52859	24	52992	23	57925	24
太　原	77536	17	88272	15	90698	14	78734	15	95646	11
合　肥	91113	11	97470	9	115623	6	108427	7	121187	8
南　昌	93145	9	95825	10	100415	10	92697	9	104788	9
济　南	98967	7	106302	5	106416	8	110199	6	123075	7
郑　州	93143	10	101349	8	113139	7	94911	8	100092	10
武　汉	123831	5	135136	4	145545	4	131441	3	135251	5
长　沙	135388	3	136920	3			123297	4	130745	6

12-8 各省会城市固定资产投资

城市名称	2017年（亿元）	位次	2018年比2017年增长（%）	位次	2019年比2018年增长（%）	位次	2020年比2019年增长（%）	位次	2021年比2020年增长（%）	位次
南　宁	**4307.95**	**16**	**11.8**	**6**	**9.9**	**9**	**-2.5**	**23**	**3.1**	**19**
昆　明	4217.9	17	5.5	23	2.8	17	8.1	9	-7.8	25
成　都	9404.2	1	10.0	13	10.0	8	9.9	4	10.0	7
贵　阳	3850.6	18	15.0	3	1.5	21	2.7	20	-7.1	24
西　安	7556.47	5	8.5	18	1.1	22	12.8	1	-11.6	26
兰　州	1315.35	25	12.1	5	-4.7	24	3.4	18	7.7	12
乌鲁木齐	2020	19	10.0	13	2.0	20	0.3	22	1.4	20
呼和浩特	1490.8	22	-26.5	27	5.2	16	-8.5	24	12.3	2
银　川	1719.05	20	-21.9	26	-6.2	25	1.1	21	-3.6	21
西　宁	1600.03	21	9.0	17	2.6	19	-25.9	27	6.8	13
拉　萨	611.73	27	13.1	4	-3.1	23	5.3	13	-19.0	27
广　州	5919.83	9	8.2	19	16.5	1	10.0	3	11.7	3
福　州	5823.39	11	11.7	7	9.0	11	9.6	6	5.9	15
杭　州	5856.65	10	10.8	11	11.6	4	6.8	10	9.0	8
南　京	6215.2	8	9.4	16	8.0	13	6.6	11	6.2	14
海　口	1415.5	24	-6.2	24	-15.4	26	9.9	4	8.4	9
沈　阳	1484	23	15.3	2	13.2	2	4.1	15	4.1	17
哈尔滨	5395.5	12	-7.2	25	7.3	14	2.8	19	4.2	16
长　春	5194.8	13	6.7	21	-19.0	27	8.8	7	11.6	4
石家庄	6310.1	7	6.4	22	6.2	15	-19.9	26	-5.6	22
太　原	964.86	26	26.2	1	10.2	5	11.3	2	7.9	11
合　肥	6351.43	6	7.1	20	9.0	11	4.7	14	3.5	18
南　昌	5115.18	14	10.9	9	10.2	5	8.8	7	11.1	6
济　南	4363.6	15	9.6	15	12.6	3	4.0	16	11.5	5
郑　州	7573.44	3	10.9	9	2.8	17	3.6	17	-6.2	23
武　汉	7871.66	2	10.6	12	9.8	10	-11.8	25	12.9	1
长　沙	7567.77	4	11.5	8	10.1	7	6.2	12	8.2	10

注：2018年起，固定资产投资统计方法改变，统计口径发生变化，根据国家要求不公布总量数据，只公布增速，不可用2017年总量和2018年增速推算2018年总量。

12-9 各省会城市社会消费品零售总额

单位：亿元

城市名称	2017年	位次	2018年比2017年增长（%）	位次	2019年	位次	2020年	位次	2021年	位次
南　宁	**2204.16**	**17**	**9.0**	**14**	**2307.4**	**14**	**2180.36**	**17**	**2364.17**	**18**
昆　明	2590.95	16	10.0	5	3056.6	12	3070.44	13	3386.40	13
成　都	6403.5	2	10.0	5	7478.4	1	8118.50	2	9251.80	2
贵　阳	1335.28	22	8.0	18	1380.4	19	2188.26	16	2546.69	15
西　安	4329.51	7	9.6	10	6.0★		4989.33	7	4963.42	10
兰　州	1358.72	21	7.4	20	1454.9	17	1641.24	19	1757.74	21
乌鲁木齐	1317	23	5.0	25	1389.2	18	1043.50	20	1171.86	22
呼和浩特	1570.95	20	5.6	24	1646.5	16	1032.93	21	1104.74	23
银　川	562.31	25	4.8	26	6.2★		770.87	23	788.69	25
西　宁	560.79	26	6.7	21	592.6	21	573.57	24	621.09	26
拉　萨	258.76	27	14.2	1	322.2	22	369.35	25	399.35	27
广　州	9402.59	1	7.6	19	7.8★		9218.66	1	10122.56	1
福　州	4193.87	8	11.3	2	5120.3	7	4225.61	11	4549.41	11
杭　州	5717.43	4	9.0	14	6215.0	3	5973.00	5	6744.00	5
南　京	5604.66	5	8.4	16	6135.7	4	7203.03	3	7899.41	3
海　口	726.12	24	5.9	23	785.6	20	835.89	22	1056.98	24
沈　阳	3989.8	12	9.2	11	4479.6	9	3637.60	12	3985.10	12
哈尔滨	4044.8	11	4.2	27	5.6★		−11.3★		2380.30	17
长　春	2922.8	14	6.2	22	3.9★		−6.5★		2219.19	19
石家庄	3296	13	9.1	12	3545.4	10	2279.60	15	2392.50	16
太　原	1767.82	19	8.1	17	1952.8	15	1655.11	18	1873.90	20
合　肥	2728.51	15	9.1	12	3234.5	11	4513.76	8	5111.68	8
南　昌	2096.96	18	11.1	3	2369.3	13	2452.74	14	2878.74	14
济　南	4146.1	9	10.0	5	5162.2	6	4469.10	10	5126.10	7
郑　州	4057.22	10	9.7	9	4671.5	8	5076.30	6	5389.21	6
武　汉	6196.3	3	10.5	4	7449.6	2	6149.84	4	6795.04	4
长　沙	4547.68	6	9.9	8	5247.0	5	4469.79	9	5111.57	9

注：1.因2018年各市社会消费品总额不公布使用，故用增速代替。
2.2019年、2020年带“★”为增速（不参与排位），单位为“%”。

12-10 各省会城市海关进出口贸易总额

城市名称	2017 年	单位	2018 年	单位	2019 年	单位	2020 年	单位	2021 年	单位
南　宁	**607.09**	**亿元**	**738.79**	**亿元**	**747.79**	**亿元**	**986.00**	**亿元**	**1231.92**	**亿元**
昆　明	78.18	亿美元	131.20	亿美元	131.87	亿美元	160.59	亿美元	265.72	亿美元
成　都	3941.8	亿元	4983.20	亿元	5822.70	亿元	7154.21	亿元	8222.00	亿元
贵　阳	29.92	亿美元	34.94	亿美元	41.51	亿美元	60.00	亿美元	74.12	亿美元
西　安	2545.41	亿元	3303.87	亿元	3243.06	亿元	3473.84	亿元	4399.96	亿元
兰　州	125.11	亿元	133.18	亿元	119.41	亿元	102.50	亿元	141.8	亿元
乌鲁木齐	460.34	亿元	513.50	亿元	512.64	亿元	455.87	亿元	385.45	亿元
呼和浩特	15.99	亿美元	116.70	亿元	124.30	亿元	147.00	亿元	159.80	亿元
银　川	270.62	亿元	168.83	亿元	157.60	亿元	62.96	亿元	132.07	亿元
西　宁	32.91	亿元	31.28	亿元	26.38	亿元	16.81	亿元	22.50	亿元
拉　萨	44.27	亿元	40.96	亿元	41.08	亿元	15.95	亿元	36.17	亿元
广　州	9714.36	亿元	9810.15	亿元	9995.81	亿元	9530.06	亿元	10825.88	亿元
福　州	2336.06	亿元	2452.75	亿元	2525.80	亿元	2504.80	亿元	3321.5	亿元
杭　州	5085.08	亿元	5245.30	亿元	5597.00	亿元	5934.20	亿元	7369.00	亿元
南　京	4143	亿元	4317.20	亿元	4828.15	亿元	5340.21	亿元	6366.83	亿元
海　口	210.22	亿元	341.17	亿元	331.38	亿元	368.32	亿元	476.4	亿元
沈　阳	128.5	亿美元	149.50	亿美元	1072.80	亿元	1028.10	亿元	1416.02	亿元
哈尔滨	33.5	亿美元	209.70	亿美元	251.50	亿元	255.90	亿元	344.58	亿元
长　春	952.5	亿元	1054.60	亿元	995.80	亿元	1027.60	亿元	1179.77	亿元
石家庄	862.2	亿元	915.50	亿元	1178.80	亿元	1341.10	亿元	1481.20	亿元
太　原	915.25	亿元	1086.29	亿元	1119.56	亿元	1211.47	亿元	1852.35	亿元
合　肥	249.59	亿美元	308.13	亿美元	2221.20	亿元	2597.25	亿元	3324.8	亿元
南　昌	669.2	亿元	787.55	亿元	1061.77	亿元	1151.46	亿元	1293.56	亿元
济　南	708.1	亿元	825.00	亿元	1103.30	亿元	1382.70	亿元	1944.20	亿元
郑　州	4015.65	亿元	4105.00	亿元	4129.91	亿元	4946.40	亿元	5892.10	亿元
武　汉	1936.2	亿元	2146.00	亿元	2440.20	亿元	2704.30	亿元	3359.40	亿元
长　沙	938.02	亿元	1283.34	亿元	2002.03	亿元	2350.46	亿元	2780.28	亿元

12-11 各省会城市海关出口贸易总额

城市名称	2017 年	单位	2018 年	单位	2019 年	单位	2020 年	单位	2021 年	单位
南　宁	**275.69**	**亿元**	**355.09**	**亿元**	**363.91**	**亿元**	**470.82**	**亿元**	**581.95**	**亿元**
昆　明	29.43	亿美元	37.63	亿美元	36.04	亿美元	77.45	亿美元	144.77	亿美元
成　都	2064.9	亿元	2746.9	亿元	3309.80	亿元	4106.80	亿元	4841.2	亿元
贵　阳	22.71	亿美元	15.15	亿美元	30.45	亿美元	49.60	亿美元	57.98	亿美元
西　安	1552.38	亿元	1957.49	亿元	1730.21	亿元	1776.00	亿元	2361.92	亿元
兰　州	72.88	亿元	75.6	亿元	71.83	亿元	32.70	亿元	36.80	亿元
乌鲁木齐	360.67	亿元	361.36	亿元	334.36	亿元	288.51	亿元	259.80	亿元
呼和浩特	7.6	亿美元	55.9	亿元	63.50	亿元	72.40	亿元	80.60	亿元
银　川	195.99	亿元	127.79	亿元	104.40	亿元	45.27	亿元	109.47	亿元
西　宁	19.13	亿元	10.98	亿元	14.61	亿元	7.05	亿元	9.30	亿元
拉　萨	28.59	亿元	27.24	亿元	34.44	亿元	11.14	亿元	20.84	亿元
广　州	5792.15	亿元	5607.58	亿元	5257.98	亿元	5427.67	亿元	6312.17	亿元
福　州	1482.4	亿元	1654.82	亿元	1802.00	亿元	1786.50	亿元	2200.60	亿元
杭　州	3455.61	亿元	3417.1	亿元	3613.00	亿元	3693.00	亿元	4647.00	亿元
南　京	2333	亿元	2500.7	亿元	3006.85	亿元	3398.92	亿元	3989.89	亿元
海　口	55.46	亿元	67.24	亿元	86.33	亿元	110.30	亿元	110.50	亿元
沈　阳	317.7	亿元	342.1	亿元	315.90	亿元	274.40	亿元	484.90	亿元
哈尔滨	91.7	亿元	103.5	亿元	119.80	亿元	136.90	亿元	171.30	亿元
长　春	129.8	亿元	152.5	亿元	148.60	亿元	135.40	亿元	165.93	亿元
石家庄	531.2	亿元	571.6	亿元	655.10	亿元	785.60	亿元	857.10	亿元
太　原	572.16	亿元	663.25	亿元	651.72	亿元	724.71	亿元	1153.14	亿元
合　肥	145.66	亿美元	1203.46	亿元	1392.45	亿元	227.96	亿美元	2029.20	亿元
南　昌	428.27	亿元	451.67	亿元	645.78	亿元	713.11	亿元	897.68	亿元
济　南	451	亿元	519.3	亿元	622.50	亿元	755.00	亿元	1174.1	亿元
郑　州	2327.94	亿元	2577.14	亿元	2678.25	亿元	2948.80	亿元	3552.8	亿元
武　汉	1157.6	亿元	1272.7	亿元	1362.30	亿元	1421.70	亿元	1929	亿元
长　沙	587.89	亿元	823.15	亿元	1396.43	亿元	1548.72	亿元	1977.46	亿元

12-12 各省会城市一般公共预算收入

单位：亿元

城市名称	2017年	位次	2018年	位次	2019年	位次	2020年	位次	2021年	位次
南　宁	**332.15**	**20**	**359.0**	**21**	**370.93**	**20**	**372.25**	**20**	**391.77**	**19**
昆　明	560.86	13	595.6	14	630.03	13	650.47	13	689.12	13
成　都	1275.5	4	1424.2	5	1483	5	1520.4	4	1697.9	4
贵　阳	377.77	18	903.3	7	417.26	18	398.13	17	426.68	17
西　安	654.5	11	684.7	12	702.55	11	724.13	11	855.96	9
兰　州	234.2	22	253.3	22	233.23	22	247.13	22	276.73	22
乌鲁木齐	400.78	17	458.3	18	472.46	16	392.64	18	377.93	20
呼和浩特	201.63	23	204.7	23	203.12	23	217.1	23	228.92	23
银　川	177.46	24	181.2	24	154.7	25	157.25	25	171.19	25
西　宁	79.2	27	92.9	27	101.79	27	133.51	26	153.9	26
拉　萨	89.63	26	110.1	26	117.04	26	107.26	27	107.45	27
广　州	1533.06	2	1632.3	2	1697.21	2	1721.59	2	1883.18	2
福　州	634.16	12	680.4	13	668.08	12	675.61	12	749.85	12
杭　州	1567.42	1	1825.1	1	1966	1	2093	1	2386.6	1
南　京	1271.91	5	1470.0	4	1580.03	3	1637.7	3	1729.52	3
海　口	125.36	25	169.9	25	185.34	24	186.05	24	208.32	24
沈　阳	656.2	9	720.6	10	730.3	10	736.08	10	773.02	11
哈尔滨	368.1	19	384.4	19	370.9	21	339.6	21	365.8	21
长　春	450.1	15	478.0	16	420	17	440.4	16	617.09	15
石家庄	460.7	14	519.7	15	569.1	14	605	14	654.1	14
太　原	311.85	21	373.2	20	386.62	19	378.44	19	423.44	18
合　肥	655.9	10	712.5	11	745.99	9	762.9	9	844.22	10
南　昌	417.08	16	461.8	17	476.08	15	483.86	15	484.84	16
济　南	677.2	8	752.8	9	874.2	8	906.1	8	1007.6	8
郑　州	1056.67	6	1152.1	6	1222.53	6	1259.21	5	1223.6	6
武　汉	1402.93	3	1528.7	3	1564.12	4	1230.29	6	1578.65	5
长　沙	800.35	7	879.7	8	950.23	7	1100.09	7	1188.31	7

12-13 各省会城市一般公共预算支出

单位：亿元

城市名称	2017年	2018年	位次	2019年	位次	2020年	位次	2021年	位次
南　宁	**646.31**	**697.9**	**18**	**789.1986**	**18**	**822.79**	**18**	**777.60**	**18**
昆　明	775.9	756.8	16	820.86	17	875.1	16	928.16	15
成　都	1759.63	1837.5	3	2006.80	3	2158.00	3	2237.60	3
贵　阳	578.08	627.5	20	718.72	19	676.4	19	681.5	19
西　安	1045.09	1151.6	8	1247.99	8	1352.7	8	1474.94	8
兰　州	434.53	465.7	22	456.66	22	485.7	22	484.59	21
乌鲁木齐	458.58	659.8	19	620.28	20	536.9	21	419.59	23
呼和浩特	402.27	357.0	24	421.70	23	435.70	23	419.00	24
银　川	341.53	370.8	23	346.60	25	335.80	25	292.15	26
西　宁	560.79	297.5	26	328.04	26	329.5	26	343.83	25
拉　萨	257.47	300.1	25	366.01	24	349.66	24	444.37	22
广　州	2185.99	2505.8	1	2865.12	1	2953	1	3020.72	1
福　州	940.82	923.4	14	952.17	14	950.2	15	925.73	16
杭　州	1540.92	1717.1	5	1952.90	4	2070.00	4	2392.60	2
南　京	1353.96	1532.7	6	1658.60	6	1754.60	5	1817.73	5
海　口	198.5	237.4	27	265.18	27	305.40	27	274.80	27
沈　阳	848	964.9	12	1048.20	13	1074.10	13	1032.30	12
哈尔滨	958.5	962.2	13	1101.10	11	1162.20	11	992.10	13
长　春	875.7	894.3	15	896.00	15	1084.10	12	966.49	14
石家庄	804.2	994.7	11	1051.40	12	1068.00	14	1096.30	11
太　原	479.06	542.5	21	610.62	21	647.40	20	628.99	20
合　肥	965.34	1004.9	10	1122.67	10	1164.80	10	1223.72	10
南　昌	654.28	752.1	17	834.11	16	838.1	17	870.01	17
济　南	834.2	1018.3	9	1197.30	9	1288.80	9	1292.70	9
郑　州	1514.94	1763.3	4	1910.60	5	1721.30	6	1624.40	6
武　汉	1728.28	1929.5	2	2237.10	2	2407.00	2	2219.34	4
长　沙	1186.57	1329.5	7	1425.98	7	1480.20	7	1541.59	7

12–14 各省会城市金融机构存款余额

单位：亿元

城市名称	2017 年	位次	2018 年	位次	2019 年	位次	2020 年	位次	2021 年	位次
南　宁	**9367.53**	**20**	**10093.13**	**20**	**10718.32**	**19**	**11498.25**	**20**	**12083**	**20**
昆　明	13466.56	12	13583.62	13	14909.26	13	16324.65	13	16365.21	14
成　都	34423.3	3	37826.00	3	39828.00	3	43654.00	3	47968	3
贵　阳	10814.51	17	11418.52	18	11979.46	18	12523.50	19	13441.35	19
西　安	20047.62	7	21266.72	7	23340.84	7	26045.90	6	28510.03	6
兰　州	8513.59	21	8814.26	21	8875.50	21	9083.90	22	9577.65	22
乌鲁木齐	8320.71	22	8477.90	22	8927.50	20	9604.46	21	10322.56	21
呼和浩特	6312.6	23	5803.82	23	5918.89	22	6116.10	23	6683.69	23
银　川	3587.23	26	3718.57	26	4027.40	24	4488.01	25	4705.68	26
西　宁	3883.79	25	3802.21	25	4020.89	25	4371.64	26	4710.75	25
拉　萨	2732.78	27	2805.06	27	2888.54	26	3139.28	27	322	27
广　州	49332.53	1	54788.06	1	59131.20	1	67798.80	1	72848.92	1
福　州	13136.68	13	14204.30	12	1547.91	27	17738.00	12	19117.34	12
杭　州	36483.24	2	39810.50	2	45287.00	2	54246.00	2	61044.30	2
南　京	30764.63	4	34524.86	4	35536.08	4	40056.50	4	44708.68	4
海　口	5420.27	24	4899.31	24	4949.36	23	5019.40	24	5839.73	24
沈　阳	15752.9	10	17746.20	9	18869.50	9	19442.50	10	19374.90	11
哈尔滨	10512.6	18	11616.00	16	12353.10	16	13856.70	17	14655.40	18
长　春	11540.9	16	11551.20	17	12681.90	15	14230.60	16	15467.25	16
石家庄	11703	14	13315.79	14	15051.70	12	15917.80	14	17951.71	13
太　原	11621.28	15	12317.27	15	13117.20	14	14587.60	15	15924.02	15
合　肥	14235.41	11	15677.27	11	16417.25	11	18675.30	11	20605.68	10
南　昌	10011.39	19	10733.08	19	12096.80	17	13676.80	18	14757.42	17
济　南	16560.6	9	17060.10	10	18646.10	10	21065.00	9	23437.00	9
郑　州	20349.6	6	22710.55	6	24461.23	6	24994.30	7	26281.50	7
武　汉	24499.41	5	26331.62	5	28658.90	5	31005.90	5	33775.87	5
长　沙	17141.80	8	18633.60	8	21048.45	8	23316.80	8	25348.50	8

注：2021 年各省会城市金融机构存款余额为本外币口径。

12-15 各省会城市金融机构贷款余额

单位：亿元

城市名称	2017年	位次	2018年	位次	2019年	位次	2020年	位次	2021年	位次
南　宁	**10470.44**	**15**	**12052.13**	**17**	**13964.35**	**16**	**15868.80**	**15**	**18074**	**14**
昆　明	14789.35	9	16224.73	9	17854.43	10	19740.44	10	22158.78	10
成　都	28359.3	3	32637	3	36464.00	3	41148.00	3	46425	3
贵　阳	10403.12	16	12508.73	15	14141.31	13	15861.80	16	17284.14	16
西　安	16954.81	7	19891.6	7	22436.65	7	25792.90	7	29411.25	7
兰　州	9643.55	20	11269.24	19	12028.51	19	13167.60	19	14231.83	20
乌鲁木齐	6235.78	23	7001.8	23	7817.82	22	8672.11	23	9811.00	22
呼和浩特	7646.00	22	8056.96	22	8599.35	21	8899.60	22	9606.58	23
银　川	4460.31	26	5028.54	26	5359.54	24	5535.00	25	6156.36	25
西　宁	5109.15	25	5468.39	25	5347.69	25	5312.54	26	5487.63	26
拉　萨	2757.11	27	3134.86	27	3303.94	26	3391.35	27	345	27
广　州	33312.7	1	40749.32	1	47103.31	1	54387.60	1	60238.74	1
福　州	13320.41	12	15364.34	11	2000.54	27	19651.40	11	21484.13	11
杭　州	29270.94	2	36598.3	2	42245.00	2	49799.00	2	56274.8	2
南　京	25159.48	4	29065.66	4	33585.88	4	38190.00	4	43305.4	4
海　口	5600.33	24	5700.68	24	6220.53	23	5770.10	24	6839.17	24
沈　阳	13160.6	13	14911.6	12	16811.90	11	18129.00	13	19230.1	13
哈尔滨	9968.3	19	11079.8	20	12181.80	18	12653.40	21	13839.9	21
长　春	10375.7	17	11488.3	18	13096.40	17	14535.40	18	15907.66	18
石家庄	8925	21	10171.75	21	11406.70	20	12781.80	20	14657.28	19
太　原	11340.29	14	12684.21	14	14063.12	14	15079.90	17	16589	17
合　肥	13401.22	11	14196.54	13	15854.83	12	18166.60	12	20322.39	12
南　昌	10209.28	18	12124.64	16	14047.32	15	16005.60	14	17620.96	15
济　南	14350.3	10	16059.9	10	18768.70	9	20720.20	9	23313.2	9
郑　州	17992.4	6	22055.67	6	26476.78	6	28439.40	6	31366.5	6
武　汉	23947.76	5	28270.77	5	32114.31	5	36856.00	5	40825.42	5
长　沙	16027.07	8	18360.89	8	21248.71	8	24261.30	8	27235.11	8

注：2021年各省会城市金融机构贷款余额为本外币口径。

12-16 各省会城市居民消费价格总指数

（以上年为 100）

城市名称	2017 年	位次	2018 年	位次	2019 年	位次	2020 年	位次	2021 年	位次
南　宁	**102.3**	**5**	**102.5**	**4**	**103.4**	**1**	**102.3**	**12**	**101.4**	**5**
昆　明	100.5	27	101.7	22	102.3	23	103.1	1	100.2	27
成　都	102	8	101.4	26	102.8	12	102.5	5	100.5	22
贵　阳	101	26	101.7	22	102.7	14	102.4	7	100.5	22
西　安	102	8	101.9	19	102.7	14	102.1	17	101.7	1
兰　州	101.5	16	101.7	22	102.2	24	102	19	101.3	7
乌鲁木齐	102.8	3	102.2	13	102.0	27	100.9	27	101.3	7
呼和浩特	101.4	17	102.1	15	102.6	18	102	19	100.9	17
银　川	101.7	15	102.2	13	102.2	24	101.8	23	101.4	5
西　宁	101.4	17	102.7	2	102.5	20	102.7	2	101.3	7
拉　萨	101.4	17	101.1	27	102.2	24	102	19	100.5	22
广　州	102.3	5	102.4	6	103.0	8	102.6	3	101.1	12
福　州	101.1	25	101.5	25	102.5	20	102.4	7	100.6	19
杭　州	102.5	4	102.3	10	103.1	5	102.1	17	101.3	7
南　京	101.9	11	102.4	6	103.1	5	102.4	7	101.5	3
海　口	103.3	2	102.4	6	103.3	2	101.6	25	100.5	22
沈　阳	101.4	17	103.0	1	102.4	22	102.3	12	101.3	7
哈尔滨	103.5	1	102.5	4	102.6	18	101.4	26	100.6	19
长　春	101.3	23	102.0	16	102.9	9	101.9	22	100.5	22
石家庄	101.4	17	102.3	10	102.7	14	102.3	12	100.9	17
太　原	101.8	13	101.8	21	102.7	14	102.6	3	101	15
合　肥	101.4	17	102.0	16	102.9	9	102.3	12	101.7	1
南　昌	102.1	7	102.3	10	102.8	12	102.5	5	101	15
济　南	102	8	102.6	3	103.3	2	102.4	7	101.5	3
郑　州	101.8	13	102.4	6	103.1	5	102.3	12	101.1	12
武　汉	101.9	11	101.9	19	103.2	4	102.4	7	100.6	19
长　沙	101.3	23	102.0	16	102.9	9	101.8	23	101.1	12

12-17 各省会城市城镇居民人均可支配收入

单位：元

城市名称	2017 年	位次	2018 年	位次	2019 年	位次	2020 年	位次	2021 年	位次
南　宁	**33217**	**19**	**35276**	**23**	**37675**	**25**	**38542**	**25**	**41394**	**25**
昆　明	39788	10	42988	10	46289	10	48018	11	52523	11
成　都	38918	11	42128	11	45878	11	48593	9	52633	10
贵　阳	32186	25	35115	24	38240	21	40305	18	43876	18
西　安	38536	12	38729	16	41850	16	43713	14	46931	15
兰　州	32331	24	35014	25	38095	23	40152	20	43244	21
乌鲁木齐	37028	15	40101	14	42667	14	42770	17	46142	16
呼和浩特	43518	6	46565	7	49397	7	49789	7	53026	9
银　川	32981	21	35586	20	38217	22	39416	24	42412	24
西　宁	30043	27	32500	27	34846	27	36959	27	39251	27
拉　萨	32408	23	35842	19	39686	18	43640	15	49299	14
广　州	55400	2	59982	2	65052	2	68304	2	74416	2
福　州	40973	9	44457	8	47920	8	49300	8	53421	7
杭　州	56276	1	61172	1	66068	1	68666	1	74700	1
南　京	54538	3	59308	3	64372	3	67553	3	73593	3
海　口	33320	18	36137	18	38977	19	40049	21	43605	19
沈　阳	41359	8	44054	9	46786	9	47413	12	50566	12
哈尔滨	35546	17	37828	17	40007	17	39791	23	42745	23
长　春	33168	20	35332	22	37844	24	40001	22	43281	20
石家庄	32929	22	35563	21	38550	20	40247	19	43024	22
太　原	31469	26	33672	26	36362	26	38329	26	41377	26
合　肥	37972	13	41484	12	45404	12	48283	10	53208	8
南　昌	37675	14	40844	13	44136	13	46796	13	50447	13
济　南	46642	5	50146	5	51913	5	53329	5	57449	5
郑　州	36050	16	39042	15	42087	15	42887	16	45246	17
武　汉	43405	7	47359	6	51706	6	50362	6	55297	6
长　沙	46948	4	50792	4	55211	4	57971	4	62145	4

12-18 各省会城市农村居民人均可支配收入

单位：元

城市名称	2017 年	位次	2018 年	位次	2019 年	位次	2020 年	位次	2021 年	位次
南　宁	**12515**	**25**	**13654**	**24**	**15047**	**24**	**16130**	**24**	**17808**	**24**
昆　明	13698	20	14895	18	16356	18	17719	19	19507	19
成　都	20298	6	22135	6	24357	6	26432	5	29126	5
贵　阳	14264	18	15648	17	17275	17	18674	17	20565	18
西　安	16522	12	13286	25	14588	25	15749	25	17389	25
兰　州	11305	26	12368	26	13605	26	14652	26	16191	26
乌鲁木齐	17839	10	19623	9	21448	9	22827	9	24878	10
呼和浩特	15710	14	17190	13	18974	13	20489	12	22435	13
银　川	13087	23	14160	23	15282	23	16428	23	18169.8	23
西　宁	10548	27	11504	27	12577	27	13487	27	14948	27
拉　萨	12994	24	14369	21	16216	19	18268	18	21198	17
广　州	23484	3	26020	3	28868	3	31266	3	34533	3
福　州	17865	9	19419	10	21320	10	22669	10	25201	9
杭　州	30397	1	33193	1	36255	1	38700	1	42692	1
南　京	23133	4	25263	4	27636	4	29621	4	32701	4
海　口	13763	19	14886	19	16116	20	17405	20	19267	20
沈　阳	15461	17	16530	16	18124	16	19597.89	16	21662	14
哈尔滨	15614	15	16934	14	18238	15	19631	15	21512	16
长　春	13431	21	14237	22	15455	22	16636	22	18473	22
石家庄	13345	22	14518	20	15853	21	16947	21	18676	21
太　原	15595	16	16860	15	18377	14	19655	14	21551	15
合　肥	18694	8	20389	8	22462	8	24282	7	26856	7
南　昌	16364	13	17866	12	19498	11	20921	11	22913	11
济　南	16594	11	17924	11	19454	12	20432	13	22580	12
郑　州	19974	7	21652	7	23536	7	24783	6	26790	8
武　汉	20887	5	22652	5	24776	5	24057	8	27209	6
长　沙	27360	2	29714	2	32329	2	34754	2	38195	2

注：2015 年以前指标口径为农民人均纯收入。

主要指标解释

主要指标解释

地区生产总值 是按市场价格计算的地区生产总值的简称。它是一个国家(地区)所有常住单位在一定时期内生产活动的最终成果。地区生产总值有三种表现形态，即价值形态、收入形态和产品形态。从价值形态看，它是所有常住单位在一定时期内所生产的全部货物和服务价值超过同期投入的全部非固定资产货物和服务价值的差额，即所有常住单位的增加值之和；从收入形态看，它是所有常住单位在一定时期内所创造并分配给常住单位和非常住单位的初次分配收入之和；从产品形态看，它是最终使用的货物和服务减去进口货物和服务。在实际核算中，地区生产总值的三种表现形态表现为三种计算方法，即生产法、收入法和支出法。三种方法分别从不同的方面反映地区生产总值及其构成。

可比价格 指在不同时期的价值指标对比时，扣除了价格变动的因素，以确切反映物量的变化。按可比价格计算有两种方法：一种是直接用产品产量乘某一年的不变价格计算；另一种是用价格指数换算。

不变价格 指用同类产品的年平均价格作为固定价格，来计算各年产品价值。按不变价格计算的产品价值消除了价格变动因素，不同时期对比可以反映生产的发展速度。新中国成立后，随着工农业产品价格水平的变化，国家统计局先后五次制定了全国统一的工业产品不变价格和农业产品不变价格，从1949年到1957年使用1952年工(农)业产品不变价格，从1957年到1971年使用1957年不变价格，1971年到1981年使用1970年不变价格，从1981年到1990年使用1980年不变价格，从1990年开始使用1990年不变价格。

平均每年增长速度 在我国计算平均增长速度有两种方法，一种是习惯上经常使用的“水平法”，又称几何平均法，是以间隔期最后一年的水平同基期水平对比来计算平均每年增长(或下降)速度。另一种是“累计法”，又称代数平均法或方程法，是以间隔期内各年水平的总和同基期水平对比来计算平均每年增长(或下降)速度。

在一般正常情况下，两种方法计算的平均每年增长速度比较接近，但在经济发展不平衡，出现大起大落时，两种方法计算的结果差别较大。

国有经济单位 指生产资料归国家所有的各种企业、事业单位，以及各级国家机关、人民团体等单位。

集体经济单位 指生产资料归公民集体所有的各种企业、事业单位。包括农村各种经济组织经营的农、林、牧、副、渔业，乡、村经营的企业、事业单位；城市、县、镇以及街道举办的集体经济性质的企业、事业单位。

私营经济单位 指生产资料归公民私人所有的单位。包括私营独资企业、私营合伙企业和私营有限责任公司。

联营经济单位 指不同所有制性质的企业之间或者企业、事业单位之间共同投资组成新的经济实体。包括紧密型联营企业，半紧密型联营企业和松散型联营企业。

股份制经济单位 指全部注册资本由全体股东共同出资，并以股份形式投资举办企业。主要包括股份有限公司和有限责任公司。

外商投资经济单位 指外国投资者根据中华人民共和国有关涉外经济的法律、法规，以合资、合作或独资的形式在中国大陆境内开办企业。包括中外合资经营企业、中外合作经营企业和外资企业。

港澳台投资经济单位 指港、澳、台地区投资者参照中华人民共和国有关涉外经济的法律、法规，以合资、合作或独资的形式在大陆举办企业。包括合资经营企业、合作经营企业和独资企业。

三次产业 根据社会生产活动历史发展的顺序对产业结构的划分，产品直接取自自然界的部门称为第一产业，对初级产品进行再加工的部门称为第二产业。为生产和消费提供各种服务的部门称为第三产业。它是世界上通用的产业结构分类，但各国的划分不尽一致。我国的三次产业划分是：

第一产业：农业(包括种植业、林业、牧业、副业和渔业)。

第二产业：工业(包括采矿业，制造业，电力、燃气及水的生产和供应业)和建筑业。

第三产业：除第一、第二产业以外的其他各业。第三产业包括：交通运输、仓储和邮政业，信息传输、计算机服务和软件业，批发和零售业，住宿和餐饮业，金融业，房地产业，租赁和商务服务业，科学研究、技术服务和地质勘察业，水利、环境和公共设施管理业，居民服务和其他服务业，教育，卫生，社会保障和社会福利业，文化、体育和娱乐业，公共管理和社会组织、国际组织。

劳动者报酬 劳动者报酬是指劳动者因从事生产活动所获得的全部报酬。它包括劳动者获得的各种形式工资、奖金和津贴，既包括货币形式的，也包括实物形式的，它还包括劳动者所享受的公费医疗和医药卫生费、上下班交通补贴和单位支付的社会保险费等。单位支付的社会保险费，就是单位直接支付给负责社会保险的政府单位(一般指劳动部门)的社会保险金或为本单位职工离退休、发生死亡、伤残、医疗保险等而支付的保险费。对于个体经济来说，其所有者所获得的劳动报酬和经营利润不易区分，这两部分统一作为劳动者报酬处理。

生产税净额 指生产税减生产补贴后的差额。生产税指政府对生产单位生产、销售和从事经营活动以及因从事生产活动使用某些生产要素，如固定资产、土地、劳动力所征收的各种税、附加费和规费。具体包括销售税金及附加、增值税、管理费中开支的各种税、应交纳的养路费、排污费和水电费附加、烟酒专卖上缴政府的专项收入等。生产补贴与生产税相反，是政府对生产单位的单方面收入转移，因此视为负生产税处理，包括政策亏损补贴、粮食系统价格补贴、外贸企业出口退税收入等。

固定资产折旧 指一定时期内为弥补固定资产损耗按照核定的固定资产折旧率提取的固定资产折旧，或按国民经济核算统一规定的折旧率虚拟计算的固定资产折旧。它反映了固定资产在当期生产中的转移价值。各种类型企业和企业化管理的事业单位的固定资产折旧指实际计提并计入成本费用中的折旧费；不计提折旧的单位，如政府机关、非企业化管理的事业和居民住房的固定资产折旧则是按照统一规定的折旧率和固定资产原值计算的虚拟折旧。原则上，固定资产折旧应按固定资产的重置价值来计算，但是我国目前尚不具备对全社会固定资产进行重估价的基础，所以暂时只能采用上述方法来计算。

营业盈余 指常住单位创造的增加值扣除劳动者报酬、生产税净额和固定资产折旧后的余额。它相当于企业的营业利润加上生产补贴，但要扣除从利润中开支的工资和福利以及从税后利润中提取的公益金等。

人口数 指一定时点、一定地区范围内的有生命的个人的总和。

年度统计的年末人口数是指每年12月31日24时的人口数。年度统计的全国人口总数内未包括台湾省和港澳同胞以及海外华侨人数。

人口自然增长率 指在一定时期内(通常为一年)人口自然增加数(出生人数减死亡人数)与该时期内平均人数(或期中人数)之比，一般用千分率表示。计算公式:

$$人口自然增长率=\frac{本年出生人数-本年死亡人数}{年平均人数}1000‰$$

人口自然增长率=人口出生率-人口死亡率

经济活动人口 指在16岁以上，有劳动能力，参加或要求参加社会经济活动的人口。包括：从业人员和失业人员。

从业人员 指从事一定社会劳动并取得劳动报酬或经营收入的人员。包括：

(1) 全部职工

(2) 再就业的离退休人员

(3) 私营业主

(4) 个体户主

(5) 私营和个体从业人员

(6) 乡镇企业从业人员

(7) 农村从业人员

(8) 其他从业人员(包括民办教师、宗教职业者、现役军人等)

这一指标反映了一定时期内全部劳动力资源的实际利用情况，是研究我国基本国情国力的重要指标。

各单位的从业人员是指在各级国家机关、政党机关、社会团体及企业、事业单位中工作，并取得劳动报酬的全部人员。包括职工、再就业的离退休人员、民办教师以及在各单位中工作的外方人员和港、澳、台方人员。

城镇私营和个体从业人员 城镇私营从业人员指在工商管理部门注册登记，其经营地址设在县城关镇(含城关镇)以上的私营企业从业人员。包括：私营企业投资者和雇工。城镇个体从业人员指在工商管理部门注册登记，并持有城镇户口或城镇长期居住，经批准从事个体工商经营的从业人员。包括：个体经营者和在个体工商户劳动的家庭帮工和雇工。

城镇登记失业人员及失业率 指有非农业户口，在一定的劳动年龄内，有劳动能力，无业而要求就业，并在当地就业服务机构进行求职登记的人员。城镇登记失业率指城镇登记失业人数同城镇从业人数与城镇登记失业

人数之和的比。计算公式为

$$城镇登记失业率 = \frac{城镇登记失业人数}{城镇从业人数 + 城镇登记失业人数} \times 100\%$$

职工 指在国有经济、城镇集体经济、联营经济、股份制经济、外商和港、澳、台投资经济、其他经济单位及其附属机构工作，并由其支付工资的各类人员。

合同制职工 指各单位根据国务院国发(1986)77号文件和国务院第99号的规定，通过签订有固定期限劳动合同、无固定期限劳动合同和以完成一项工作为期限劳动合同所使用的职工。包括实行全员劳动合同制单位的全部职工。

国有经济单位职工 指在国有经济单位及其附属机构工作，并由其支付工资的各类人员，国有经济单位职工不包括：返聘的离退休人员、民办教师、在国有经济单位工作的外方人员和港、澳、台人员。

城镇集体经济单位职工 指在城镇集体经济单位及其管理部门工作，并由其支付工资的各类人员。

其他经济单位职工 指在联营经济、股份制经济、外商投资经济、港、澳、台投资经济单位工作，并由其支付工资的各类人员。

职工工资总额 指各单位在一定时期内直接支付给本单位全部职工的劳动报酬总额。

工资总额的计算原则应以直接支付给职工的全部劳动报酬为根据。各单位支付给职工的劳动报酬以及其他根据有关规定支付的工资，不论是计入成本的还是不计入成本的，不论是按国家规定列入计征奖金税项目的，还是未列入计征奖金税的，不论是以货币形式支付的还是以实物形式支付的，均包括在工资总额内。

职工平均工资 指企业、事业、机关单位的职工在一定时期内平均每人所得的货币工资额。它表明一定时期职工工资收入的高低程度，是反映职工工资水平的主要指标。计算公式为：

$$职工平均工资 = \frac{报告期实际支付的全部职工工资总额}{报告期全部职工平均人数}$$

职工平均实际工资 指扣除物价变动因素后的职工平均工资。计算公式为：

$$职工平均实际工资 = \frac{报告期职工平均工资}{报告期城镇居民消费价格指数}$$

农林牧渔业总产值 是以货币表现的农、林、牧、渔业全部产品的总量，它反映一定时期内农业生产总规模和总成果。

农、林、牧、渔业的统计范围包括国有经济的各种专业农(农、林、牧、渔)场以及国家各级机关团体学校、部队；集体所有制的乡、镇、村各级办农场；工矿企业经营的农、林、牧、渔业，农村各种经济组织和农户经营的农林牧渔业的农民家庭兼营的商品性工业等。

(1) 农业 包括种植业和其他农业。

种植业 包括谷物、豆类、薯类、棉、油料、糖料、麻类、烟叶、蔬菜、药材、瓜类和其他农作物的种植，以及茶园、桑园、果园的生产经营。

其他农业 包括采集野生植物的果实、纤维、树胶、树脂、油料以及柴草、野生药材、菌类等及农民家庭兼营的商品性工业。

(2) 林业 包括林木的栽培(不包括茶园、桑园和果园的栽培、管理和收获等活动)、林产品的采集和村及村以下合作经济组织和农户的竹木采伐。

(3) 牧业 包括除渔业养殖以外的一切动物饲养和放牧以及野生动物的捕猎和饲养。

(4) 渔业 包括水生动物和海藻类植物的养殖和捕捞。

农业总产值的计算方法通常是按农林牧渔业产品及其副产品的产量分别乘以各自单位产品价格求得，少数生产周期较长，当年没有产品或产品产量不易统计的，则采用间接方法匡算其产值，然后将四业产品产值相加即为农业总产值。

1957年以前的农业总产值中包括了厩肥和农民自给性手工业(如农民自制衣服、鞋、袜，自已从事粮食初步加工等)。1958年及以后的农业总产值，林业中增加了村及村以下竹木采伐产值；牧业中取消费厩肥产值；副业中取消了农民自给性手工业产值，增加了村及村以下办的工业产值；渔业中增加了海洋捕捞水产品产值。1980年及以后的农业总产值，在副业中增加了农民家庭兼营工业商品部分的产值。从1984年起村及村以下办工业产值划归工业。从1993年起，取消副业。将野生动物的捕猎划入牧业，野生植物采集和农民家庭兼营商品性工业划归农业。

粮食产量 指全社会的产量。包括国有经济经营的、集体统一经营的和农民家庭经营的粮食产量，还包括工矿企业办的农场和其他生产单位的产量。粮食除包括稻谷、小麦、玉米、高粱、谷子及其他杂粮外，还包括薯类和豆类。其产量计算方法，豆类按去豆荚后的干豆计算；薯类(包括甘薯和马铃薯，不包括芋头和木薯)1963年以前按每4公斤鲜薯折1公斤粮食计算，从1964年开始及以后改为按5公斤鲜薯折1公斤粮食计算。城市郊区作为蔬菜的薯类(如：马铃薯等)按鲜品计算，并且不做为粮食统计。其他粮食一律按脱粒后的原粮计算。

水产品产量 指人工养殖的水产品和天然生长的水产品的捕捞量。包括海水的鱼类、虾蟹类、贝类和藻类以及内陆水域的鱼类、虾蟹类和贝类，不包括淡水生植物。

猪、牛、羊肉产量 指当年出栏并已屠宰后除去头蹄下水后带骨肉(即胴体重)的重量。

灌溉面积 指具有一定的水源，地块比较平整，灌溉工程或设备已经配套，在一般年景下当年能够进行正常灌溉的耕地面积。

农用化肥施用量 指本年内实际用于农业生产的化肥数量。包括氮肥、磷肥、钾肥和复合肥。化肥施用量要求按折纯量计算数量。折纯法化肥施用量是把氮肥、磷肥和钾肥分别按含氮、含五氧化二磷、含氧化钾的百分之一百成份折算后的数量。复合肥按其所含主要成分折算。

工业 指从事自然资源的开采，对采掘品和农产品进行加工和再加工的物质生产部门。具体包括：⑴对自然资源的开采，如采矿、晒盐、森林采伐等(但不包括禽兽捕猎和水产捕捞)；⑵对农副产品的加工、再加工，如粮油加工、食品加工、轧花、缫丝、纺织、制革等；⑶对采掘品的加工、再加工，如炼铁、炼钢、化工生产、石油加工、机器制造、木材加工等，以及电力、自来水、煤气的生产和供应等；⑷对工业品的修理、翻新，如机器设备的修理、交通运输工具(包括小卧车)的修理等。

工业统计调查单位 工业统计调查单位分为两类：独立核算法人工业企业和工业活动单位。

(1) 独立核算法人工业企业 是指从事工业生产经营活动的单位。独立核算法人工业企业应同时具备以下条件：①依法成立，有自己的名称、组织机构和场所，能够承担民事责任；②独立拥有和使用资产，承担负债，有权与其他单位签订合同；③独立核算盈亏，并能够编制资产负债表。

(2) 工业活动单位 是指在一个场所从事一种或主要从事一种工业生产活动的经济单位。它包括独立核算工业企业按主营业务活动(即工业生产活动)划分的主营业务活动单位和非工业企业所属的工业生产活动单位(即原非独立核算工业生产单位)。工业活动单位，一般应同时具备以下三个条件：①具有一个场所，从事一种或主要从事一种工业活动；②单独组织工业生产、经营或业务活动；③单独核算收入和支出。

国有经济工业(即过去的全民所有制工业或国营工业) 指生产资料归国家所有的一种经济类型。包括中央和地方各级国家机关、部队、科研机构、学校、人民团体和国有经济企事业单位等举办的国有经济工业。1957年以前的公私合营和私营工业，后均改造为国营工业，1992年改为国有工业，这部分工业的资料不单独分列时，均包括在国有工业内。

集体经济工业 指生产资料归公民集体所有的一种经济类型，是社会主义公有制经济的组成部分。包括城乡所有使用集体投资举办的企业，以及部分个人通过集资自愿放弃所有权并依法经工商行政管理机关认定为集体所有制的企业。

其他经济类型工业 指除国有经济、集体经济、私营经济、个体经济、联营经济以外的其他经济类型工业企业(单位)。包括股份制经济(股份有限公司，有限责任公司)；外商投资经济(中外合资经营、中外合作经营、外资企业)；港、澳、台投资经济(与大陆合资经营、与大陆合作经营、港、澳、台资企业)及其他经济类型的工业。

轻工业 指主要提供生活消费品和制作手工工具的工业。按其所使用的原料不同，可分为两大类：(1) 以农产品为原料的轻工业，是指直接或间接以农产品为基本原料的工业。主要包括食品制造、饮料制造、烟草加工、纺织、缝纫、皮革和毛皮制作、造纸以及印刷等工业；(2) 以非农产品为原料的轻工业，是指以工业品为原料的轻工业。主要包括文教体育用品、化学药品制造、合成纤维制造、日用化学制品、日用玻璃制品、日用金属制品、手工工具制造、医疗器械制造、文化和办公用机械制造等工业。

重工业 是指为国民经济各部门提供物质技术基础的主要生产资料的工业。按其生产性质和产品用途，可以分为下列三类：(1) 采掘(伐)工业，是指对自然资源的开采，包括石油开采、煤炭开采、金属矿开采、非金属矿开采和木材采伐等工业；(2) 原材料工业，指向国民经济各部门提供基本材料、动力和燃料的工业。包括金属冶炼及加工、炼焦及焦炭化学、化工原料、水泥、人造板以及电力、石油和煤炭加工等工业；(3) 加工工业，是指对工业原材料进行再加工制造的工业。包括装备国民经济各部门的机械设备制造工业、金属结构、水泥制品等工业，以及为农业提供的生产资料如化肥、农药等工业。

根据上述划分原则，修理业中以重工业产品为修理作业对象的划为重工业，反之划为轻工业。

工业总产值 是以货币表现的工业企业在一定时期内生产的已出售或可供出售工业产品总量，它反映一定时间内工业生产的总规模和总水平。它包括：在本企业内不再进行加工，经检验、包装入库 (规定不需包装的产品除外) 的成品价值，工业性作业价值，自制半成品、在产品期末初差额价值。工业总产值采用“工厂法”计算，即以工业企业作为一个整体，按企业工业生产活动的最终成果来计算，企业内部不允许重复计算，不能把企业内部各个车间 (分厂) 生产的成果相加。但在企业之间、行业之间、地区之间存在着重复计算。

轻重工业总产值的划分也是按“工厂法”计算的，即一个工业企业在正常情况下生产的主要产品的性质属于轻工业，则该企业的全部总产值作为轻工业总产值；一个工业企业生产的主要产品的性质属于重工业，则该企业的全部总产值作为重工业总产值。

工业增加值 是指工业行业在报告期内以货币表现的工业生产活动的最终成果。

固定资产原价 固定资产原值指企业在建造、购置、安装、改建、扩建、技术改造某项固定资产时所支出的全部货币总额。它一般包括买价、包装费、运杂费和安装费等。

固定资产净值 是指固定资产原价减去历年已提折旧额后的净额。

利税总额 指企业利润总额、产品销售税金及附加和应交增值税之和。

产品销售收入 指企业销售产品的销售收入和提供劳务等主要经营业务取得的业务总额。

产品销售税金及附加 指企业销售产品和提供工业性劳务等主要经营业务应负担的城市维护建设税、消费税、资源税和教育费附加。

产值利税率 指报告期已实现的利润、税金总额 (包括利润总额、产品销售税金及附加和应交增值税) 占同期全部工业总产值的百分比，计算公式为：

$$产值利税率(\%)=\frac{利税总额}{工业总产值}\times 100\%$$

全员劳动生产率 指根据产品的价值量指标计算的平均每一个职工在单位时间内的产品生产量。是考核企业经济活动的重要指标，是企业生产技术水平、经营管理水平、职工技术熟练程度和劳动积极性的综合表现。目前我国的全员劳动生产率是将工业企业的工业增加值除以同一时期全部职工的平均人数来计算的。计算公式：

$$全员劳动生产率=\frac{工业增加值}{全部职工平均人数}$$

为了使各年度的全员劳动生产率数字可以比较，1990 年以前各年的全员劳动生产率均按指数换算成 1990 年不变价格。

总负债 指企业承担并需要偿还的全部债务。包括流动负债和长期负债、递延税项等，即为企业资产负债表的负债合计项。

(1) 流动负债 指企业在一年内或者超过一年的一个营业周期内需要偿还的债务合计，其中包括短期借款、应付及预收款项、应付工资、应交税金和应交利润等。

(2) 长期负债 指企业在一年以上或者超过一年的一个生产周期以上需要偿还的债务合计，其中包括长期借款、应付债务、长期应付款项等。

所有者权益 指企业投资人对企业净资产的所有权。企业净资产等于企业全部资产减去全部负债后的余额，其中包括投资者对企业的最初投入，以及资本公积金、盈余公积金和未分配利润，对股份制企业即为股东权益。

货 (客) 运量 指在一定时期内，各种运输工具实际运送的货物 (旅客) 数量。是反映运输业为国民经济和人民生活服务的数量指标，也是制定和检查运输生产计划，研究运输发展规模和速度的重要指标。货运按吨计算，客运按人计算。货物不论运输距离长短，货物类别，均按实际重量统计；旅客不论行程远近或票价多少，均按一人一次作为客运量统计。半价票、小孩票也按一人统计。

货物 (旅客) 周转量 指在一定时期内，由各种运输工具运送的货物 (旅客) 数量与其相应运输距离的乘积之总和；是反映运输业生产总成果的重要指标，也是编制和检查运输生产计划，计算运输效率、劳动生产率以及核算运输单位成本的主要基础资料。通常以吨公里和人公里为计算单位。计算货物周转量通常按发出站与到达站之间的最短距离，也就是计费距离计算。

邮电业务总量 指以货币表现的邮电部门用于传递信息和提供其他邮电服务的总数量。它综合反映了一定时期邮电工作的总成果，是研究邮电业务量构成和发展趋势的重要指标。根据邮电管理体制不同，分为中央国营业务总量和地方国营业务总量。它用各种邮电分类业务量，如函件件数、电报份数、长话张数、市内电话和农村电话的年均户数、订销报刊累计份数等，分别乘以相应的平均单价(不变价)，加总后再加上出租电路和设备的收入、代用户维护电话交换机和线路等设备的收入、其他业务收入求得。

市内电话 指接入县城(包括个别城镇)及县以上城市的市内电话网上，并按市内电话进行经营管理的电话。按计费办法分为包月制和计次制两种。

(1) 住宅电话 指话机装在居民住宅里的电话。它包括私人付费、公费和免费三个部分。

(2) 私人付费电话 指住宅居民自费安装并自己缴纳通话费的电话。

无线寻呼电话用户 指携带小型寻呼机，接收市话用户通过无线寻呼中心，在规定范围内向其发出声音、数字或文字显示信息的用户。目前在邮电部门办理登记手续的无线寻呼电话用户，每一部寻呼机按一户计算。

移动电话用户 指在邮电部门登记，通过移动电话交换机进入移动电话网、占有移动电话号码的电话用户。用户数量以实际办理登记手续进入邮电部门移动电话网的户数进行计算，一部或一台移动电话统计为一户。

全社会固定资产投资 固定资产投资是社会固定资产再生产的主要手段。通过建造和购置固定资产的活动，国民经济不断采用先进技术装备，建立新兴部门，进一步调整经济结构和生产力的地区分布，增强经济实力，为改善人民物质文化生活创造物质条件。这对我国的社会主义现代化建设具有重要意义。

固定资产投资额 是以货币表现的建造和购置固定资产活动的工作量，它是反映固定资产投资规模、速度、比例关系和使用方向的综合性指标。全社会固定资产投资包括国有经济单位投资、城乡集体经济单位投资、其他各种经济类型的单位投资和城乡居民个人投资。按照我国现行计划管理体制，全社会固定资产投资总额分为基本建设、更新改造、房地产开发投资和其他固定资产投资四个部分；城乡集体经济单位投资包括城镇集体所有制单位投资和农村集体所有制单位投资；其他各种经济类型单位投资包括联营经济、股份制经济、中外合资经营、中外合作经营、外资、与大陆合资经营、与大陆合作经营、港澳台独资及其他经济的单位投资。城乡居民个人投资包括城市、县城、镇、工矿区所辖范围内的个人建房和农村个人建房及购买生产性固定资产的投资。

基本建设投资 基本建设是企业、事业、行政单位以扩大生产能力或工程效益为主要目的的新建、扩建工程及有关工作。包括(1)列入中央和各级地方本年基本建设计划的建设项目，以及虽未列入本年基本建设计划，但使用以前年度基建计划内结转投资(包括利用基建设备材料)在本年继续施工的建设项目；(2)本年基本建设计划内投资与更新改造计划内投资结合安排的新建项目和新增生产能力(或工程效益)达到大中型项目标准的扩建项目，以及为改变生产力布局而进行的全厂性迁建项目；(3)国有单位既未入基建计划，也未列入更新改造计划的总投资在5万元以上的新建、扩建、恢复项目和为改变生产力布局而进行的全厂性迁建项目，以及行政、事业单位增建业务用房和行政单位增建生活福利设施的项目。

更新改造投资 更新改造是指企业、事业单位对原有设施进行固定资产更新和技术改造，以及相应配套的工程和有关工作(不包括大修理和维护工程)。包括：(1)列入中央和各级地方本年更新改造计划的项目和虽未列入本年更新改造计划，但使用上年更新改造计划内结转的投资在本年继续施工的项目；(2)本年更新改造计划内投资与基本建设计划内投资结合安排的对企、事业单位原有设施进行技术改造或更新的项目，和增建主要生产车间、分厂等其新增生产能力(或工程效益)未达到大中型项目标准的项目，以及由于城市环境保护和安全生产的需要而进行的迁建工作；(3)国有企、事业单位既未列入基建计划也未列入更新改造计划，总投资在5万元以上的属于改建或更新改造性质的项目，以及由于城市环境保护和安全生产的需要而进行的迁建工程。

房地产开发投资 包括各种经济类型的房地产开发公司、商品房建设公司及其他房地产开发单位统一开发的包括统代建、拆迁还建的住宅、厂房、仓库、饭店、宾馆、度假村、写字楼、办公楼等房屋建筑物和配套的服务设施、土地开发工程，如道路、给水、排水、供电、供热、通讯、平整场地等基础设施工程的投资。包括非房地产企业实际从事房地产开发或经营活动，不包括单纯的土地交易活动。

新增生产能力 指通过固定资产投资活动而增加的设计能力或工程效益，它是用实物形态表示的固定资产投资的成果。新增生产能力的计算，是以能独立发挥生产能力或效益的单项工程(或项目)为对象。当单项工程(或项目)建成，经有关部门鉴定合格，正式移交投入生产，即可计算新增生产能力。

新增生产能力或工程效益有以下几种表现形式：

(1)以建设项目或单位工程建成后的年产能力表示。如煤炭开采、石油开采等。

(2)以建设项目或单项工程建成后处理原料的能力表示。如选矿工程的年处理矿石能力，洗煤厂年洗原煤能力等。

(3)以新增的主要设备数量或容量表示。如棉纺锭枚数，发电机组容量等。

(4)以建筑物容积、容量、面积或长度表示。如水库容量、铁路公路里程等。

新增生产能力的数量一般按设计能力计算。设计能力是指设计文件中规定的在正常情况下能够达到的生产能力，而不论投产后的实际产量如何。以设备数量、建筑物容积、面积、长度等表示的新增生产能力(或效益)，则按建成的实际数量计算。

施工和竣工房屋建筑面积 房屋建筑面积是从房屋外墙线算起的各层平面面积的总和，包括房屋结构(如柱、墙)占用的面积和地下室面积。多层建筑按各自然层面积总和计算，包括房屋内的楼隔层，突出墙面的眺望间、门斗、有柱雨罩的面积。不包括突出墙面结构的构件、艺术装饰等所占的面积，如台阶等。凹阳台、挑阳台按其水平投影面积一半计算建筑面积。

住宅建筑面积 指施工和竣工房屋建筑面积中供居住用的施工和竣工房屋建筑面积。

竣工面积 指在报告期内房屋建筑按照设计要求已全部完工，达到住人和使用条件，经验收鉴定合格，正式移交使用单位的建筑面积。

房屋建筑面积竣工率 指一定时期内房屋竣工面积占同期房屋施工面积的比率。它是从房屋建筑施工速度的角度反映投资效果和建筑业经济效益的指标。

新增固定资产 指通过投资活动所形成的新的固定资产价值。包括已经建成投入生产或交付使用的工程价值和达到固定资产标准的设备、工程、器具的价值及有关应摊入的费用。它是以价值形式表示的固定资产投资成果的综合性指标，可以综合反映不同时期、不同部门、不同地区的固定资产投资成果。

建设项目投产率 指一定时期内全部建成投入生产项目个数占同期正式施工项目个数的比率。它是从项目建设速度的角度反映投资效果的指标。

固定资产交付使用率 指一定时期新增固定资产与同期完成投资额的比率。它是反映各个时期固定资产动用速度，衡量建设过程中投资效果的一个综合性指标。

年底自来水生产能力 指年底城建部门管理的自来水厂和自备水源的社会单位取水、净化、送水、出厂输水干管等环节的实际生产能力。

年底供水管道长度 指从送水泵到用户水表之间所有管道的长度。

全年供水总量 指公用自来水厂和自备水源的社会单位全年的供水总量，包括有效供水量及损失水量。

生活用水量 指居民日常生活与公共福利设施的用水量。包括居民、饮食店、旅馆、医院、理发店、浴池、洗衣店、游泳池、商店、学校、机关、部队等单位的用水量。

城市人口用水普及率 指城市用水的非农业人口数(不包括临时人口和流动人口)与城市非农业人口总数之比。计算公式：

用水普及率 = (城市用水的非农业人口数 ÷ 城市非农业人口数) × 100%

全年供气总量 指全年售给各类用户的全部煤气量。包括工业用量、家庭用量和其他用量。

城市用气普及率 指使用煤气(包括人工煤气、液化石油气、天然气)的城市非农业人口数(不包括临时人口和流动人口)与城市非农业人口总数之比。计算公式：

$$城市煤气普及率 = \frac{城市用气的非农业人口数}{城市非农业人口总数}$$

年底实有铺装道路长度 指除土路外，路面经过铺装宽度在3. 5米以上的道路，包括高级、次高级道路和普通道路。

城市下水道总长度 指所有排水总管、干管、支管及暗渠、检查井、连接井进出水口等长度之和。

城市污水日处理能力 指污水处理厂每昼夜处理污

水量的设计能力。

年末实有公共汽(电)车 指年底可参加营运的全部车辆数，包括年底营运车辆数和库存查封未参加营运的车辆，不包括非营运车辆，如架线车、油罐车、工程车、货车及其他专用车辆和借人的客运车辆。

城市园林绿地面积 指城市公共绿地、专用绿地、生产绿地、防护绿地、郊区风景名胜区的全部面积。

公共绿地 指供游览休息的各种公园、动物园、植物园、陵园以及花园、游园和供游览休息用的林荫道绿地、广场绿地。不包括一般栽植的行道树及林荫道的面积。

能源生产总量 指一定时期内全国(地区)一次能源生产量的总和，是观察全国(地区)能源生产水平、规模、构成和发展速度的总量指标。一次能源生产量包括原煤、原油、天然气、水电及其他动力能(如风能、地热能等)发电量。不包括低热值燃料生产量、生物质能、太阳能等的利用和由一次能源加工转换而成的二次能源产量。

能源消费总量 指一定时期内全国(地区)物质生产部门、非物质生产部门和生活消费的各种能源的总和，是观察能源消费水平、构成和增长速度的总量指标，能源消费总量包括原煤和原油及其制品、天然气、电力。不包括低热值燃料、生物质能和太阳能等的利用。能源消费总量分为三部分，即终端能源消费量、能源加工转换损失量和损失量。

(1) 终端能源消费量 指一定时期内全国(地区)物质生产部门、非物质生产部门和生活消费的各种能源在扣除了用于加工转换二次能源消费量和损失量以后的数量。

(2) 能源加工转换损失量 指一定时期内全国(地区)投入加工转换的各种能源数量之和与产出各种能源产品之和的差额。它是观察能源在加工转换过程中损失量变化的指标。

(3) 能源损失量 指一定时期内能源在输送、分配、储存过程中发生的损失和由客观原因造成的各种损失量。不包括各种气体能源放空、放散量。

社会消费品零售额 指各种经济类型的批发零售贸易业、餐饮业、制造业和其他行业对城乡居民和社会集团的消费品零售额。这个指标反映通过各种商品流通渠道向居民和社会集团供应的生活消费品来满足他们生活需要，是研究人民生活，社会消费品购买力、货币流通等问题的重要指标。社会消费品零售额包括：(1) 售给城乡居民作为生活用的商品和修建房屋用的建筑材料；(2) 售给机关、团体、学校、部队、企业、事业单位的职工食堂和旅店(招待所)附设专门供本店旅客食用，不对外营业的食堂的各种食品、燃料；企业、单位和国营农场直接售给本单位职工和职工食堂的自己生产的产品；(3) 售给部队干部、战士生活用的粮食、副食品、衣着品、日用品、燃料；(4) 售给来华的外国人、华侨、港澳台同胞的消费品；(5) 居民自费购买的中、西药品、中药材及医疗用品；(6) 报社、出版社直接售给居民和社会集团的报纸、图书、杂志、集邮公司出售的新、旧纪念邮票、特种邮票、首日封、集邮册、集邮工具等；(7) 旧货寄售商店自购、自销部分的商品；(8) 煤气公司、液化石油气站售给居民和社会集团的煤气灶具和罐装液化石油气；(9) 农民售给非农业居民和社会集团的商品。不包括售给国民经济各部门企业、事业单位(包括国有经济的农场)生产经营用的各种原料、燃料、设备、工具等和给批发零售贸易业、餐饮业作为转卖用的商品、旧货寄售商店受托寄售卖出的商品、服务业的营业收入、邮局出售邮票的收入、自来水、电力、煤气生产(供应)单位的产品供应收入，也不包括农民之间的商品销售。

批发零销贸易业商品购、销、存总额 指以各种经济类型的批发、零售贸易业(不包括个体)为总体的商品购、销、存。

商品购进总额 指从本企业(单位)以外的单位和个人购进(包括从国外直接进口)作为转卖或加工后转卖的商品。这个指标反映批发零售贸易业从国内、国外市场上购进商品的总量。商品购进总额包括：(1) 从工农业生产者购进的商品，(2) 从出版社、报社的出版发行部门购进的图书、杂志和报纸；(3) 从各种经济类型的批发零售贸易企业(单位)购进的商品；(4) 从其他单位购进的商品，如从机关、团体、企业、单位购进的剩余物资，从餐饮业、服务业购进的商品，从海关、市场管理部门购进的缉私和没收的商品，从居民收购的废旧商品等；(5) 从国(境)外直接进口的商品。不包括企业(单位)为自身经营用，和未通过买卖行为而收入的商品以及销售退回、商品升溢等。

商品销售总额 指对本企业(单位)以外的单位和个人出售(包括对国(境)外直接出口)的商品。这个指标反映批发零售贸易业在国内市场上销售商品以及出口商品的总量。商品销售总额包括：(1) 售给城乡居民和社会集团消费用的商品；(2) 售给工业、农业、建筑业、运输邮电业、批发零售贸易业、餐饮业、服务业等作为生产、经营使用的商品；(3) 售给批发零售贸易业作为转卖或加工后转卖的商品；(4) 对国 (境) 外直接出口的商品。不包括：出售本企业 (单位) 自用的废旧包装用品，未通过买卖行为付出的商品，经本单位介绍，由买卖双方直接结算，本单位只收取手续费的业务，购货退出的商品以及商品损耗和损失等。

城乡集市贸易成交额 指在农村集市和城市集市上买卖双方 (包括农民、非农业居民、机关、团体、工商企业、个体商贩) 成交的全部商品金额，是反映集市贸易规模的综合性指标。

批零贸易业法人机构 指独立核算批发零售贸易业、餐饮业法人企业。独立核算法人批发零售贸易企业、餐饮企业应同时具备以下条件：

(1) 依法成立，有自己的名称、组织机构和场所，能够承担民事责任；

(2) 独立拥有和使用 (或授权使用) 资产，承担负债，有权与其他单位签订合同；

(3) 会计上独立核算，并能编制资产负债表。

批零贸易业网点 指本批发零售贸易企业 (单位) 设立的从事批发、零售贸易业务的自然单位 [包括本企业 (单位) 自身]，凡具有独立固定的营业场所，配备一定的业务人员，不论单位大小，不论是否单独核算，均按自然网点计算，即有一个点就算一个网点。不包括同一营业场所内各柜组以及派出的流动推销小组，流动售货车等。

城市居民消费价格指数 是反映城市居民所购买的生活消费品和服务项目价格变动趋势及其程度的相对数。编制城市居民消费价格指数，可以观察和分析消费品的零售价格和服务项目价格变动对职工货币工资的影响，作为研究职工生活和确定工资政策的依据。

利用外资 指我国各级政府、部门、企业和其他经济组织通过对外借款、吸收外商直接投资以及用其他方式筹措的境外现汇、设备、技术等。

对外借款 是我国利用外资的主要部分。包括我国通过外国政府贷款，国际金融组织贷款，外国银行商业贷款，出口信贷以及对外发行债券，股票等方式，从境外筹措的资金。

外商直接投资 是指外国企业和经济组织或个人 (包括华侨、港澳台胞以及我国在境外注册的企业) 按我国有关政策、法规，用现汇、实物、技术等在我国境内开办外商独资企业、与我国境内的企业或经济组织共同举办中外合资经营企业、合作经营企业或作合作开发资源的投资 (包括外商投资收益的再投资) 以及经政府有关部门批准的项目投资总额内，企业从境外借入的资金。

旅游人数 指来我国参观、访问、旅行、探亲、访友、休养、考察、参加会议和从事经济、科技、文化、教育、体育、宗教等活动的外国人、华侨、港澳和台湾同胞的人数。不包括外国在我国的常住机构，如使领馆、通讯社、企业办事处的工作人员；来我国常驻的外国专家、留学生以及在岸逗留不过夜人员。

国际旅游 (外汇) 收入 指入境旅游的外国人、华侨、港澳台同胞在中国大陆旅游过程中发生的一切旅游支出，对于国家来说就是国际旅游 (外汇) 收入。

进出口总额 海关进出口总额指实际进出我国国境的货物总金额。包括对外贸易实际进出口货物，来料加工装配进出口货物，国家间、联合国及国际组织无偿援助物资和赠送品，华侨、港澳台同胞和外籍华人捐赠品，租赁期满归承租人所有的租赁货物，进料加工进出口货物，边境地方贸易及边境地区小额贸易进出口货物 (边民互市贸易除外)，中外合资经营企业、中外合作经营企业、外商独资经营企业进出口货物和公用物品，到、离岸价格在规定限额以上的进出口货样和广告品 (无商业价值、无使用价值和免费提供出口的除外)，从保税仓库提取在中国境内销售的进口货物，以及其他进出口货物。进出口总额用以观察一个国家在对外贸易方面的总规模。我国规定出口货物按离岸价格统计，进口货物按到岸价格统计。

财政收入 国家财政参与社会产品分配所取得的收入，是实现国家职能的财力保证。财政收入所包括的内容几经变化，目前主要包括：

(1) 各项税收 包括增值税、营业税、消费税、土地增值税、城市维护建设税、资源税、城市土地使用税、印花税、固定资产投资方向调节税、个人所得税、企业所得税、关税、农牧业税和耕地占用税等。

(2) 专项收入 包括征收排污费、征收城市水资源费收入，教育费附加收入等。

(3) 其他收入 包括基本建设贷款归还收入、国家能源交通重点建设基金收入、国家预算调节基金等。

(4) 国有企业计划亏损补贴 这项为负收入，冲减财政收入。

中央财政收入和地方财政收入 按财政体制划分的中央本级收入和地方本级收入。1994 年分税制财政体制以后，属于中央财政的收入包括关税、海关代征消费税和增值税，消费税，中央企业所得税，地方银行和外资银行及非银行金融企业所得税，铁道、银行总行、保险总公司等集中缴纳的营业税、所得税、利润和城市维护建设税，增值税的 75% 部分，海洋石油资源税和证券（印花）税 50% 部分。属于地方财政的收入包括营业税，地方企业所得税，个人所得税，城镇土地使用税，固定资产投资方向调节税，城镇维护建设税，房产税，车船使用税，印花税，屠宰税，农牧业税，农业特产税，耕地占用税，契税，增值税 25% 部分，证券交易税（印花税）的 50% 部分和除海洋石油资源税以外的其他资源税。

中央财政支出和地方财政支出 根据政府在经济和社会活动中的不同职责，划分中央和地方政府的责权，按照政府的责权划分确定的支出。中央财政支出包括国防支出，武装警察部队支出，中央级行政管理费和各项事业费，重点建设支出以及中央政府调整国民经济结构、协调地区发展，实施宏观调控的支出。地方财政支出主要包括地方行政管理和各项事业费，地方统筹的基本建设、技术改造支出，支援农村生产支出，城市维护和建设经费，价格补贴支出等。

预算外资金收支 预算外资金是有关单位凭借国家权力或由国家授权而取得的没有纳入国家预算管理的财政性资金。其收入包括地方财政部门的各项附加收入，集中事业收入，专项收入等，事业行政单位的专用基金，经营性服务纯收入，行政事业性收费，专项资金，中小学勤工俭学收入，税收分成等。其支出包括固定资产投资支出，城市维护支出，福利奖励支出，行政事业支出等。

信贷资金 国家银行用于发放贷款的资金叫信贷资金。中国人民银行信贷资金的来源有各项存款、对国际金融机构负债、流通中货币、银行自有资金及当年结益等。信贷资金的运用有各项贷款、黄金占款、外汇占款、财政借款及在国际金融机构中的资产等。

存款 企业、机关、团体或居民根据可以收回的原则，把货币资金存入银行或其他信用机构保管并取得一定利息的一种信用活动形式。根据存款对象的不同可划分为企业存款、财政存款、机关团体存款、基本建设存款、城镇储蓄存款、农村存款等科目。它是银行信贷资金的主要来源。

城乡居民储蓄存款余额 包括城镇居民储蓄存款和农民个人储蓄存款两部分。不包括居民的手存现金和工矿企业、部队、机关团体等集团存款。储蓄存款余额，是指城乡居民存入银行及农村信用社储蓄的时点数（存入数扣除取出数的余额），如月末、季末或年末数额。

贷款 银行或其他信用机构根据必须归还的原则，按一定利率，为企业、个人等提供资金的一种信用活动形式。我国银行贷款分为流动资金贷款、固定资产贷款、城乡个体工商户贷款以及农业贷款等科目。

承保额 又叫保险金额。它是保险人对被保险人负担损失补偿或约定给付的金额。它是保险合同上的最高责任额，也是计算保费的依据。

保费 又叫保险费。是保险人根据保险合同的有关规定，为被保险人取得因约定危险事故发生所造成的经济损失补偿（或给付）权利，付给保险人的代价。包括财产险和人身险储金收入。

赔款 保险事故发生后，经查证确属保险责任范围以内的保险标的损失，保险人根据保险合同的规定履行赔偿义务，给予被保险人的款项叫做赔款。赔款可分为已决赔款和未决赔款两种。